U0908301

为了收复东北的那一天

张希尧传略

ZHANGXIYAO ZHUANLUE

张万杰 张力炜◎著

中国文史出版社

勿忘九一八

焦若愚

2019 年 4 月 27 日，中共东北党务特别工作委员会地下党员、平西抗日游击队老前辈，原北京市市长、中顾委委员，104 岁的焦若愚同志为本书题词

张希尧

1934年，张金辉（左）、张希尧（右）与父亲在北平合影

前排：张希尧和夫人龙若兰；后排：长女张天慧（左）、警卫工作人员张大四（中）、次子张平（右）

1950年初春，张希尧夫妇与黄鼐同志（后排左二）合影

1950年，张希尧夫妇在沈阳东北人民政府院内的疗养所

张希尧在病中用钢笔临摹的列宁像

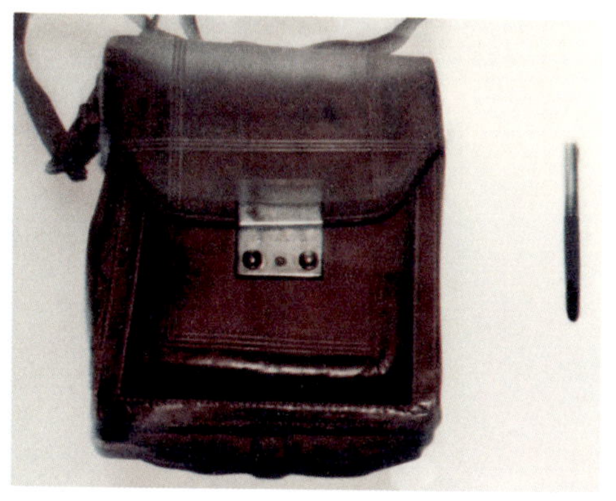

张希尧生前使用过的公文包和钢笔

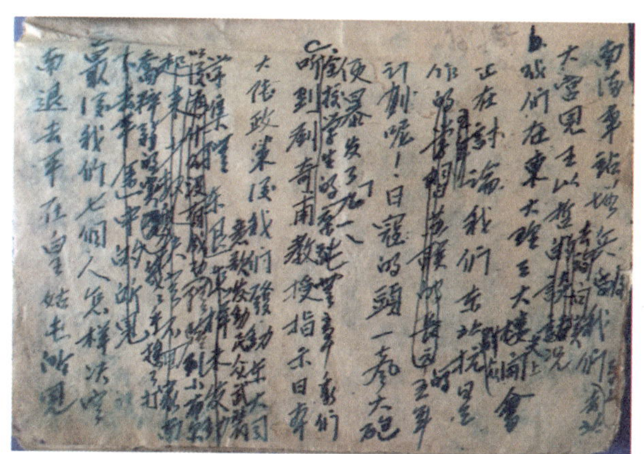

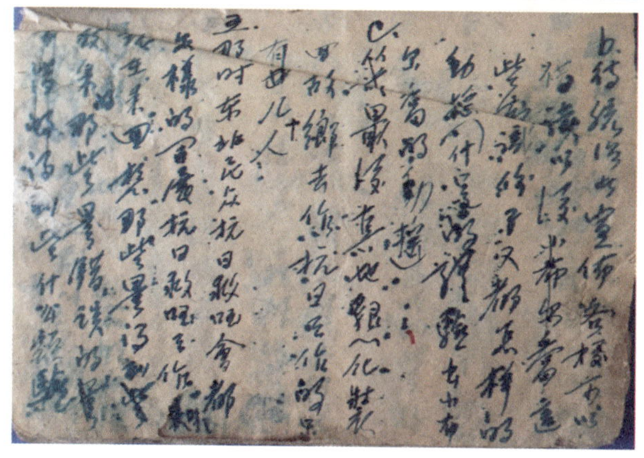

张希尧遗作《十五年前九一八的回忆》手稿，国家三级文物，现存放在沈阳九一八历史博物馆

20世纪50年代初，张希尧夫人龙若兰与子女的合影，女儿张天慧的胸前挂着解放战争纪念奖章

20世纪70年代，龙若兰在北京西单辟才胡同二条六号院内（该住所为时任北京市西城区区委书记杜若同志亲自帮助安排解决）

烈士证明书

张希尧 同志 在革命

工作中 牺牲，

被评定为烈士。特发此证，

以资褒扬。

中华人民共和国民政部

2014年 8 月15日

2014 年民政部换发的张希尧同志烈士证书

2015 年 9 月 20 日，阎明复同志召集部分东北抗日救亡总会后人一起纪念抗日战争胜利 70 周年，张力炜（张希尧幼女）与阎明复合影留念

2017 年 7 月，张力炜到丹东烈士陵园为苗可秀扫墓

2017 年 9 月，张力炜（左）和孙本信大姐（中）、沈智群（右）到沈阳北陵烈士陵园为张希尧扫墓

2017 年 10 月，部分东北救亡总会成员后代在阎宝航墓碑揭幕仪式后合影留念

2017 年 12 月 9 日，在一二·九运动 82 周年纪念活动中，张力炜与黄玫（黄华之女）合影

2018 年，张力炜与赵泽民（赵濯华之子）合影

2018 年 5 月，在中共东北党务特别工作委员会成立 82 年后，部分东特委成员的后人在北京相聚。前排左起：苏建华（苏梅之女）、陈虎（陈大凡之子）、韩春鸣（平西党史专家）；后排左起：赵玲（赵濯华孙女）、张力炜（张希尧之女）、刘智（刘居英之女）、张海燕（张文海之女）

2018 年 11 月，张力炜与阎明光大姐（阎宝航之女）在北京合影

2019 年 4 月 27 日，赵濯华长孙赵力平（左一）、张希尧女儿张力炜（左二）、苏梅女儿苏建华（右二）、赵濯华孙女赵玲（右一）与焦若愚老前辈合影

序　言

张希尧和张金辉既是同胞兄弟、东北大学的校友，也是家父阎宝航在东北抗日救亡时期的战友。自 1929 年发起成立辽宁国民常识促进会和国货推销联合会后，他们在我父亲和车向忱的影响下，积极参加宣传民众、抵制日货、救国救民运动。当时，张希尧 23 岁，张金辉只有十七八岁，他们身上洋溢的爱国热情和奋斗精神，给父亲留下了深刻的印象。

1931 年九一八事变后，父亲和高崇民等人在北平组织东北民众抗日救国会，他们就在我父亲和杜重远领导下的宣传部（后改为政治部）工作。1933 年秋，父亲与已经是中共地下党员的张希尧、宁匡烈等人，在西山卧佛寺举办了抗日干部训练班，由父亲亲自担任班主任，张希尧负责具体日常事务。抗日干部训练班结束后，选派学员赴东北联络和组织义勇军，抗击日本侵略者。1934 年冬，国民党北平市党部以“共党嫌疑犯”的罪名将张希尧、张金辉等六人逮捕，父亲得知后，不顾危险，亲自出面斡旋，将他们营救出狱。

1937 年全面抗日战争爆发后，刚刚成立不久的东北救亡总会会址转到武昌明月桥 14 号顺直会馆，刘澜波、张希尧和于毅夫等东总成员，都在明月桥大院子里工作和生活。此时，尚且年幼的我们对张希尧有一些模糊的印象，因为张叔的牙齿有脱落，几个孩子就叫他“豁牙子叔叔”，张叔笑笑，并不生气。我们姐弟一起，跟着爸爸妈妈、伯伯叔叔们上街游行、募捐，支援前方抗日的将士。

后来，张希尧和张金辉先后赴延安学习和工作。张希尧长年病魔缠身，因战争年代医疗条件差，无法得到有效医治，于1950年英年早逝，安葬在沈阳北陵烈士陵园；张金辉从延安抗日军政大学毕业后，一直在部队工作。粉碎“四人帮”后，他为了抢回失去的时光，不顾癌症手术后身体虚弱，返回工作岗位，尽力为党和人民多做一些工作，于1978年病逝。

如今，这本纪实性文集对张希尧兄弟两人抗日斗争经历作出较为翔实的记述，其中有些历史细节鲜为人知，折射出那个时代无数仁人志士和革命青年为了国家的前途和民族的命运，不怕牺牲、勇往直前的革命精神。今天，我们的国家在中国共产党的领导下，已经发生了天翻地覆的变化。为了让明天更加美好，这种革命精神还需要继续传承下去。而这，正是出版这本文集的意义。

是为序。

上海阎宝航社会公益基金会名誉董事长 阎明光

2018年7月30日

目　录

附　录

引 言

在浩瀚的历史长河中都有属于每个人的星光，或明或隐地存在于璀璨的宇宙间，无论你看见或者看不见，它都以自己的方式发挥着光与热。历史和宇宙一样，有很多人在波澜壮阔的历史画卷中或名垂青史、或默默无闻、或背道而驰。在我从事东北抗战史研究的二十余载时光里，对此有着深刻的体会。我不仅敬仰中国共产党人坚强不屈的抗战精神，感动于与日军浴血奋战、誓死不屈的英雄先烈，更钦佩那些流亡入关进行抗日复土斗争的东北救亡人士。在这一条战线中群星闪烁，涌现出无数可歌可泣的抗日救亡人物，阎宝航、高崇民、卢广绩、杜重远、车向忱、刘澜波、张希尧、于毅夫等，他们以其强烈的爱国情怀和救亡图存精神感染着东北流亡同胞，用他们血和泪交织的气节，用真情奏响生命的乐章，不断为“打回老家去”“复土还乡”而呐喊呼号，构成了东北救亡运动史辉煌壮观的历史星空。

张希尧就是抗战历史星空中闪烁的一颗璀璨之星。

在众多的东北救亡人物中，为何张希尧能引起我的关注呢？在我研究九一八事变前东北人民反日斗争的历史中，发现一个叫张希尧的青年人常常追随“东北甘地”车向忱，一起倡导平民教育，宣传国民常识，发起辽宁国民常识促进会等反日爱国团体。当时东北有三个反日爱国团体——辽宁国民外交协会、辽宁拒毒联合会和辽宁国民常识促进会，这三个团体的发起人和领导者都是东北各法团负责人或东北名流，只有张希尧是东北大学（简称东大）的一名普通学生。作为一名学生，何以能与其他东北名流齐名进行爱国运动呢？这引起了我强烈的好奇心。我走进图书馆、档案馆，在尘封的历史档案中查阅史料，开始沿着他的成长历程、革命经历及东北救亡运动史的脉络，追寻他的爱国斗争轨迹。

张希尧，原名张德厚，生于1906年，辽宁省西丰县房木村人。在十四年抗战中，他从一名东北大学的学生，逐渐成长为党领导下的抗日救亡运动的杰出领导者。1933年入党的张希尧，是中共东北特别支部（简称东特支）以及之后成立的中共东北党务特别工作委员会（简称东特委）的重要领导成员，担负着组织、领导东北救亡运动的历史重任。在东北救亡团体中，他先后担任东北民众抗日救国会（简称救国会）的执委、东北救亡总会（简称东总）的组织部副部长及东总中共党组成员、东总陕西分会首任党支部书记等职务。可以说，他是东北救亡运动卓越的组织者、联络者和领导者，为抗日战争的胜利做出了应有的历史贡献。

在东北十四年抗战中，张希尧之所以与抗战名流一起，将东北流亡同胞团结、组织起来共赴抗日救亡大业，与其独特的人格魅力和精神风范密不可分。

第一，张希尧是具有强烈爱国情怀和卓越才干的东北救亡运动先驱。

他是东北大学的高才生，才华横溢，思想活跃，为人热情豁达，表达能力极佳。他具有强烈的爱国主义思想和救国意识，像尧舜一样爱国爱民是他毕生的追求。他在读书期间很快成为东大进步学生的核心人物、东大最出色的演讲家，身边集聚了一大批爱国学生。在他的影响下，宋黎、张金辉、王惦忱等许多东大学生走上了革命道路。作为东大的学生领袖，九一八事变后入关参加了东北民众抗日救国会，是救国会执委中唯一的学生界代表。他在张学良和救国会的支持下，参加创建并领导了一支特殊的东北抗日义勇军——东北学生军，培训后的学员纷纷出关抗日。七七事变后，他作为东特委领导成员及东总武装部负责人，帮助赵侗等组建国民抗日军在平津地区与日军决战，帮助马占山组建东北挺进军，负责将东北进步青年输送到抗日前线的队伍中，充分展现了他的军事思想和组织才能。

第二，张希尧是对党无限忠诚的共产主义战士。

在长期革命斗争中，张希尧认清了只有中国共产党才能救国救民，只有中国共产党才能带领东北流亡同胞打回老家去。他在艰苦而危险的斗争环境下毅然加入了中国共产党，成为中共领导东北救亡运动的杰出领导人。在东北十四年抗战中，他对党无限忠诚，为革命事业鞠躬尽瘁。他先后两次被捕，在狱中受酷刑却坚贞不屈，确保了党组织和党内同志的安全。由于长期在紧张而危险的环境中从事党的地下工作，积劳成疾，但他不顾身体虚弱，仍战斗在抗日救亡的第一线。即使在延安整风期间对他怀疑并进行审查，张希尧仍没有任何怨言，相信党组织一定能有一个公正的判断。1950 年，张希尧去世后，东北人民政府将他安葬在沈阳市北陵烈士陵园，授予他“革命烈士”的称号，对他的一生给予了充分的肯定。

第三，张希尧是东北救亡工作中不怕艰苦、任劳任怨的共产党员典范。

从事东北抗日救亡工作是一项非常艰苦的工作。经费短缺，条件艰苦，支撑他的是抗日复土、打回老家去的信念。他视东北流亡同胞为亲人，不忍他们流落街头，全力收容和救济，自己家中住了不少无家可归的东北流亡同胞。在中共中央北方局宣布东特委撤销期间，他仍然坚守在北平的抗战第一线，秘密从事党的救亡工作。在断绝了经费来源的困境中，他被迫与妻儿分离，节省花销继续坚持党的工作。而与家人一别就是十年，承受了常人难以承受的磨难。他为救亡工作宵衣旰食，无怨无悔。

第四，张希尧是党内外人士最可信赖的革命战友和知心朋友。

在东北救亡运动中，张希尧与东北爱国民主人士一起，为挽救东北危亡辗转南北、大声疾呼，以其特有的方式开展东北救亡工作。张希尧与他们披肝沥胆，推心置腹，忠诚合作，逐渐赢得了他们的信任与尊重。车向忱最信任张希尧，许多重大事宜都愿意与他共同完成。王化一曾高度评价张希尧，“张青年有为，刻苦耐劳，为青年人好榜样”[①]。阎宝航也将张希尧视为知己，两人是相濡以沫、肝胆相照的挚友，在他赴南京就职新生活运动促进总会书记时，委托张希尧作为他在北平开展东北抗日救亡工作的联络员。得知张希尧等人被捕入狱后，他第一时间找关系解救。张希尧为人诚恳热情，乐观向上，周围的同志都愿意与他接触和共事，不少爱国青年在他的影响下，先后加入了党的队伍。党内与他共事的苏梅、李德仲、赵濯华、董学礼等人都了解和信任他，将他作为生死相交的朋友和战友。

张希尧正是以其独特的人格魅力和对党的忠诚，赢得了众多东北同胞的信任与尊敬。他为此所倾注的满腔热忱及做出的光辉

---

① 《王化一日记》(选编)，1933年6月1日，未刊稿。

业绩是永远值得我们怀念的。当前，全国人民正在为中华民族伟大复兴的中国梦而奋斗，伟大工程更需要文化和精神的支撑，只有这样才能彰显文化自信。张希尧等革命先烈在十四年抗战中所创造的革命文化、留存的革命事迹，还有他们的爱国主义精神，正是中华民族伟大复兴的精神力量和文化源泉。

随着对张希尧的研究逐步加深，我接触了张希尧的小女儿张力炜。2014年，拙著《救亡图存东北魂——东北救亡群体与西安事变》在人民日报出版社出版发行后，张力炜同志主动与我建立了联系。她为人谦逊平和，正直坦诚，实事求是，在对父亲参加抗日救亡斗争的问题上，力求一切都根据史料说话，言之凿凿，言之有信。她查到的珍贵史料都毫无保留地转给我。每一次与她相见交谈都特别融洽，有相识恨晚之感。在她身上，我仿佛看到了她父亲张希尧平易近人、正直善良、求真求实的伟岸形象。革命家风，催人奋进，也给了我与张力炜同志共同完成写作的决心。在炎热的盛夏里虽然我身体不适，但张希尧的爱国情怀给了我完成这部著作的巨大精神力量。

夏夜，我仰望星空，闪烁的群星汇成了茫茫宇宙。如果将一颗星代表中华民族的一名英雄，那么，当我完成这部著作时，仿佛在无数群星中找到了属于张希尧的那颗闪亮的星。愿日月永恒，星光美好，中华民族的伟大复兴，后继有人！

张万杰

于2018年8月12日雨中

第一章

九一八事变前的爱国斗争

20世纪初，中国积贫积弱、内忧外患，为此，中国的仁人志士不断探索救国救民的道路。生长在这个极其动荡、变革的时代，青年张希尧树立了爱国爱民的思想和强烈的忧患意识，具有敢为天下先的担当。早在学生时代，他开始接受革命思想，参与到反帝反封建的革命斗争中，积极声援五卅运动等爱国运动。考入东大后，在爱国人士车向忱、阎宝航等人的影响下，他带领东大学生推广平民教育、提倡国货、拒毒销烟、宣传国民常识，开展外交斗争，成为东北大学从事救国运动的核心人物。学生时代的张希尧与其他爱国进步人士一起，试图用教育救国、实业救国、科学救国之途径来拯救危亡中的中国。

一、立志为尧舜

1906年农历十一月二十六日，张希尧出生于辽宁省西丰县房木镇房木村一个殷实的农民家庭。他在兄弟们当中排行老二。兄长张德恩，在家协助父亲掌家，一辈子都没有离开过故土。弟弟张德润（后改名张雅轩、张金辉），比他小6岁，后来跟随他上学、抗日、入党，走上了革命道路。

实际上，张希尧的祖籍在山东西北部的掖县（今莱州市）。晚清年间，由于山东遭受灾荒，张希尧的曾祖父张克训不得不带着四个儿子，靠着打铁的手艺从掖县一路走到辽宁岫岩县小木古

张希尧青年照（摄于1927年）

峪，在那里落了户。1912年，张希尧6岁那年，他的祖父张明钟带着全家十几口人，从岫岩县迁往西丰县（边外）的房木镇房木村落户，在当地开了铁匠炉，起名“福发”。张家店铺的门口悬挂着灯笼，上面写着“福发炉记”几个字，有些口袋上也印有“福发炉记”的字样，这些字通常是用墨汁打印上的，也有手描上去的。张希尧家在西丰县房木镇落户的头几年，一直以打铁为主，家里的男人们每天很早就起来，为过往的马车钉马掌。由于全家男人都打铁，他们的手掌变得很厚实，乡亲们管他们叫“张家父子兵”。后来，老张家因打铁有了一些积蓄，就开始买地、种地，逐渐转为以务农为主[①]。

为了积攒钱财置地，张希尧的父亲和叔父对家庭的日常生活开销处处精打细算，克扣得很紧。张希尧少年时帮着家里放猪，冬天脚后跟受冻，裂开的口子像小孩儿嘴那么大，从里往外渗出血水。即便这样，家里为了攒钱，也舍不得给他买双乌拉，他的母亲没有办法，只好给他缝制了一双布袜子，在外面涂上一些桐油用来御寒。张希尧在这样的生活环境中历练了吃苦耐劳的精神。他后来常说：“咱从来也没有那么好地过过，咱什么都能吃，什么都能过。”这为他以后从事革命工作不怕困难、不惧艰辛打下了坚实的基础。

---

① 张金辉：《不愿做奴隶的人们——记东北大学的抗日斗争》，《辽宁党史资料》第3辑，1988年版，第1–13页。

1913年，张希尧入西丰县立房木镇两级小学读书。这所小学创办于1906年，是西丰县最早的新式学堂之一。初小的课程有国文、算术、修身、读经，以及体育、音乐、美术，高小还多了历史、地理、格致（即自然常识）等科目。张希尧念书刻苦用功，加上他天资聪颖，每次在班里的考试成绩都是数一数二。少年时，他还喜欢吹小号，在学校当上了鼓乐手的领队（当地人叫“号答儿”）。后来，他到西丰县中学读书时，一直都把小号带在身边，只要有空儿，就到离学校不远的小南门练习吹号。

1919年春，张希尧以优异的成绩考入了西丰县唯一一所中学——西丰县立中学。这所中学始建于民国二年（1913年）。据1938年的《西丰县志》记载：“校址校舍占用（西丰县城）南康街新建筑之游民习艺所房舍。”当年在校园里栽种的几棵柳树如今还在，树干粗壮得很难用手臂环抱。张希尧入学后不久，五四运动爆发了。北京大学等13所大专学校3000多人在天安门前集会，要求“外争国权，内惩国贼”。这个以爱国青年学生为先导，工人、商人、市民等小资产阶级群众广泛参与的反帝反封建的爱国

西丰县立中学原址，当年种下的柳树，如今依然屹立在操场中央

运动迅速扩展到全国。消息传到西丰县后，张希尧和同学们走上街头游行，声援北京学生的爱国行动。张希尧通过参加这次活动，增强了反帝爱国的思想观念，他立志要像古代的尧、舜那样爱国爱民，并决定把自己的名字由原来的德厚改为希尧，以此明志。

张希尧在青少年时代接受了“平均地权”的思想。有一年，村里老范家种的地顶占了他家的地头儿，两家为地界争执不下，甚至还打起了官司。张希尧知道后，便劝说自己的父亲，宁可吃点亏也不要和老范家打官司。最初，张希尧的父亲不依不饶，他就再三劝说，并将以后要平均地权的思想向父亲讲明，晓之以理，动之以情。父亲也不想让两家因为争执地头儿而结下怨恨，终于同意撤了官司，把地头儿让给了老范家。

在乡亲们的眼里，张希尧是个古道热肠、爱帮助人的青年。有一年冬天，他从县立中学回家过寒假。一天半夜，他迷迷糊糊地听见房木北大河那边传来一阵阵“啪、啪”甩马鞭子的声音和车把式的吆喝声。原来是几辆去开原卖粮食的大车，被河面上冻结的“冰坎子”挡住，挤成一团，无法通过。张希尧一骨碌从炕上爬起来，领着家里的伙计跑出去，帮着砍河冰、清路障，一直到卖粮的大车顺利地通过后，才又回家躺下继续睡觉。

中学时代的张希尧便接受了革命思想，伸张正义，敢于同强权斗争。1922 年，同学们发现西丰县立中学校长贪占学生伙食费，但由于畏惧他的权位，敢怒而不敢言。张希尧挺身而出，发动全校 6 个班 300 多名同学集体罢课抗议，要求县里对校长的贪污行为做出处理。由于全校学生行动一致，在县里引起震动，得到各界人士的关注和支持。县教育局迫于舆论压力，只好将这位校长撤职，并且追回了赃款。而张希尧却因为带头组织学生罢课被学校除名，不得不改到邻县的开原中学就读。他为了同学们的利益，不怕个人遭受打击报复，这种正义和勇敢的行为深深地打动了同学们。在他离开西丰县立中学的那天，不少同学都出来为他送行，还有人甚至落下眼泪。年轻的张希尧在这次罢课斗争中不仅爱憎分明，还表现出不凡的组织能力，这在他后来的抗日救国斗争中日渐突出。

二、"六一〇运动的干将"

十月革命后，马克思主义开始在中国传播，出现了一批以陈独秀、李大钊为代表的马克思主义者。他们倡导民主和科学，开展新文化运动。五四运动促进了马克思主义在中国的广泛传播，促进了代表无产阶级的中国共产党的诞生。1921 年，中国共产党成立，开始探索中国的革命道路和民族复兴之路。学生时期的张希尧对于国家和民族的热爱，促使他与中国共产党人、社会进步人士一起，积极投入到反帝反封建的爱国运动之中。

1923 年，张希尧从开原中学毕业，以第一名的成绩考入奉天第二工科高级中学。奉天（今沈阳市）是东北的政治、经济和文化中心。张希尧从农村到县城再到大城市，眼界开阔了，见识增多了，思想更加活跃。他在学校除了勤奋读书以外，更加关心国家政治时局的变化，闲暇时间常到奉天基督教青年会，参加各种形式的社会活动。

基督教青年会（Young Men's Christian Association，YMCA），是一个宗教教育机构，倡导"德智体群美"，宗教性小，而社会教育范围大。这种新兴的机构倡导新颖的内容，开展了新的活动形式，在中国创办后引起了社会各界的关注，尤其是受到中国青年、知识分子的青睐。1913 年奉天基督教青年会成立后，"给古

奉天基督教青年会旧址（1925 年建成，现位于沈阳市沈河区朝阳街文庙北巷）

老而陈旧的沈阳社会加添了新的因素、新的颜色，以致引起了人民求新的观念”[①]。青年会举办英文夜校、阅书室、游艺室，以及网球、排球等球类活动，组建各种学习小组、读书会，开展科学的演讲会等，具有浓厚的新文化性。来者不仅包括具有共产主义思想的马克思主义者、同盟会成员以及社会各界进步人士，连少帅张学良都经常光顾这里。基督教青年会成为进步青年学习科学和开展社会活动的重要场所，也深深吸引了张希尧。他在这里读到了新文化运动的报纸书刊，逐渐接受了革命思想和社会主义理论，更重要的是，他在这里结识了阎宝航、苏子元等一些先进知识分子和社会进步人士。

① 张韵冷：《沈阳基督教青年会记略》，《文史资料存稿选编》第 25 辑，中国文史出版社 2002 年版，第 786 页。

奉天基督教青年会的干事阎宝航，字玉衡，辽宁省海城县望台乡小高力房村人。他于 1918 年毕业于奉天两级师范学校，同年 4 月创办奉天贫儿学校，得到了张学良、郭松龄等人的支持，后来发展成为具有 6 个分校的完善的教育机构，影响较大，阎宝航一时间声名鹊起。1921 年，他被奉天基督教青年会聘为青年部干事，总干事美籍丹麦人普赖得对其非常赏识。1927 年，他受张学良资助去英国留学，1929 年回国后，任奉天基督教青年会的总干事，成为第一个获此殊荣的华人。苏子元是辽中县人，1919 年毕业于辽阳师范讲习所，毕业后在阎宝航的奉天贫儿学校任教。不久，经阎宝航介绍到奉天基督教青年会工作。苏子元在这里认识了上海党组织派到青年会工作的美术专科学校的共产党员韩乐然[①]，并在他的影响下走上了革命道路。他将上海党组织寄来的《向导》《中国青年》等革命刊物在青年会的进步青年中传阅，促进了马克思主义在奉天的传播。1925 年，北方区委派共产党员任国桢到奉天建立党组织，苏子元介绍青年会的韩乐然、阎宝航、高子升、吴竹村以及一些进步学生与任国桢建立起联系，对奉天党组织的建立给予有力支持。苏子元本人于 1925 年加入中国共产主义青年团，1927 年加入中国共产党，并准备发展阎宝航入党[②]。张希尧在基督教青年会与阎宝航、苏子元相

① 韩乐然（1898—1947 年），吉林省延吉市龙井村人。原名光宇，朝鲜族，1923 年加入中国共产党，中共东北党组织创建者之一。1924 年在奉天创办私立美术学校，以教授美术作为掩护，开展革命工作。1947 年 7 月，不幸因飞机失事牺牲，中华人民共和国成立后被追认为烈士。

② 1927 年，苏子元将阎宝航的入党申请转达给满洲省委，但因苏子元被当局通缉，被迫去了苏联，阎宝航入党问题被搁置。1937 年苏子元回国，和东北救亡总会党组书记刘澜波一起，对阎宝航的入党问题向周恩来同志做了汇报，中共中央批准了阎宝航加入中国共产党。

1924 年苏子元（前右一）、阎宝航（前右三）等人在奉天基督教青年会合影（照片由苏子元女儿苏丽丽提供）

识，共同的救国思想和爱国情怀使他们一见如故。他们不仅探讨中国在积贫积弱状态下如何谋求民族生存和发展问题，而且还积极参与各项革命运动，共同探索救国救民之路。

1925 年 5 月 30 日，英日帝国主义在上海枪杀中国工人顾正红，制造了五卅惨案，激起中国民众的强烈愤慨。6 月 5 日，中共中央发表了《为反对日本帝国主义野蛮残暴地大屠杀告全国民众书》，号召全国人民团结起来，把反帝斗争进行到底。由此，在全国各地迅速掀起了反帝斗争的浪潮。在中共影响下，在奉天第二工科读书的张希尧与广大进步学生一起投入声援五卅运动的爱国斗争中。

五卅运动后，中共派共产党员吴晓天以全国学联代表身份到奉天，与之前北方区委派来的韩乐然、任国桢等共产党员一起，

任国桢

共同领导奉天学生的爱国运动。吴晓天提出应在奉天组织青年学生声援五卅运动，开展反帝斗争。任国桢建议首先应该成立奉天学生联合会，以进步青年为骨干，将全市中等以上学校的学生联合起来。他们通过基督教青年会的进步青年苏子元与奉天大中学校的进步学生取得了联系，并于6月5日成立了奉天学生联合会，会址设在小河沿的医专。第二工科的学生领袖张希尧担任了学联的执委，积极参与中国共产党领导下的奉天学生声援五卅运动的请愿活动。他作为第二工科的学生代表，参加了苏子元在小河沿医专秘密召开的奉天各校学生代表的联席会议，研究具体如何组织声援问题。会议决定，将于6月10日发动全市各校学生到省公署门前举行请愿活动。

张希尧回到学校后，马上把进步同学们召集到一起，传达了会议精神，大家一致表示要参加这次请愿活动。6月10日清晨，他带领本校同学徒步来到城内金银库街省公署的门前，与小河沿医专、奉天省立第一师范等19所学校的同学们会齐。小河沿医专的同学把事先做好的小旗子分发给大家，还有人把写在大幅白布上的标语展开到省公署前请愿。由于这次活动组织得比较周密，事先又很好地保守了秘密，奉天当局面对这“突如其来”2000多人的请愿队伍毫无戒备，紧急调来荷枪实弹的军警，把省公署前的广场围了起来，勒令请愿的同学们散去。在场的大多数学生并没有动摇，大家席地而坐，选派出学生代表，宣读了请愿书，揭露了英帝国主义制造五卅惨案的暴行，同时向奉天当局提出五项要求:“1. 通电援助并慰问上海学生;2. 募款救济;3. 与英、日两国经济绝交;4. 请政府向外国交涉;5. 学生游行示威。”①

最初,省公署对于学生们提出的这些要求一概拒绝,严令学生撤离现场并且扣留了请愿学生代表。静坐请愿的同学们丝毫没有畏惧和退却,马上又选派出第二拨学生代表。提出如果政府不接受这些条件,就坚决不撤离现场。他们高举“打倒日本帝国主义”“打倒英帝国主义”等小旗,高呼口号,要求释放被扣押的学生代表,从而博得周围群众的支持,甚至加入游行队伍之中。双方从上午 9 点一直僵持到下午 3 点多,后来由奉天基督教青年会干事阎宝航出面与当局交涉,省公署才勉强答应了学生请愿的部分条件。奉天学生组织的六一〇运动初步取得了胜利。

但实际上,这不过是当局采取的缓兵之计。当天晚上,警察将参加请愿的学校全部封锁起来,不准学生出入校门,张希尧等参加请愿的学生代表被驱逐出校外。教育厅因害怕学生再聚众闹事,紧急下令 6 月 13 日提前放暑假。奉天学生的爱国热情高涨起来,他们宣布与外国人办的学校断绝关系。满洲医大、南满中学以及同文商科学校的一部分中国学生愤然退学,并在 6 月 13 日《东三省民报》上发表《与日本帝国主义不合作以声援上海之惨案》的宣言。为此,日本领事馆强迫奉天当局镇压学生运动,将这次学潮的“激烈分子”驱逐,制止事态扩大。仅奉天第一师范的学生就被开除了 24 人。张希尧因为积极参加六一〇运动,也被第二工科校方开除了。这是他因为参加爱国运动第二次被校方开除,但他无怨无悔,因为此时他内心已明确,若要拯救危亡中的祖国和人民,就必须进行反帝反封建斗争。张希尧回到家乡

① 郑殿起:《奉天省城大中学校学生声援上海“五卅”惨案的经过》,《辽宁文史资料》第 10 辑,辽宁人民出版社 1984 年版,第 90 页。

奉天省公署

后，又参加了西丰县中学在 6 月 16 日举行的声援五卅运动的请愿游行。

张希尧等人参加的六一〇运动规模之大、波及面之广，在辽宁乃至全东北都是前所未有的，给日本帝国主义以沉重的打击。虽然这次请愿只是发生在奉天，但其影响是非常深远的。大连、吉林、哈尔滨、齐齐哈尔等城市也纷纷组织声援活动，公开进行了反抗日本帝国主义的斗争。经历过这一次党领导下的政治斗争的洗礼，张希尧变得更加成熟和坚强了。因他在这次运动中的出色表现，被苏子元称赞为“六一〇运动的干将”[①]。

三、在西丰县立中学任教

尽管张希尧被第二工科开除了，1926 年他凭借扎实的学习功底，仍以优异的成绩考取了东大理工学院预科，这意味着他很快就要成为东大的学生。东北大学这所全国知名的学府，以其优越的师资条件和国内影响力，吸引着像张希尧这样的莘莘学子。然而，正在他憧憬圆梦大学时，家中的突然变故使其学业受到

① 苏子元:《陈年往事》,《辽中文史资料》第 8 辑，1991 年版，第 45 页。

了影响。

1926年，他的胞弟张金辉小学毕业。由于家里经济条件有限，不能同时供两个孩子读书。他的父亲和叔父商量后决定让弟弟张金辉辍学，留在家里干农活儿、娶媳妇过日子。这个决定对于聪敏好学的张金辉来说打击很大，他很苦恼，也很无奈。为了能让三弟继续上学，张希尧和父亲、叔父谈判，主动提出自己可以暂时先不上大学，而是去县里中学做教师，赚钱供三弟读书。起初，家里不同意，张金辉只能一边帮着父亲种地，一边在家偷偷地补习功课，每天起早睡晚。张希尧看到三弟这么刻苦，一面帮助他补课，一面再次劝说两位长辈，不能让这么好学又有天赋的弟弟荒废了学业。张希尧的舅父也从旁帮着说情，最后家里总算是松了口。但条件是，在张金辉中学毕业之前，张希尧不能上大学，要教书挣钱供他读到中学毕业。张希尧慨然允诺，主动放

西丰中学毕业师生合影。前排右一为张希尧，背景为西丰县孔子庙

弃了入学机会，在西丰县立中学担任初中数学和理科（博物、物理、化学）教员。

西丰县立中学是张希尧的母校，高才生再次回归母校，让曾经教过他的教职员工感到欣喜，欢迎他加入教师的队伍中。当时他未满 21 岁，是学校最年轻的教员。在县立中学，班上多数学生的年龄偏大。张希尧虽然身为老师，却比学生们大不了几岁，再加上他待人厚道、平易可亲，不少学生都愿意和他亲近。像朱大光[①]（原名朱承泽）、孙达生（原名宋介农）、阎宝勤、宋黎、王恓忱[②]、张金辉、张直卿等，都与他关系密切。他们经常在一起讨论国事，张希尧对他们谈起中国现状，以及帝国主义国家对中国的侵略等，尤其是长久以来日本一直对我国东北存有的觊觎之心。他还将自己亲身所见所感讲述给学生听。一次，他在离学校不远的小南门，亲眼看到一个日本人带着他的朝鲜随从去南河钓鱼，途中要过一道浅浅的小水沟。这个日本人因为自己的个子矮、腿短，无法一步跨过去，便命令那位朝鲜随从屈身伏在水沟里，日本人用脚踏在他的脊背上颠了几下，确认稳当之后，才从他的身上踏步而过。眼前的这一幕深深地刺痛了张希尧，他在班上对学生们讲，这件事让他深感亡国之惨。日本对东北贪得无

① 朱大光（1911—1934 年），又名朱承泽，西丰县双河镇栋梁村人。1929 年考入东北大学教育学院博物专修科。1932 年加入中国共产党。1933 年二三月间，奉中共中央北方局之命，打入在张家口新成立的东北军骑兵二师，以师部教官的公开身份，秘密从事中共地下党的兵运工作。是年底，中共中央北方局又派他到国民党六十三军（原东北军冯占海部）五四四团（驻河北省宁晋县大曹庄）开展兵运工作，任中共六十三军五四四团工委负责人。1934 年冬因病逝世，年仅 24 岁。

② 王恓忱（1909—2000 年），辽宁西丰县人。1926 年入东北大学工学院纺织系，1932 年在沈阳、吉林、哈尔滨等地联络、组织义勇军。1935 年在北平东北大学参加了一二·九运动。1937 年到延安入陕北公学第一期第四队学习。中华人民共和国成立后，任辽宁省手工业管理局副局长。

厌，久有侵略之心，近来更加显著。同学们要奋发图强，唤起同胞向日本侵略者进行斗争。否则，下一个亡国的可能就是中国，中国人也会和朝鲜人一样成为亡国奴了。他劝诫同学们要始终如一地爱国，不要只是五分钟的热血而已。张希尧还以自己在奉天参加学生请愿活动的亲身经历，给他们讲述五卅惨案发生后，在全国各大城市形成的反帝斗争高潮情况，从而进行爱国主义思想教育。

据张希尧的学生孙达生后来回忆，西丰县地处辽北，较为偏僻闭塞，文风并不盛，人民容易受传统思想的束缚，革命活动没有奉天那么活跃。但是由于张希尧的联系和影响，奉天的革命活动很快传到了西丰县。比如，在五卅运动纪念日、每年的“五九”国耻日等，张希尧都发动同学组织爱国纪念活动，发表演讲，张贴标语等。对于学生来说，张希尧不仅是传道授业的老师，更是肝胆相照的兄长和进步思想的启迪者。学生们的许多想法都愿意与他交流和探讨，听取他的建议。张希尧适时引导，向他们传播了反帝反封建的爱国主义思想火种。后来，孙达生、朱大光、宋黎、王憪忱以及胞弟张金辉等先后都加入了中国共产党，投入到东北的抗日斗争中，为中国革命做出了重要贡献。

张金辉

张希尧年长张金辉 6 岁，既是兄长又是他的老师，在张希尧教书期间，每个星期天都给在西丰县立中学借读的三弟张金辉补习英文。兄弟俩在学习之余，常常聊一些政治话题。如张希尧谈起第一次世界大战后，日本攫取了德国在山东的权益，夺取了青岛和胶济铁路。日本的侵略野心和胃口越来越大，他们让日货充斥中国市场，这实际上是没有硝烟的侵占行为。况且，日本想要从中国得到的经济利益还远不止于此，他们眼中盯着的是东北广袤的土地、丰富的矿藏，还有漫山遍野的大豆高粱……所以要特别警惕日本的军事侵略。张希尧的这些分析和看法，烙在了三弟的思想深处。他立志努力学习，像兄长一样做一个正直善良的人、一个有爱国情怀的中国人。功夫不负有心人，在他借读西丰县立中学的第二年便获得了免学费的奖励，家里也同意在生活上给予资助。于是，张希尧没有了经济负担，不久便辞职回到奉天，准备再次考取东北大学。1929 年春，张金辉因反对时任西丰县立中学校长一家人占据学生宿舍、雇用教员任人唯亲等腐败行为，组织全校学生罢课、上街游行。结果，他也和张希尧当年的遭遇一样，被县立中学开除了。家里知道张金辉被学校开除后大为恼火，责骂他带头闹事，不好好读书，强令他待在家中种地。张金辉每天同家庭做斗争，最后在二嫂（张希尧那时已经成家）和自己还没过门儿的媳妇（父亲给他订的亲）暗中帮助下，揣着 30 元钱，不辞而别，到沈阳去找二哥，想办法继续读书。

张希尧在西丰中学教书期间，反复思考为什么日本能在明治维新后迅速走上工业化、变成军事强国的问题。俗话说，知己知彼，百战不殆。他试图接触西丰领事分馆的日本人，通过关系以到领事分馆当汉语教师为名，跟他们学习日语，了解日本的政治、军事等各方面情况。这件事曾一度引起了师生们的误解。当他说出自己的想法和原因后，才解除了大家的疑惑。在同日本人接触中，张希尧深感中国的落后，立志要进一步学习科学技术，科学救国。在县立中学任教时，他仍继续复习文化知识。1928

1929 年，东北大学理工学院预科班毕业照，后排左六为张希尧

年秋，他重新考入了东大理工学院，被录取为预科 18 级[①] 学生。

四、协助车向忱开展平民教育

经过一年的预科学习，1929 年，张希尧考取了东北大学理工学院本科，被物理学系和化学系同时录取，他选择学习化学专业，成为该系本科 22 年级学生[②]。张希尧入学后，不仅认真学习专业理论，同时更加关注国家和民族的前途命运。他开始接触马列主义，课后常和几个志同道合的同学一起，躲进北陵树林里的僻静处，偷偷地阅读《共产党宣言》《国家与革命》等著作。为了学习革命理论，张希尧和进步学生一起秘密在理工大楼的顶层开会，商量如何学习苏联五年计划的经验，制订一个东北抗日

① 注：18 级是按照民国纪年。

② 注：22 级是按照民国纪年。东北大学档案馆校史编研史编:《老东大校友录》（内部发行），2009 年版，第 21、94 页。

东北大学旧址

工作五年计划[1]。他们还成立了一个以张希尧为首的爱国科学小组，小组成员有董学礼[2]、黄宇宙等人。他广交朋友，研讨救国之策，成为东大爱国学生运动中的核心人物，被选为东大学生会主席。

这个时期，张希尧立志走科学救国、实业救国和教育救国的道路，力图拯救危亡中的祖国，尤其热衷于平民教育运动。在这方面，车向忱对他影响较大，他们的关系也极为亲密。车向忱比张希尧年长 7 岁，时任东北大学附属中学和第一高中教员，是一位具有强烈社会责任感和爱国心的知识分子。他主张在民族危机时自强图存，认为救国先救民，救民先教民。他自 1925 年从中

① 张希尧:《十五年前九一八的回忆》，未刊稿。

② 董学礼（1911—1940 年），后改名董一飞，中共党员，东北大学学生。1935 年参加了一二·九运动，担任东北大学中华民族解放先锋队队长。1937 年七七事变后赴太原参加山西省牺牲救国同盟会（简称牺盟会）工作，先后担任兴县公安局长、牺盟会兴县抗日游击队营长、支队长等职务。1939 年 7 月，任山西新军决死四纵队二〇三旅十八团团长。1940 年 5 月，在去交城山区晋绥八地委开会的途中与日军遭遇，在战斗中壮烈牺牲，年仅 29 岁。

国大学哲学系毕业后就立志终身从事平民教育，在奉天的第一监狱内创办了第一所平民学校。到 1928 年，连同奉天基督教青年会的平民学校，共办了 9 班。他认为，在文化教育相对落后而危亡在即的东北地区，平民教育应该与反帝斗争相结合。他指出，我国号称文化之邦，而教育却不普及，80% 的民众目不识丁，“以如许之民众又何以御外侮，与列强争生存；即以内政而论，又何以为主人翁。无怪我国之内政不修，外交不振也。欲除此弊，非平民普受生活必须之基本教育不为功，此等教育即轰动全国万口疾呼之‘平民教育’是也”。[①] 他联合辽宁省教育界人士扩大平民教育活动，就是“救济吾省 1200 万不识字之民众”。他于 1928 年在奉天创办了奉天平民服务团，同年 9 月改组为奉天平民教育促进会，11 月又改组为辽宁国民简易教育协进会。经过他的宣传和实践，平民教育在社会上引起了很大影响。

针对有人认为他思想“左”倾、搞平民教育反对政府的问题，他向张学良解释道，他办平民教育的目的，是为了提高人民觉悟，反对日本侵略，从而获得张学良的认可。教育厅长吴家象也非常支持他，平民教育得到奉天当局的重视，辽宁国民简易教育协进会成为官民合办的团体，辽宁省教育厅、教育会和平民教育促进会合办，会址设在辽宁省教育厅内，张学良担任了辽宁国民简易促进会的名誉会长，车向忱为主任干事。他一方面在奉天继续创办平民学校，另一方面动员各大、中学学校学生深入乡村，办简易学校。在经费短缺、条件困难的环境中，他不断呼吁，得到各方的赞助和支持，如张学良 1929 年春“惠助现大洋

① 《奉天平民教育促进会宣言》，1928 年 9 月 23 日，《辽宁国民简易教育概况》，1929 年版，第 33 页。

五千元”[①]。经过他和各界人士的努力，辽宁省共创办平民学校200多处，开展扫盲教育，涉及全省20多县，扫除文盲近万人，“使失学男女得受国民必需之基本教育”[②]。车向忱因热心教育的爱国之举被大家尊称为“东北甘地”。

车向忱

张希尧对车向忱开展平民教育极为赞同。他认为当务之急是提高民众的知识水平和政治意识，教育是国家根本大计，简易教育是救国的教育。千百年来，劳苦大众一直生活在社会最底层，他们受苦受穷，没有文化，目不识丁。要唤醒民众参加反帝爱国运动，首先要让他们学文化、长知识。他应车向忱之邀，参加了奉天学生平民服务团和辽宁国民教育促进会。他利用在东大读书期间的节假日，到城市贫民和乡村农民中间，“真实地做平民的朋友”，大力兴办平民夜校和识字扫盲班，在教书识字过程中宣传反帝爱国思想。同时，为了让东大的校役“能识字读书，具有公民资格”[③]，他积极参与组织管理东北大学校役的夜校工作。1929年9月，张希尧当选了东大理工学院附属校役夜校第7期庶务股长。该夜校学习的科目包括初小或高小国文、算术等，每晚授课两小时，教员由理工科的学生志愿担任。张希尧负责夜校班所需物品的购置、收

---

① 车向忱:《辽宁五年来简易教育的经过》，1929年9月25日，《辽宁国民简易教育概况》，1929年版，第3页。

② 《辽宁国民简易教育协进会简章》，《辽宁国民简易教育概况》，1929年版，第21页。

③ 《东北大学校志》第一卷（下），东北大学出版社2008年版，第1246–1247页。

东北大学理工学院

东北大学理工学院的学生宿舍

放以及资金存放、支出等各项事宜，在他的认真管理组织下，夜校各项工作顺利开展，校工的素质显著提高。

开展平民教育，不能只停留在宣传上，还必须重视实践。张希尧接受了辽宁国民简易教育协进会的委任，利用寒暑假时间以自己家乡西丰县作为试点，接洽热心人士，办简易学校，开展平民教育活动。1929 年暑假期间[①]，张希尧回到家乡西丰县房木村。他以辽宁省国民简易教育协进会会员的身份，分别拜见了村长杨书言、村副陈子明、陈思政、村会各职员、公安队书记王绩

① 张金辉、李永庆在其回忆文章中认为，回家乡办识字班的时间是 1929 年冬。此处则根据张希尧在《辽宁国民简易教育概况》一书中发表的文章时间判定为 1929 年夏。

东北大学理工学院校役夜校教职员，第三排左二为张希尧

卿、区立第一小学校长程冠鹏、教员文蕴珊等，请求协助在西丰县房木村开展平民教育，他们皆表示赞助。他在街头巷口张贴布告，到处宣传读书之用处。然而，尽管大力宣传，乡民们对此仍持观望态度，三大时间报名者仅 6 人，其中还包括学生 2 人。于是，张希尧只能挨家挨户登门动员、劝导。有慷慨者立即入学，也有人虽然表面赞成这种举措，但是内心却认为读书耽误农活，以各种理由拒绝。张希尧以桑梓关系进行开导，笑道："放心吧，你老，误多少我来补。"[①] 经过他的广泛动员，学生数量大增。据张希尧统计，全村男成年者 30 多人，牧童 35 人，女子成年者 3 人，均 30 多岁，十六七岁的有 20 多人，10 岁左右的 31 人，街

① 张德厚：《西丰县房木村简易学校概况》，《辽宁国民简易教育概况》，1929 年版，第 63 页。

最东端有女生31名。借郭万春富户家房子开办简易学校。在校分男女两班，午饭后上课3小时。他教授千字课课程，对民众进行识字普及。除了正课外，他还进行了许多国耻教育和打破迷信的演说。

张希尧办的简易学校将“救愚”和“救亡”结合起来，反响很好，在当地影响很大，不久邻村民众便热情地邀请他去邻村讲课。他讲的题目为“日本对华之侵略”，他讲到五卅惨案、济南五三惨案及新民霸地惨案等，号召大家认清形势，认清东三省在国际之地位，以及日本对东北的侵略野心等。强调兴办简易教育之必要，学习文化，掌握知识，具有民族意识，为国家和民族做一些有益之事。会议除了中饭时间，从早上10点一直开到下午6点，听讲者达180人。听过张希尧报告后，村民大受教育，很受启发。在张希尧的建议下，该村村长侯文孚等决定也组织简易学校及国货公司，不久就招收了学生30人，由该村小学校长负责。张希尧在暑假创办的房木村的简易学校，自7月24日成立，让140名乡亲们都接受了平民教育[①]。学生们能默写千字文者达三分之二。到8月19日，因农事繁忙解散了。张希尧与程校长商议，继续组织夜校，让这些民众继续接受教育。与此同时，他的学生朱大光在西丰东双河站也扫盲了14名民众。王佐才、关善庆在西丰第一小学开办简易学校，也使50名民众受到教育。不久，西丰县国民简易促进会成立，西丰县的平民教育运动轰轰烈烈地开展起来。

1930年暑假，他又在西丰县城带头创办了识字班，为了动员大家参加识字班学习文化，他在县里的公园、老市场、戏园

① 《辽宁国民简易教育促进会暑期创办各县简易学校会员一览表》，《辽宁国民简易教育概况》，1929年版，第15页。

子讲演。几十年后，曾经听过他讲演的乡亲李永庆仍然记得，当时他以德、英、美、日各国与中国在普及教育程度上的悬殊差距，激发大家识字、学文化的积极性。他说：“在世界教育普及会议上，德国代表先发言说，我们教育普及才百分之九十五；英美代表接着说，我们赶不上德国，才百分之九十；日本代表说，我们很惭愧呀，才百分之八十五。轮到中国发言，我们的代表说，中国受教育的才百分之十五。”张希尧接着说：“咱们国家的文盲太多，国家咋能富强而不受列强欺负?!”[①] 他以各种方式力图唤起民众学习文化知识，普及国民教育。在他的组织动员下，家乡的许多民众在平民教育活动中不仅学习到文化知识和国民常识，从中也受到了爱国主义教育。

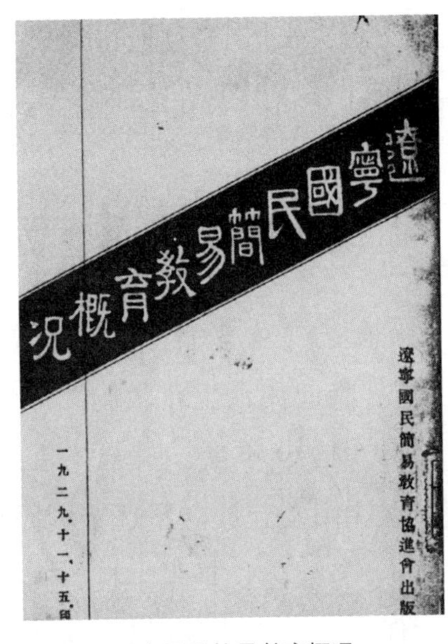

辽宁国民简易教育概况

张希尧在家乡倡导创办识字班，得到了县里各方面的支持和响应。县城内不少小学校都办起了识字班，由学校老师义务讲课。那时候，女孩子上学的人数太少，为了鼓励青年妇女学习文化，识字班不收学费。其中，县里北太小学创办识字班最为积极，校长带领全校师生，敲着锣鼓、吹着铜号上街宣传，招收学生。后来，县里成立了民众教育馆，负责统筹全县的民众教育，村村都成立了民众学校，招收学生没有年龄限制，也不收学费，

① 李永庆：《我的老师张希尧在西丰的爱国运动》，未刊稿。

为了解决平民学校师资不足，还专门在县里的孔庙举办了师资培训班。开办识字班这种做法，深受平民百姓的欢迎。

五、参与发起辽宁国民常识促进会

随着平民教育事业的发展，进一步“灌输常识造就健全国民”“唤起民众反日救国”成为张希尧、车向忱等人为之奋斗的目标。1929年夏，张希尧除回家创办识字班外，还与阎宝航等人在沈阳发起成立了辽宁国民常识促进会[①]（简称国民常识促进会）。名誉会长是张学良，阎宝航、王卓然为董事，车向忱担任主任干事。会址设在奉天基督教青年会地下室。国民常识促进会表面看是一个群众团体，实际是一个反日爱国团体。张希尧以东大学生身份参加发起成立这个团体，是车向忱开展此项活动的最积极组织者、参与者和联络者，他号召许多东大同学都参与了这个爱国团体。在他的影响下，1929年他在西丰县立中学的一些学生先后也考取了东北大学。朱大光于这年2月考入东大教育学院博物馆专科，张金辉和宋黎于同年秋以优秀的成绩考入了东大预科。孙达生、王恓忱在此之前也考入了东北大学。西丰中学的这群师生在东大重新相聚，张希尧又成为这些进步学生群体的核心。车向忱通过张希尧将东大学生组织起

王恓忱

① 车向忱：《九一八事变前辽宁人民的反日斗争》，《一代师表》，《辽宁文史资料》第54辑，辽宁人民出版社2004年版，第74页。

来，推动国民常识促进会各项活动的开展。在张希尧等人的组织动员下，东北大学及各师范大学学生占国民常识促进会会员的大半[①]。

国民常识促进会的活动包括两个方面，一方面是宣传国民常识，普及国民知识；另一方面是提倡国货，反对日货。国民常识主要包括党义、国耻、公民、科学、卫生、职业、破除迷信、公共事业、改革生活习惯、道德、乡村自治、拒毒等内容。重点放在国耻[②]方面。张希尧和车向忱等一起，制定了国民常识促进会的工作大纲，具体规定有：1. 设立公众阅报牌；2. 发表公众讲演；3. 发行常识半月刊；4. 印行小册刊物；5. 设立民众图书馆；6. 设立义务写信处；7. 设立民众公园；8. 游行表演；9. 绘画常识图表；10. 游行文库；11. 帮助各县设立分会；12. 设立施医处。张希尧组织学生按照会纲进行国民常识的宣传活动。

为了唤起民众团结起来一致对外，国民常识促进会创办发行了刊物《国民常识半月刊》，由车向忱担任主编，张希尧、张金辉、郝克勇[③]等人担任编辑。《国民常识半月刊》登载的稿件内容，大多数揭露日本侵华政策和侵略罪行，以及市县分会的活动情况。张希尧等人认真地校对、整理稿件，通过宣传唤醒民众，加强团结，一致对外，坚决反对一盘散沙。刊物出版后统一

---

① 《常识促进会·拒毒会排日运动大要》，第 6–7 页。《东北年鉴》，东北文化社 1931 年版，第 1399–1401 页。

② ［日］尾形洋一：《在沈阳的收回国权运动》，社会科学研讨第 72 号选印，1981 年。

③ 郝克勇（1904—1996 年），中国共产党员。九一八事变前与车向忱、张希尧等从事平民教育、国民常识的宣传工作。九一八事变后参加东北民众抗日救国会。1934 年在北平东北大学教育系学习。1935 年以东北大学教工身份参加一二·九运动。1937 年 10 月，在车向忱办的竞存中学以职员的公开身份开展党的工作，1938 年到延安。中华人民共和国成立后，任冶金部办公厅主任。

由促进会会员向民众发放，后因供不应求，半月刊改为周刊、三日刊。

车向忱、阎宝航、张希尧组建的国民常识促进会，凭借的是“不怕穷，不怕苦，不怕死”“实干”“苦干”“硬干”[①]的精神，他们喊出的口号是：“唤醒一个是一个，救得一人是一人。”张希尧参加组织东大学生，周末经常三五成群地到市内各茶馆、剧院、学校、监狱、工厂、福音堂等处宣传。他们拿着传声筒演讲、说快板、演活报剧，向群众散发传单。宣传内容包括抵制日货、打破迷信、戒烟拒毒、革除恶习等。当时，沈阳火车站附近是日本南满铁路附属地，那里既是火车站又是繁华的商业区，流动人群比较多。张希尧经常到这一带演讲，揭露日本帝国主义的侵略行径，宣传提倡国货、抵制日货的意义。他说，中国人买日本货会使货币外流，长此下去，国家会越来越贫困。中国人要有志气，爱国就要用国货，要想办法生产自己的国货。比如，点灯可以把老式的豆油灯改造一下，使用豆油灯一年能比洋油灯省三四块钱。他一边说着一边拿出来一盏豆油灯，现场给大家点燃了豆油灯并高举过头，在习习闪烁的灯光下，他不由自主地提高了嗓音，动情地说：“咱们要用自己的国货挽回权利，让咱们的国货不断更新、发展，这样国家就会富强起来，国民社会地位就能提高，不再受外国人欺负。”[②]张希尧的讲演语言生动、感染力强，很能打动人，在他演讲时，听众往往越聚越多，对其赞佩不已，同学们称赞他是“东北大学最出色的演说家”。

张希尧的宣传活动引起了日本与奉系警探的注意。一次，他

---

① 黄宇宙：《回忆“东北甘地”车向忱同志》，《人民教育家车向忱》，辽宁人民出版社1989年版，第42页。

② 杜介雨：《怀念张希尧同志》，未刊稿。

正在春日町街（今太原街）演讲，警探闻讯赶来，封闭路口严密搜查。张希尧机智、沉着，不慌不忙地挤出人群，溜进附近一家日本人居住的后院，拿出随身携带的日本和服套到身上，然后神情自若地朝着路口走去。临近岗哨跟前，他故意叽里呱啦地说了几句日本话，设卡的警察连忙向他立正敬礼，居然护送着他走出租界地。后来，他回家乡见到中学校长，校长问到此事："你上日本人的租界地讲演，就不怕被日本人抓吗?"张希尧轻松地笑着答道："有胆量，那怕啥？我带着日本人的衣裳，他们要抓人，我就一化装，讲几句日本话，谁也不问。"①

为了提倡国货、抵制日货，张希尧等国货推销联合会成员在沈阳中街广生行百货商店的隔壁开设了一家大众国货商店，专卖国产货。商店的招牌由车向忱亲笔书写、挂在门上，由他本人担

20 世纪初期的奉天春日町街

① 张圃林:《东北抗日救亡先驱张希尧》,《西丰英烈》第 1 辑，1998 年版，第 3 页。

任经理、王愐忱为副经理。课余时间，国货推销联合会成员在各处举办国货展台，展品有土布、同昌行的老火车头牌牙粉、惠临火柴、吴春如墨汁、德丰工厂的五味素、肇新窑业公司的瓷器等百余种。张希尧身体力行，穿的是妻子在乡下为他缝制的对襟粗布衣服和前分脸式的布鞋。他这一身土里土气的打扮，难免遭到城里有些同学的笑话。有一次，一个同学忍不住好心劝他："你不买皮鞋，何不买一双礼服呢鞋呢？物美价廉多好哇！"张希尧答道："我脚上穿的这双鞋，是我老婆在家不做饭或者等孩子睡觉时，千针万线做成的，这鞋面儿是国产布，鞋底儿是用旧布袼褙纳成的。咱们推销国货得言行一致，外国的礼服呢就是再好、再便宜也不能买。"[①] 已经是中共秘密党员的巩天民[②]很赞赏张希尧这种身体力行的精神和做法，在经济上和道义上支持他们办大众国货商店，他和张希尧也因此成为要好的朋友。

国民常识促进会把提倡国货运动作为工作的另一个重点，其中有一种寒暑假工作团的方式最为特别。这就是由东北大学或各师范学校的学生在夏季回家时，组成宣传销售工作团，事先把总商会的各制造业者希望销售的商品样品交给他们，请他们在故乡宣传这些商品。1930 年的暑假工作团有 1078 人参加，其中有 305 人从事宣传活动[③]。张希尧等人开展的暑假工作团推销国货尤

---

① 张德臣：《对张德厚幼时思想行动的介绍》，1983 年 5 月，未刊稿。

② 巩天民（1900—1978 年），河北省临榆县人。1921 年参加奉天基督教青年会活动，1925 年秋加入中国共产党。1932 年秋与刘仲明等人向国际联盟"李顿调查团"提供九一八事变的真相。1938 年，中共地下党员张为先被派到奉天开展情报工作。巩天民以志诚银行总经理的身份，协助张为先等人建立组织，开展情报工作。中华人民共和国成立后，曾担任辽宁省副省长等职。

③ 《东北年鉴》，东北文化社 1931 年版，第 1401 页。

为出色。1930年暑假[①]，张希尧响应国民常识促进会的倡议，与张金辉、王恓忱和朱大光等在西丰县城，按照东大国货消费推销社的办法，在家乡筹办国货消费社。他们动员县里的民众为国货消费社集资入股，每股一元，用实际行动反对日本的经济侵略。他们实行募捐自由，学校由老师负责，农村由村长负责，城内由爱国人士负责募集[②]。在一次群众集会上，两个日本商人探头探脑地混进了会场，被他发现后，将这两个日本人轰了出去，在场的人无不拍手称快。在西丰县各界人士的大力支持下，他们几个人在7天内共集资了4000多元，在县顺城街路南租下“万和祥”西侧的三间房作为铺面，国货消费社很快就开张了，由王恓忱任经理，张金辉和朱大光等担任义务售货员。货架上摆的全都是国产商品：火车牌牙粉、八王寺汽水、丁母太酱油，还有各种颜色的宽窄幅土布、毡鞋、毡帽……共有170多个品种。国货消费社一直经营到九一八事变，有力地抵制了日货的倾销，使日本商品受到一定冲击。张希尧等人因此引起了日本领事馆的注意，对他们严加监视。如经理王恓忱每逢周末都到公园，慷慨激昂地向游人宣传抵制日货的道理，日本领事馆对他进行跟踪，对他每天的行动都有记录。应该指出，提倡国货运动对于振兴民族工商业的发展，弘扬爱国主义精神起了很

朱大光

① 张金辉在回忆文章中说是1930年冬，此处是按车向忱编著的《辽宁国民简易教育概况》提到的时间。

② 李永庆:《我的老师张希尧在西丰的爱国运动》，未刊稿。

大作用。

张希尧在家乡办识字班、倡导国货等活动，逐渐得到了乡亲们的理解和支持。1931 年夏天，西丰县的寇河泛滥，县城大南门外的房屋被洪水淹没，不少民众被洪水围困在高处，面临随时被洪水冲走的危险。张希尧亲临险区，当洪水冲进城内，他和一些见义勇为的青年一起，奋不顾身地泅水救助灾民，给乡亲们留下了很深的印象，称赞张希尧既有文化知识又有社会责任感，是正直热心的好青年。县长佩服张希尧，叫他“张爱国”。[①] 值得一提的是，张希尧放假回家拒绝坐日本人在南满铁路经营的“票车”。他宁可多花钱，绕道乘坐马车回家，甚至背着一个小挎包，七天徒步几百里，一路走一路体察民情，沿途向老百姓宣传反帝爱国的思想。在他的影响和带动下，东大一些同学效仿他，发誓不买日本货、不坐日本火车。大家以这种方式，身体力行地反对日本的经济侵略。

六、同日本的毒化政策做斗争

除了开展平民教育，拒毒、禁毒也是当时开展爱国活动的一项重要内容。为了反对日本帝国主义对东北的经济侵略和贩卖大烟的毒化政策，同时也为了纪念林则徐虎门销烟 90 周年，张希尧同阎宝航、车向忱等社会爱国人士一起，于 1929 年 6 月中旬，在奉天基督教青年会成立了辽宁拒毒联合会（简称拒毒会）。会长阎宝航因为基督教青年会的事务繁忙，具体事宜委托车向忱办理。而车向忱则请张希尧和黄宇宙帮助他一起工作。

---

① 李永庆:《我的老师张希尧在西丰的爱国运动》，未刊稿。

日俄战争后，日本大力推行对中国东北的毒化政策。日本商人与国内官僚、军阀相勾结，大量向东北输入毒品，纵容日本“浪人”在满铁沿线各站大量贩卖鸦片、海洛因等毒品。日本人在附属地设有烟窝达 400 多处，专供华人吸食鸦片毒品之用，每日趋往吸毒者 15000 多人[①]。如在日本火车站（今沈阳站）、租界地十间房（今沈阳西塔东）等地都开设大烟馆、吗啡馆。在中国的吸毒者中，以官吏居多，军队次之，百姓亦为数不少。据调查，华人在大连、旅顺吸食鸦片者竟占全市的 85%。安东（今丹东）在满铁附属地内就有烟馆 1087 家，每天销售烟土达 4000 多两，日耗大洋约为 2 万元以上。由于官兵加入吸毒行列，以至出现了“一手拿钢枪，一手拿烟枪”的“双枪将”现象。张希尧深知日本毒化政策的危害，在进行国民常识、平民教育的同时，积极响应阎宝航、车向忱的倡议，协助筹备辽宁拒毒联合会。

其实，张学良就任东北三省保安司令后，曾大力整顿政务，实施禁烟拒毒。他意识到，鸦片“戕身败家，弱种病国”，发布了军人禁止吸食鸦片的训令。他还召开东三省的禁烟会议，制定出“破获私售烟土，无论其多寡，悉付当众焚毁，并加以惩办”的条例[②]。但由于中国官商与日本商人勾结，禁烟拒毒的成效并不大。得知阎宝航、车向忱、张希尧等人筹建拒毒会时，张学良给予了热情鼓励及财力和物力上的赞助。刚刚被张学良任命为辽宁省警务处长兼沈阳市公安局长的黄显声，正在对辽宁省各地社会秩序大力整顿，禁烟禁毒，故也对拒毒会的各项活动全力支持。于是，在警务处的配合下，拒毒会发起大规模的禁烟运动。

张希尧将拒毒会倡导的“宣传拒毒、调查情况、拒毒教育”

---

① 焕林、国伟：《虎门之威在奉天》，《党史纵横》1994 年第 1 期。

② 王连捷：《无名英雄阎宝航》，团结出版社 2008 年版，第 60 页。

等准则铭记在心，将拒毒宣传与教育结合起来，向民众讲明毒品的危害性和严重性。他们请画家用漫画形式宣传禁毒，揭露日本贩卖鸦片、毒害我国同胞的侵略罪行，这种宣传形式通俗易懂，宣传效果较好。同时，拒毒会还发行了会刊《拒毒月刊》，在沈阳设立了12处阅报牌，在各个重要路口醒目位置进行宣传。张希尧等还去茶馆、戏园、福音堂、工厂等地讲演，主要讲述毒品对我国国民和国家的危害，指出日本输入毒品是让我国亡国灭种的另一种侵略，告诫国民提高警惕，勿食鸦片，禁烟拒毒。听到演讲的民众无不动容。另外，为了说明东北麻药交易的实态，他和同学们还就如下各项进行了调查：1. 烟馆数及其吸食者数；2.“吗啡屋”数及其注射数；3. 贩毒者数及其进货地；4. 毒品制造所；5. 罂粟耕作地。这些活动，与其说是一般性的禁烟工作，莫如说是与拒毒会活动有联系的反日运动更合适[①]。

针对日本在1929—1930年三次[②]大量向东北输入毒品的状况，拒毒会高度重视，与东北当局联合在小河沿进行了三次大规模销烟。每一次销烟，张希尧都组织东大及其他学校的学生参加，成为会场上活跃的宣传员。其中第二次销烟是与拒毒会的拒毒宣传周联系在一起进行的。1930年5月5日，辽宁邮务管理

---

① [日]尾形洋一:《在沈阳的收回国权运动》，社会科学研讨第72号选印，1981年。

② 第一次是1929年11月20日，辽宁邮政局扣留了日本商人饭沼由德国汉堡保禄公司运来的海洛因148包。这些海洛因每包重2000克，总共达294公斤，收货人写的是日本人饭沼。1930年3月10日，由辽宁拒毒联合会主持，在沈阳小河沿万泉公园体育场当众焚毁了这批毒品。第二次是1930年5月5日，辽宁邮务管理局又查获了日商由德国汉堡寄来的挂号包裹，计海洛因239包，还扣留了日本人山田文武贩运的鸦片烟400箱。6月14日当众销毁。第三次是1930年9月，昌图县先后查获日本商人包运烟土两起，一为山田文吾原封烟土4包计14斤半，还有海洛因1包，一为丸毛增藏原封烟土4包计200两。9月21日，在小河沿体育场举行第三次公开销烟大会，两案所涉毒品当众焚毁。

局查获了日商由德国汉堡寄来的海洛因239包，以及日本人贩运的鸦片烟400箱。为将拒毒宣传深入下去，1930年6月14日到20日，拒毒会举办拒毒宣传周，张希尧等东大学生负责拒毒宣传工作。拒毒销烟工作是在东北当局许可下开展的，黄显声管辖的警界也积极配合，派出140多名警察在现场维持秩序。6月14日这天上午9点，拒毒会成员押运查获出的两马车毒品，经钟楼小东城门到小河沿万泉公园体育场。沿街挂着刘步身先生专门为这次拒毒运动创作的漫画和宣传画，行进中车向忱把自己装扮成大烟鬼，黄宇宙装扮成警察现场表演。张希尧和赵小梦等人在现场进行宣传，他们轮流向街边的市民宣讲吸食烟毒的害处，揭露日本浪人在十间房（现北市场一带）、南站等地开设大烟馆、贩卖鸦片的罪行，导致中国大量银圆流入日本。小河沿体育场聚集了大约上万名的学生和市民，在一阵阵“粉碎日帝纵毒祸华”的怒吼声中，堆在体育场里的毒品被付之一炬。为了扩大影响，拒毒会还特别邀请各国驻沈阳领事馆的领事们到现场观看焚毁毒

奉天禁烟

品。小河沿销烟是当年林则徐虎门销烟的现实版，沉重打击了日本的侵略气焰。张希尧被强烈的反日拒毒浪潮感染着，切实感受到拒毒会领导辽宁人民在禁毒斗争取得的巨大胜利，更坚定了他反对日本毒化政策的强烈决心。

张希尧了解到，在自己的家乡西丰县，也有不少人因吸食鸦片、吗啡、海洛因等毒品，深受其害。1930 年暑假，他在回家之前，向拒毒会借出 130 多张宣传画。回到家乡后，正值西丰县各小学的教师进行暑期集中培训，他便动员各校的美术老师帮助临摹、复制这些宣传画，然后借县城孔庙的场所向群众宣讲吸毒的危害，介绍戒毒的方法，并提出“不种、不卖、不吸”的约章，将拒毒会的工作做到了家乡的群众中。在东大读书这两年寒暑假期间，他一刻也不停息，在对家乡人民进行平民教育和国货推销、国民常识普及的同时，又进行了拒毒知识的推广和宣传。

七、积极参与国民外交活动

1929 年，随着日本侵略东北步伐的加快，东北人民的反日爱国运动也高涨起来，各种反日团体纷纷成立。东北当局最高统帅张学良集国难家仇于一身，暗中对这些反日团体予以支持。张学良曾对奉天商会副会长卢广绩说:“你们是群众团体的负责人，政府不便出面的事，你们可以出面做；政府不便说的话，你们可以说，可以抗议，可以示威游行。你们要做政府的后盾，使政府多为人民群众做些事情。”[1] 于是，除辽宁国民常识促进会、辽宁拒毒联合会外，辽宁国民外交协会（简称外交协会）也应运而

① 中国人民政治协商会议辽宁省委员会文史资料委员会编:《卢广绩生平》,《辽宁文史资料》第 35 辑，辽宁人民出版社 1992 年版，第 9 页。

生，会址设在奉天商会内（位于现沈阳市沈河区朝阳街192号）。外交协会旨在以“国民外交之方法，求得中国之自由平等”[①]，是辽宁民众开展国民外交运动的一次新探索。

外交协会确立了五项主要工作：第一，注意民众及国际宣传；第二，研究对抗外人侵略政策；第三，督促当局以求外交胜利；第四，严防及检举卖国汉奸；第五，促进国民外交教育。辽宁国民常识促进会、辽宁拒毒联合会、辽宁国民外交协会这几个团体在职能上有相似之处，在实际活动中也是密不可分的。如阎宝航、车向忱、王化一、王卓然、卢广绩等东北爱国人士都是这三个团体的领导人，所以这三个团体经常一起开展活动。1929年夏，外交协会致函各分会，介绍辽宁国民常识促进会的暑假服务团，“志在唤起民众，与本会员旨趣相同。自与和衷共济，核员到时，应妥为协助”[②]，于是外交协会“支助东北大学生假期服务团公费现洋一百元”[③]。外交协会事实上是辽宁国民常识促进会、辽宁拒毒联合会等各团体开展反日运动时的上级组织，具有调整、总结这些活动的职能[④]。如外交协会成立后，明确提出“收回旅大和满铁”“收回领事裁判权”“提倡国货，抵制日货”“禁止日本军队在中国内地演习”等反对日本侵略中国东北的提案。张学良支持外交协会开展的各种活动，希望以此成为东北当局外交事务的智囊与后盾。

1929年夏，张希尧加入了外交协会。他认识到，这几个反日救国团体在日本侵略者面前必须团结一致、协同作战，应积极

① 《东北年鉴》，东北文化社1931年版，第1391页。

② 《函各分会介绍暑假服务团》，辽宁省档案馆藏。

③ 《辽宁国民外交协会工作日志》，1929年7月11日，辽宁省档案馆藏。

④ ［日］尾形洋一：《在沈阳的收回国权运动》，社会科学研讨第72号选印，1981年。

配合外交协会开展工作。例如，外交协会大约每周或两周举行一次讲演会，请知名人士作专题讲演，诸如关于日本的移民政策、满清政策，日本在东北的工商企业、国际形势和新发生的事件等；有时请熟悉日本情况的人士就某个问题进行座谈。每次讲演会的参会人员中大多数是学生，这与张希尧的组织动员工作是分不开的。

外交协会的一项重要工作是“调查外交事件使民众了解外交情形”[①]，该会成立后对日本的一些侵略暴行进行调查，如万宝山案、安奉路铺设双轨案等。张希尧受外交协会委派，参加了若干调查工作。1930 年 10 月，日本关东军准备在辽河上游铁岭县马蓬沟的要道上建一兵营。马蓬沟于 1853 年通航，牛庄通商口岸开埠后，外国商船可由海上进入营口，再经辽河进入铁岭马蓬沟等。日本在此建立兵营的目的是企图控制辽河上游，作为包围沈阳的军事设施。外交协会得知此消息后认为，“日军深入，实为大患”，当即派张希尧和黄宇宙化装成农民前往实地调查。果然，他们看到日本士兵正在那里修建营房，侵占了农民的耕地，用来储藏建桥的器械和材料。情况得到证实后，他们两人便深入到老百姓当中，揭露日本军队的侵略野心，劝说大家不要为日本人搬石、拉沙、运料。他们还以当地老百姓的名义，给关东军司令部写信，抗议日军在马蓬沟修建兵营，要求归还占用的农地。回到沈阳后，张希尧马上向车向忱汇报了情况。由车向忱以辽宁国民常识促进会的名义，连夜赶写出《日本人在马蓬沟建筑兵营案》，提交给外交协会，要求政府通过正式外交途径，向日方提出强烈抗议。1930 年 12 月 4 日，他们向新闻界披露了这件事。

① 《外交协会之组织与工作》，《盛京时报》，1929 年 10 月 4 日。

指出“日军此举，意在震慑开原、铁岭，威胁辽沈地区，极关系于我国国防，请全国民众一致奋起，誓死力争，以弭隐患”。[①]消息传出后，铁岭人民纷纷向政府请愿，还去大南门里的日本领事馆示威。12月16日，外交协会在基督教青年会召开的第26次常委会上，再次提到了马蓬沟案。经过斗争，使这座屠杀人民的兵营最终没有建起来。这是九一八事变前东北人民在反日爱国斗争中取得的一次胜利，张希尧等功不可没。

张希尧还参加了对万宝山事件的调查工作。1931年7月，日人挑起万宝山事件后，进行歪曲事实的扩大宣传，挑动朝鲜掀起大规模的排华暴动，致使在朝鲜的中国侨胞被大批杀害。这次暴动在7月里持续四五天，侨胞死伤达数千人之多，财产损失数十万之巨，是对朝鲜华侨一次空前的浩劫。张希尧接受了外交协会的命令，与车向忱、黄宇宙一起亲自去长春万宝山进行调查取证。他们尽最大的克制态度，力劝当地民众克制情绪，决不能对朝鲜人采取报复行动，以免让日本侵略中国找到借口。回到沈阳后，他们向外交协会汇报了调查情况，7月11日，卢广绩与王化一在奉天基督教青年会的新闻招待会上发表了《告日韩民众书》，由朱焕阶报告了赴长春调查万宝山事件的经过和真相，从而揭露了日本蓄意制造中朝之间仇恨、妄图侵略中国的阴谋。另外，车向忱、张希尧等以辽宁国民常识促进会的名义进行募集，以慰问和救助在朝鲜受难的中国同胞，共同救助。张希尧还负责将万宝山事件的真相向东大和沈阳中高等学校的同学们进行宣传。

九一八事变前，张希尧、车向忱等已经通过各种迹象洞悉

① 《东北年鉴》，1930年东北大事记，东北文化社1931年版，第59页。

王以哲

了日本侵略东北的意图。日本先是增兵朝鲜，在安沈铁路沿线强行构筑了80多座炮台，加强那里的军事设施。同时又在东北大量驻兵，并加紧军事演习，伺机进行军事挑衅，企图以南满铁路为大本营，控制辽、吉两省的重要城镇和主要交通干线。日本还千方百计地找寻侵略的借口，如制造了万宝山事件、中村事件等。总之，日本侵华战争一触即发。张希尧对于时局非常担心，多次与车向忱探讨该如何应对日本军事侵略，二人商议应该马上去找他们在军界的老朋友王以哲。王以哲时任东北军驻北大营的第七旅旅长，是车向忱和张希尧在辽宁

北大营东北军七旅驻地

国民常识促进会成立后结识的军界朋友。当王以哲任东北军学兵队教育长时，曾邀请他们两人到部队演讲。他们在军队中发表了慷慨激昂的爱国演讲，对此，日本方面曾报道中国方面将反日思想注入到了部队。这次，他们去北大营找王以哲，希望王能告诫全旅官兵做好战备，以防战争的爆发。王以哲听了他们的谈话后，面带难色，将国民政府和张学良关于遇有日军寻衅务必慎重、避免冲突的指令告诉他们。张希尧情绪激昂，强调不抵抗将会面临做亡国奴的境地，如何能隐忍下去呢？车向忱建议王以哲，“将在外，君命有所不受”。“一旦日军开了火，如果你敢率领全旅官兵抵抗，只要坚持三天的时间，我们马上组织义勇军支持你，在群众中发动二三万人抗日是不成问题的。”王以哲委婉地说出了自己的苦衷，认为作为军人只能以服从命令为天职。但他同时也表示：“到时会见机行事。”[①]

① 车树实、盛雪芬：《人民教育家车向忱》，辽宁人民出版社 1989 年版，第 56 页。

第二章

参加东北民众抗日救国会

张希尧是九一八事变的亲历者。他目睹和见证了日本关东军炮轰沈阳、践踏家园、涂炭生灵的侵略罪行，他愤怒、悲伤，却无助、迷茫，九一八事变前一心要教育救国和实业救国的理想瞬间破灭。他与不甘当亡国奴的同学们一起流亡入关，在北平参加了由东北爱国人士阎宝航、高崇民、车向忱、王化一、卢广绩、孙恩元等组建的东北第一个抗日救亡团体——东北民众抗日救国会。作为东北学生界唯一的代表，张希尧当选为救国会执委，在阎宝航负责的宣传部工作。在中国共产党抗日救国宣言的影响下，他意识到要打回东北老家去，必须组建东北抗日义勇军，武装反抗日本的侵略。在张学良和救国会的支持下，他参加组建并领导了第一支东北学生军，这些人训练后大都出关抗日，为东北抗战增加了一支特殊力量。

一、亲历九一八事变

果不出张希尧和车向忱所料，1931 年 9 月 18 日晚，日本蓄意制造的侵略战争爆发了。他们以中国军队炸毁沈阳柳条湖附近的南满铁路为由，炮轰北大营，这就是震惊中外的九一八事变。当晚 10 点多钟，“轰隆”一声巨响，将刚刚入睡的沈阳城惊醒。没过五分钟，又是一连串的炮火轰鸣，张希尧、张金辉、宋黎、苗可秀等人闻声赶快从东大宿舍里跑了出来。只见不远处北大营东北军第七旅驻地的上空被火光染红，坦克的马达声、机关枪的扫射声、人喊马叫声混成一片。到底发生了什么？难道还是日本常规性的军事演习吗？他们几个人望着火光冲天的北大营做各种猜测。张希尧敏锐地感觉到，日本有可能正在进行侵略东北的军事行动，炮轰东北军驻地北大营是日本关东军侵略沈阳城的第一步。如果真是这样，王以哲第七旅是否会采纳他们的“将在外，君命有所不受”的建议？如果进行了抵抗，部队伤亡情况如何呢？张希尧心急如焚，脑中不断地闪现出各种画面。

一直到拂晓时分，从北大营传来的枪炮声才渐渐稀落下来。第二天午后，有同学从城里回来，得到的确切消息是，东北军第七旅已往东山嘴子方向撤去，沈阳市区被日本关东军占领。他们在城墙上架起机枪、插上了膏药旗，到处行凶杀人。据《北平晨报》沈阳通讯报道：“现在（19 日）沈市，日旗已到处飞扬，我

1931 年 9 月 18 日日军入侵沈阳

国各种军事设备，几完全颠覆。沈市日侨及学生，或荷枪，或持木棒，臂缠绿色或白色布章，上有关东军司令五字方印，三五成群，游行街市，其势汹汹……”[①]城内家家门户紧闭，路上行人稀少。宋黎等化装成工人模样，匆匆前往中街去看他们苦心经营的大众国货杂货店。但见到的情况是被查封，匾额和窗户上都被日本军刀刺破，国货商品被扔得七零八落，惨不忍睹。他们又赶往奉天基督教青年会，大楼已被日军包围。他们在九一八事变前成立的辽宁国民常识促进会、辽宁拒毒联合会、辽宁国民外交协会这三个反日团体以及辽宁平民学校等都被彻底捣毁了。后来得知，日军在九一八当夜就前往这几个反日团体的会址去捕捉阎宝航、高崇民、车向忱、卢广绩、王化一、杜重远等团体的负责人。好在杜重远、高崇民出差在外，王化一在北平，阎宝航、卢广绩虽然在沈阳，但在美国人迈尔斯的帮助下逃离虎口，前往北平。高崇民也辗转到了北平。看到这些团体被摧毁解散，张希尧等靠兴办教育、振兴实业救国的种种设想和努力顿时都化为泡影。

九一八事变令东大的学生们悲愤交集。大家自动地聚在理工教学大楼前，不少人痛哭流涕上前演讲，有的主张学生们组织起来，参加军队进行抵抗；有的提出向在北平的张学良请愿，要他出兵抵抗；也有的认为，几十万大军都不抵抗，靠赤手空拳的学生又能有什么用？也有一些人认为，抗日是政府的事，学生的本分就是读书。张希尧登上台阶发表演讲。他号召同学们国难当头不要彷徨动摇，要抱定投笔从戎的态度和决心，参加抗日救亡活动。他的主张得到不少进步学生的赞同。当日军很快要来接收学

① 《北平晨报》，1931 年 9 月 20 日，第 2 版。

校的消息传来，谁都不想留在校内束手就擒。张希尧和张金辉、宋黎等人去刘馥教授家，刘教授激愤地说，“日本公然挑起侵华战争，今后不可能再安心教学了。东北青年应当奋起抵抗，挽救国家和民族的危亡！”[①] 听了刘教授的分析，张希尧等人将百余名东大同学聚集在一起，离开学校向北去寻找军队，准备保卫国家、收复失地。

同学们离开学校时，随身只带了一些简单的行装。尽管每个人的心中都有些惶惶然，不清楚下一步究竟该如何行动，但有一点是明确的，那就是谁都不甘心当亡国奴！当晚，他们在沈阳北郊三台子一所小学校的教室里住宿。夜深了，大家把课桌和凳子拼凑在一起，蜷缩着疲惫的身子躺了下来。临近中秋时节的圆月高悬在空中，显得那么苍白而惨淡，日本侵略军在 9 月 18 日这天不到 24 小时就占领了辽宁的主要城市，这样的国耻让每个人都感到心里像灌了铅一样的沉重……

两天过去了，同学们除了偶尔在街上看到几个散兵外，没有找到东北军的队伍，只好各自散去，只剩下张希尧、张金辉、宋黎等六七个人。他们商量后决定还是先返回学校，再看下一步该如何行动。由于沈阳已遭沦陷，学校教职员大多离散。张希尧和车向忱、苗可秀等决定，以辽宁国民常识促进会的骨干为核心，动员东大以及散落在城内其他一些学校的同学，分头乘火车入关，发动民众，共同抗日。张希尧等人与巩天民取得了联系，表示想要去关内。巩天民在老家时学会了赶大车，他想办法找来了一辆马车，亲自驾着马车拉张希尧先行到皇姑屯站。他们两人在附近一位老乡家里的土炕上谈了半夜，主要谈了三件事：一是

① 张金辉：《不愿做奴隶的人们——记东北大学的抗日斗争》，《辽宁党史资料》第 3 辑，1988 年版，第 1–13 页。

宋　黎

对外揭露日军侵占沈阳的罪行。巩天民对张希尧说："由于日军占领了无线电台，所有电报及长途电话均被破坏，沈阳对外消息完全断绝。你们赶紧把日本侵占沈阳的事传出去。"他具体指明，让张希尧到锦西去找东北军第三旅的军官。二是托张希尧向天津《大公报》递交他写的关于日军侵占沈阳的报道。天津《大公报》是巩天民与关内联系的唯一一份报纸。三是与张希尧约定了今后的联系方式。他告诉张希尧："我肯定不能走，秘密联络的地点就在世成庆货庄的旧房子，即使我不在，也有人值班。"[①]

9月21日清晨，张希尧与车向忱、张金辉、宋黎、苗可秀、张坦之、董学礼七人到达车站，巩天民目送着他们一起登上了南下的火车。张希尧与东大同学乘坐的是北宁铁路的一辆货车，车厢内拥挤不堪，全都是背井离乡、拖儿带女的百姓，张希尧在回忆中提到此时切身感受到了"亡国味道"[②]。为了不让学校的贵重物品落到日本关东军的手里，张希尧临走时把系里做化学实验用的白金锅背上，到北平后把它交给了东北大学秘书长王卓然。途经锦州时，得知东北军独立步兵三旅张禹久的部下驻扎在此，张希尧跳下了车厢，慷慨激昂地向他们宣传，恳请他们把枪口对准日本侵略者，拯救东北的父老乡亲。许多爱国官兵被深深地打动，表示愿意抗敌复土，但作为军人身不由己，不得不服从命

① 张杰等:《巩天民的传奇人生》，辽海出版社2005年版，第34–35页。

② 张希尧:《九一八抗日斗争回忆大纲》，1946年，未刊稿。

令。张希尧得知张作相正在锦州为其父治丧，又贸然拜访了张作相。张作相一贯对日本关东军保持警惕，九一八事变前夕，他曾多次提醒张学良要提防日本人的野心。他向张希尧表示，要与张学良商讨对策，决不向日寇屈服。

二、担任东北民众抗日救国会执委

在锦州短暂停留之后，张希尧等人于 1931 年 9 月 23 日到达北平，在西单牌楼旧刑部街 12 号奉天会馆临时落脚。奉天会馆是辽宁人在北平的同乡会所在地，是奉天籍的一些官僚政客聚会的场所，九一八事变后聚集在这里的东北流亡同胞有几百人之多。这些亡家亡省的东北流亡同胞一致认为，日本侵占了东北家园，政府不管，但东北人不能再等待了。他们准备成立一个东北的抗日救亡团体，以团结更多的东北同胞共同抗日复土。9 月 27 日，在高崇民、阎宝航、王卓然、王化一、卢广绩、车向忱、孙

旧刑部街洞口

东北民众抗日救国会部分成员合影（前排左起：卢广绩、王卓然、孙恩元；后排左起：阎宝航、杜重远、王化一）

恩元等人的倡议下，在奉天会馆东院的哈尔飞大戏院成立了东北民众抗日救国会。大会由卢广绩主持，参加的人员达400多人，其中大部分是青年学生。

救国会以“抵抗日本入侵，共谋收复失地，保护主权”[①]为宗旨，是九一八事变后成立的第一个东北群众性抗日救亡组织。9月28日，救国会发表了《告东北民众书》，痛述日本帝国主义侵略者蓄意制造九一八事变，“破坏我城镇，屠戮我人民，焚毁我房屋，劫掠我财产”“大好河山，尽葬送于倭奴炮火之下”[②]，而且在事变之后步步进逼，“易帜设官，进兵吉长，既据我辽吉，复窥我黑哈”“咄彼倭奴，欺我太甚，此而可忍，孰不可忍”[③]。宣言指出目前唯一的办法就是：团结起来，群策群力，同舟共

① 王驹、邵宇春：《东北民众抗日救国会》，辽宁大学出版社1991年版，第11页。

② 《告东北民众书》，《文史资料选辑》合订本，第113辑，第55页。

③ 《告东北民众书》，《文史资料选辑》合订本，第113辑，第55页。

济，武力抵抗，“速起自救”“与倭奴决一雌雄”[①]。救国会设总务、军事、宣传三个组，后来改为三个部（宣传部后来改名政治部）。总务部由卢广绩、高崇民负责，军事部由王化一、彭小秋负责，宣传部由阎宝航、车向忱、杜重远负责。张希尧、张金辉、宋黎、苗可秀、郑洪轩、宁匡烈、黄宇宙、高鹏[②]等东大学生都加入了救国会。作为“东北学生中抗日救亡运动的核心人物”[③]，张希尧被东北学生界推选为救国会的执委之一，是31名执委中唯一的学生代表，在宣传部任职。东大学生许多都在宣传部工作，张金辉、郑洪轩、刘韶九等都是宣传部干事，宋黎、黄宇宙后来也加入了宣传部。高鹏担任了救国会军事部的联络副官。东北流亡学生是救国会的主要力量。

加入救国会后，张希尧等东北流亡学生身先士卒，活跃在抗日救亡的第一线进行抗日宣传。他们组成各种学生抗日救亡宣传队，深入到北平的街头、工厂、农村、学校中，以其自编自演的一些歌曲、舞蹈、话剧等进行抗日救亡宣传活动。同时，他们还深入东北沦陷区进行宣传。1931年10月，东北大学学生在车向忱率领下，到绥中、兴城一带开展抗日救国宣传。在得知国联调查团即将到来时，东大学生郑洪轩和刘韶九到沟帮子、大虎山、北镇、黑山等地进行宣传，他们还搜集了日军预谋侵占东北的罪证，通过东北爱国志士巩天民、刘仲明把这些证据交给调查团团

---

① 《告东北民众书》，《文史资料选辑》合订本，第113辑，第55页。

② 高鹏（1911—1959年），辽宁省辽阳市人，东北大学学生。九一八事变后，参加东北民众抗日救国会和东北学生军；1935年参加一二·九运动。1937年七七事变后，在平西参与组织国民抗日军。中华人民共和国成立后，任东北军区防空部队副司令员兼参谋长。

③ 孙达生：《从上海到西安》，《西安事变资料》第2辑，人民出版社1981年版，第105页。

长李顿[1]。

此外，他们还通过示威游行、请愿等形式扩大影响。10 月 17 日，东北留平学生抗日救国会召集北大法学院及中学以上的东北学生 1500 多人，不顾北平当局的劝阻，坚持在天安门广场集会，提出“打倒日本帝国主义”“打倒不抵抗主义”“请政府出兵收复东三省”的口号，矛头对准日本和国民党政府，会后组织了队伍游行。东北流亡学生组织了几次爱国请愿活动，其中以 1931 年 11 月的请愿规模影响最大。1931 年 10 月 28 日，东北民众抗日救国会组织东北民众救国请愿团赴南京请愿，敦请南京政府出兵收复东北失地。请愿团由 628 人组成，大多数为东北流亡学生。冯庸大学校长冯庸担任东北民众救国请愿团的总指挥，东北中学校长王化一为副总指挥。11 月 5 日请愿团发表了《东北民众救国请愿团宣言》，批判南京国民政府的不抵抗政策，敦促国民政府共赴国难。通过这次请愿，张希尧等东北流亡学生认识到，只能靠自己武装民众进行抗日，而不能再依赖国民党政府收复东北。

救国会的主要工作是支持东北抗日义勇军。张希尧等东北流亡学生响应救国会的号召，为义勇军筹款捐物，给义勇军以物质上的支持，尤其在声援马占山的活动中表现最为积极。他们在北平市各娱乐场所、街头巷尾等处，募集了大量的现金和军用物资，动员爱国青年组织的援马抗日团奔赴前线，援助物资也纷纷送抵前线。他们与全国人民一起支持义勇军的救亡活动，给予义勇军精神上的鼓舞和物质上的支持，促使其发展壮大。到 1932

① 郑洪轩:《回忆东北民众抗日救国会》,《沈阳文史资料》第 13 辑，1987 年版，第 27–28 页。

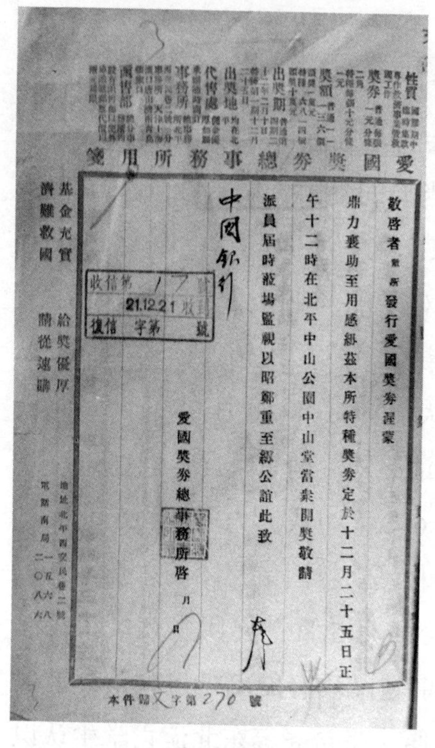

愛國奬券總事務所用箋

敬啓者 敝所發行愛國奬券渥蒙

鼎力襄助至用感紉茲本所特種奬券定於十二月二十五日正午十二時在北平中山公園中山堂當衆開奬敬請

派員屆時蒞場監視以昭鄭重至紉公誼此致

中國銀行

愛國奬券總事務所啓

月 日

收信第 17 號

21.12.21 收到

復信 字第 號

基金充實 給奬優厚

濟難救國 請從速購

地址北平西交民巷二號

本件歸文字第270號

爱国奖券

年夏秋之际，东北义勇军总数在30万—50万人[①]，给日军以沉重的打击，这与东北学生各界的声援是不可分的。

救国会最初是用北宁铁路局局长高纪毅和北平公安局长鲍毓麟两人捐出的400元（每人200元）作为开办费，随后，卢广绩又从北平行营得到14000元拨款。当时在上海的朱庆澜捐助了1万元，上海海关的丁贵堂也捐助了5000元给救国会。救国会虽然得到一些爱国人士的赞助，但经费仍然捉襟见肘。为了解决经费问题，经张学良批准，救国会于1932年6月在东郊民巷2号成立了北平爱国奖券总事务所，发行爱国奖券筹集抗日经费，每月10日当众开奖一次。先后共发行了6期爱国奖券和1期特种奖券，净余额17万多元，为救国会开展抗日活动提供了资金保障。张希尧负责掌管部分经费，后来在卧佛寺举办西山东北青年干部训练班的费用，就是用这笔钱支出的。

张希尧是关内领导东北流亡学生抗日救亡斗争的主要领导人之一。东北大学在北平复校后，东北中学在1931年12月也建立起来，加上九一八事变前在北平读书的东北学生，北平的东北流

① 温济泽：《九一八和一·二八时期的抗日运动史》，中国工人出版社1991年版，第170页。

亡学生群体有万人之多。由于九一八事变的特殊遭遇，这些血气方刚的东北学生成为事变后反应最激进的一个群体。“东北青年，亡省最早，受敌寇压迫最久，痛苦最深，他们的抗敌情绪高涨，实属必然；而且他们有更深的仇恨，对抗战的决心与信念，是更坚决的。”[①] 这些学生背负着亡家亡省的痛苦，爱国热情极为强烈。为了将这些东北流亡学生组织起来进行抗日救亡斗争，张希尧以东大为据点，广泛进行联络和宣传，使其加入救国会，成为东北救亡斗争的重要力量。

三、组建东北学生军

在救国会宣传部任职的张希尧以其卓越的组织才干和任劳任怨的奉献精神，很快得到了宣传部部长阎宝航的赏识和信任。不久，阎宝航又在宣传部内成立关外指导工作委员会，专门负责培训出关抗日人员，张希尧又被调到这里工作。他感受到东北流亡学生深感国家民族已到生死关头，必须自救，加入东北抗日义勇军的愿望强烈。于是，张希尧动员组织东北流亡学生投笔从戎，组建一支由东北学生参加的抗日义勇军，培训后直接出关抗战，保家卫国。

为得到张学良的支持，张希尧邀请救国会常委车向忱一同去见张学良。他们怀着驱逐日寇、收复失地的迫切愿望，向张学良讲述了家乡被侵占、同胞惨遭杀害的情景，要求政府立即出兵抗日；同时提出以流亡的东北青年为基础，成立东北学生军，准备训练出关抗日的骨干力量。此时的张学良面黄肌瘦，精神面貌

① 石光：《东北青年之路》，《反攻》半月刊，第8卷第4期。

1932 年东北民众抗日救国会部分成员出关联络义勇军前在北平西山合影，左起：宋黎、张希尧、车向忱、张金辉、黄宇宙

不太好。他听后表示，出兵抗日“得听从中央，忍辱负重”，但对于成立东北学生军是非常支持的。他说：“有愿意投笔从戎的，请先行报名，以便将来我和你们一同抗日。”张学良不仅当即同意把江西会馆借给东北学生军用，还答应在教官、给养、武器、弹药、马匹等方面给予支持。

得到了救国会和张学良的支持后，张希尧通过与东北大学交涉[①]，把流亡的东北学生组织起来。1931 年 11 月，他在宣武门（俗称彰仪门）外的江西会馆组成了一支 40 多人的东北学

① 张兆林：《我记忆中的车向忱先生》，《一代师表》，《辽宁文史资料》第 54 辑，辽宁人民出版社 2004 年版，第 138 页。

生军。东北学生军成立当天，张希尧与苗可秀、王中九、张金辉、张兆麟[①]、高鹏、赵世光、赵侗[②]等人，以夜晚的青天白月为国旗，举行了一个特别的成立典礼。同学们无不怀念故乡与故校，为了能够早日返回家园，而今在这里“凉风露宿……劳作军操”[③]。东大刘永济教授以悲愤的心情，为东北学生军写了一首《满江红》：

辽吉沦陷，东北诸生痛心国难，自组成军，来征军歌，以作敌忾之气，为谱此调与之。

禹域尧封，是谁使、金瓯破缺？君不见，铭盂书鼎，几多豪杰！交阯铜标勋迹壮，燕然勒石威名烈。忍都将神胄化舆台，肚肠裂。天柱倒，坤维折。填海志，终难灭，挽黄河洗净、神州腥血。两眼莫悬阊阖上，支身直扫蛟龙穴。把乾坤大事共担承，今番决。

① 张兆麟（1911—1988 年），又名张兆麐、张兆林。辽宁开原人。1931 年九一八事变后流亡到北平。1935 年在燕京大学读书时参加革命工作。同年被选为学生自治会主席，积极参与组织一二·九运动。1936 年加入中国共产党。同年到《西京民报》任总编，后任社长兼总编。不久该报更名为《解放日报》。抗日战争爆发后，到武汉负责国际宣传工作。1939 年创办《新疆日报》任副总编。1941 年到重庆，先后任《新蜀报》编辑、《反攻报》主编。后在鞍山市公安局、中央情报总署、新华社、吉林大学等任职。

② 赵侗（1912—1939 年），东北大学预科学生。九一八后流亡北平，参加东北学生军。1932 年春，出关参加东北义勇军，开展抗日斗争，后与苗可秀一起组建中国少年铁血军，在辽宁三角地区继续抗日。1936 年春来北平解决弹药问题。七七事变后，与高鹏、纪亭榭等人在平西成立了以学生为主的国民抗日军。1937 年底，这支队伍经过整训后，被编为八路军晋察冀军区第五支队，赵侗任司令员。后脱离了队伍。1939 年 1 月，受到蒋介石接见，入国民党第一期将官训练班学习。毕业后被委任为华北国民抗日军司令，另组建队伍返回华北，遭伏击身亡。

③ 赵侗：《我们怎样为收复东北而奋斗》，（重庆）生活书店 1939 年版，第 2–4 页。

张希尧等人受到鼓舞与鞭策，决定以这首《满江红》作为东北学生军的军歌。他们每天训练时唱响军歌，打回老家去的决心在内心燃起，军歌在队伍中的确起到了凝聚民族精神和鼓舞士气的巨大作用。

经过张希尧等人的努力，队伍很快便从最初的四十几人扩展为二三百人。张希尧为总指挥，负责具体的组织和领导工作，苗可秀任大队长，张金辉、宋黎等为重要成员。张金辉任联络科科长，负责学生军的对外联络工作，奔走各地为学生军筹措经费。学生军抗日决心大、热情高，虽然这支队伍不带部队番号，但它“是九一八事变后，东北青年最初活动的一个武装团体”。[①] 队伍按照军队的建制编为一个连，下设排、班。学员们身着军装，吃的是粗粮，睡的是地铺，每天早起跑步，由东北军派来的两名教官负责军事训练，过着严格的军事生活。训练内容包括射击、投弹、肉搏技术、爆破技术等。东北军教官常常带领他们到彰仪门外打靶，进行军事演习。学生军除了军事训练，还邀请阎宝航、车向忱等著名社会活动家做抗日救亡报告。有时，张希尧也带领学生军的小型宣传队在街头向群众宣传抗日救亡，揭露日军在东北烧杀抢掠的罪行。

由于需要紧迫，学生军只训练了两个月时间便被派往东北，并在义勇军中很快成为军事骨干。一部分学员如张金辉、苗可秀、赵侗等人还出关组织义勇军。张金辉和戴昊等人在沈阳组织义勇军，不久又和宋黎等一起建立中华青年铁血团，在辽西地区开展抗日活动；赵侗、赵伟在岫岩组织起百余名的学生团、抗日救国会；苗可秀担任邓铁梅的东北民众自卫军的总参议，改造训

① 于毅夫:《九年来东北人民英勇奋斗的总结》,《反攻》, 第 9 卷第 2 期附册, 1940 年。

练军队，使东北民众自卫军迅速发展壮大，成为辽南一支抗日劲旅；1934 年，苗可秀、赵侗在义勇军低潮之时，以学生大队为基础，组建中国少年铁血军，被日本关东军视为辽南三角地带的一个“毒瘤”。

除了组织东北学生军外，张希尧还关注东大组织学生军训的情况。1931 年 9 月 24 日，国民政府颁布《义勇军教育纲领》，通令全国高中以上学校，一律组织青年义勇军，初中以下各学校一律组织童子义勇军[①]。冯庸大学、东北中学、东北中山中学等对该训令之响应最为积极，并增加了复土还乡、打回东北老家去的内容。东北大学在北平复校后，成立了东大军训处，提出以培养学生既能拿笔也能拿枪为目标，组织学生定期参加军事训练。规定学生每天学习 1—2 个小时的军事课程，每日清晨要在聘请的教官指导下练习步法、列队、卧倒、劈刺、射击等动作。1933 年秋，东北大学聘任北平军分会中将参议、国民政府军事教育处主任高仁绂出任校内训练处主任，学生们被编为 5 个大队和 3 个中队，以日本式操练法进行军训。

1933 年 9 月，在东大新学年开学典礼上，高仁绂讲，东大处在特殊地位，实行军事训练的原因之一，是为收复东北失地。因为东北失亡是大家亲眼所见，如果不能收回失地，无论将来个人前程怎样都算不上成功。当时的军训十分艰苦，对学生的要求也十分严格。学校规定：“凡未经请假而竟旷操一次者记大过一次，在一学期内旷操三次者开除学籍。”[②] 当时学生军训分为学、术两科。学科有战术、兵器、交通、筑城等；术科主要是野外实战演习。学校设有军械仓库，有步枪百余支、手榴弹、轻机关枪

---

① 《中央日报》，1931 年 9 月 25 日，第 4 版。

② 张在军：《东北大学往事》，九州出版社 2018 年版，第 36 页。

等，由专人保管。张希尧于 1933 年东北大学毕业后，东北中学校长王化一拟聘他为东北中学教员，作学生指导。但他“以为救国会较学校为重，暂不就”[①]。他留在东大军事教育处总务组，参加东大学生军的训练工作。为了加强党对东大军训处的领导，张希尧将一些党内同志或进步青年介绍到东大军训处。如 1934 年李士廉和戴昊[②]从沈阳返回北平后，被推荐到东大担任军训教员，曾在北平西郊组织董学礼等同学进行军事训练，学习射击、投弹等军事技术。

四、送战友秘密出关

救国会宣传部除了在关内进行抗日宣传外，还派员深入东北沦陷区，联络、慰问和组织抗日义勇军。救国会先后派出车向忱、黄宇宙、张金辉、宋黎等 70 多名政工人员分赴东北。张希尧非常赞成这一行动，帮助他们策划出关的路线、方式、方法等，对其全力支持。为了加强长白山区义勇军的组织建设，张希尧向救国会建议，准备和黄宇宙一起出关，联络、策动东边道一带的军警一起抗日。救国会同意他的这一建议，但考虑到张希尧正负责组织东北学生军的训练工作，不宜离开，决定先派遣曾参

① 《王化一日记》（选编），1933 年 6 月 21 日，未刊稿。

② 戴昊（1909—1949 年），原名戴福纯，中共党员。1931 年毕业于东北军学兵队。九一八事变后流亡北平，参加了东北民众抗日救国会。1932 年初，秘密出关联络、组织辽西抗日义勇军，1935 年一二·九运动爆发，他支持并亲身参加了游行。1937 年七七事变后，被党组织派到平西国民抗日军工作；国民抗日军整编为晋察冀军区第五支队后，任三总队七大队指导员。1939 年入延安军政干部学校学习，毕业后，先在中央军委，后到中央机要部门工作。抗战胜利后，奉命调回东北。1949 年 7 月因病在武汉逝世。

加过北伐战争的黄宇宙出关联络。

黄宇宙为河南新野县人。1922 年新野师范毕业。1926 年任广东国民革命军第十军炮兵连长，参加了北伐战争，战功显赫，并在北伐途中加入中国共产党。蒋介石发动四一二反革命政变后，军阀孙传芳乘机反扑，国民革命军第十军全军覆灭。黄宇宙受伤后失去了组织关系，流落到沈阳，与车向忱、阎宝航、张希尧等爱国人士结识，参与到辽宁国民常识促进会、辽宁拒毒联合会、辽宁国民外交协会等反日爱国团体的活动中。因为抗日救国的共同志向，张希尧与黄宇宙联系密切，张、黄两人曾受辽宁国民外交协会指派，一起去铁岭马蓬沟秘密调查日军建军营、赴长春调查万宝山事件的原因。1929 年黄宇宙考入了北平华北大学，但他利用寒暑假期间仍然到沈阳进行革命活动。他们在共同革命斗争中建立了深厚的友谊。

出关联络东北义勇军是一项极其特殊、危险的工作。黄宇宙此时才新婚两三个月，张希尧、车向忱等人希望黄宇宙征求一下家里的意见再做决定。黄宇宙的妻子郑英和岳父都深明大义，完全赞成他的爱国行为，还捐赠给救国会 50 元，托郑英转交。张希尧对郑家的义举深表钦佩，他安慰郑英，称东北方面已经安排人保护黄宇宙，让郑家不要过分担心。他们交给黄宇宙一封由王卓然起草、张学良在一块白绸布上亲笔书写的信，签名并且加盖了公章和私章。信上写着："辽吉热黑军政民钧鉴：派黄宇宙秘书前往代为问候，并协助组织联防部，以防胡匪。张学良。"（胡匪即指日军）[①] 信的内容言简意赅，字写得很漂亮。起初，黄宇宙还以为是出自哪位秘书的手笔。张希尧作为东北大学的学生，

① 梅振才:《黄宇宙》,《新野文史资料》第 9 辑，1993 年版，第 16 页。

黄宇宙结婚照

熟悉校长的笔迹，便在一旁说："这是我们校长张学良将军亲笔写的。"[①]肩负着东北军统帅张学良的重托，黄宇宙顿时感到这项任务的光荣和神圣。

为帮助黄宇宙化装出关，车向忱和张希尧到店铺给他买来一套青色夹袍、夹裤、一双宽脸布鞋、一顶毡帽，还有钱褡子，里面装着算盘和旧账本等。他们在西城区大觉寺4号阎宝航家中，帮助他化装成去东北收账的小商人，并让他连夜学习打算盘的歌诀。考虑到黄宇宙出关的安全，阎宝航还想法儿找到一个青帮的人，教给他一套青帮规矩，以便应付可能发生的意外情况。

张希尧、车向忱在黄宇宙出发前，特意找到负责与张学良联络、沟通的救国会常委王卓然，在其安排下，一起到北沟沿（后改名赵登禹路）顺承王府专程拜见了张学良将军。张学良知道出关抗日生死莫测，交代他若干注意事项，还批给黄宇宙经费2000元，但黄宇宙只领了200元，其余经费托车向忱、张希尧等转交给辽西抗日义勇军的郑桂林部。

---

① 梅振才：《黄宇宙》，《新野文史资料》第9辑，1993年版，第16页。

黄宇宙到东北后，克服艰难险阻，几次几尽丧命，他不断奔走于沈阳、开原、铁岭、清原、抚顺、海龙、抚松、长白、辑安、临江、宽甸、桓仁各县，发动与组织当地抗日武装。他将张学良的委任状交付东北军旧部唐聚五，晓以大义，对其进行策反。在他耐心的工作下，1932 年 4 月，唐聚五在桓仁誓师起义，组建了辽宁民众自卫军。总司令唐聚五，副司令张宗周、高德隆、孙秀岩。辽宁民众自卫军成立后，在新宾、三源浦、辑安等地同敌人展开了激烈战斗，给日伪军以沉重的打击。自卫军由举旗时的几万人发展到 10 多万人，成为辽东最大的抗日武装。张希尧一直关注着好友黄宇宙出关后的行动。黄宇宙也一直与救国会张希尧等人保持联络，曾回北平汇报辽宁民众自卫军队伍的发展情况等。张希尧等救国会成员对他大加赞许。

1932 年初，为了联络东北的抗日义勇军共同抗日，车向忱受救国会委派出关前往东北。据车向忱回忆：“在我出发前，老战友张希尧同志对我帮助很多。我们在北京秘密研究了潜回东北的方式、方法和化装用品。”[①] 张希尧同张金辉、黄宇宙、宋黎等爱国青年为其饯行，还在北平西山照相留影[②]。之后，车向忱化名杨秀东，装作卖药先生，由北京出发到塘沽，乘日本的轮船去大连，再从大连火车站去辽吉黑各地。他历尽艰辛，虎口余生，先后往返三次，联络和慰问了唐聚五、李春润、邓铁梅、李杜、马占山、邓文、李海清等部的抗日义勇军，向他们颁发了张学良的委任状，极大地鼓舞了东北抗日义勇军的斗志和决心。

---

① 车向忱：《我的一段抗日活动》，《一代师表》，《辽宁文史资料》第 54 辑，辽宁人民出版社 2004 年版，第 127 页。

② 黄宇宙：《回忆“东北甘地”车向忱同志》，《一代师表》，《辽宁文史资料》第 54 辑，辽宁人民出版社 2004 年版，第 49 页。

为了打回东北老家去，张希尧支持弟弟张金辉出关抗日。1932年元宵节，因肺病在西山隔离休养的张希尧特意赶到北平城内，为即将出关抗日的三弟饯行。他非常支持张金辉出关联络、组织义勇军，但他知道弟弟此去生死未卜，凶险难测，不免担心他的安危，内心五味杂陈。临行前，兄弟两人在一家小饭馆里要了两盘饺子，但谁也吃不下去。他按照车向忱、黄宇宙出关的经验，告诉他要化装成商人模样才容易躲过日伪军的检查，嘱咐弟弟要学会同敌人做斗争的技巧，保护好自己。席间，他们再三互道珍重，相约一定要争取胜利重逢！

在兄长教育和帮助下成长起来的张金辉不负众望，出关后积极联络、组织抗日义勇军。他在铁岭、西丰、海龙一带联络了宋黎、郭明德①、江涛、李士廉等有志青年，7人在奉天成立了中华青年铁血团，他任主席，队伍很快发展为七八十人，有二三十个骨干。他还争取了新民、法库一带活动的绿林武装“老头好”部参加了抗日义勇军，以救国会名义委任其为义勇军第三十路司令，他为副司令，帮助解决武器弹药问题，使这支义勇军的抗日活动达一年之久。

为了向国联调查团反映日本侵华的罪证，张金辉将上千封信通过刘仲明、刘仲宜设法通过英美领事馆递交到国联调查团，在国际社会上引起了强烈反响。他甚至去做长春伪军的策反工作，试图刺杀溥仪（后计划失败）。不久，他的抗日活动引起了日伪军的注意，为此遭到了大搜捕。1934年3月底，他从哈尔滨返回沈阳后，得知一起参加抗日斗争的战友江涛和郭明德已经被捕，其他人也遭到通缉。他和宋黎紧急商量，一方面设法搞清楚被捕同

① 郭明德（1910—1934年），东北大学英烈，中华青年铁血团经济部长，后被日寇逮捕，1934年3月英勇牺牲。

志的下落，找关系设法营救；另一方面通知其他人暂时隐蔽起来。因张金辉斜颈，相貌特征明显，宋黎等劝他先回家暂避一时。

张金辉到西丰县刚一下火车，就得知敌人已经到他读过书的中学抓捕过人，而且张希尧在九一八前的抗日宣传活动早就引起日伪当局的注意，将张家兄弟两人都列入“黑名单”进行通缉、追捕。在张金辉还没回家之前，日伪警察已经来家里搜捕过了。全家老小又紧张又害怕，男人们都跑到东山里躲起来，年轻的媳妇们纷纷带着孩子躲回娘家或者亲戚家。张希尧兄弟俩的母亲是裹足小脚，身体又不好，根本跑不动，索性横下一条心，待在家里哪儿也不去。她从炕柜里找出一件最好的蓝布大衫儿穿上，盘腿坐在炕头儿，手里拿着烟袋杆，做好了最坏的准备——被拉出去喂狼狗。

由于老张家一大家人，上下几十口人乱乱哄哄，张希尧的夫人龙若兰趁乱溜出了家门儿，她一手抱着女儿，一手挎着个小布包袱，包袱里藏着一本“蓝谱儿”，那上面写着和张希尧一起参加抗日的青年名单。这名单意味着几十条抗日青年的生命，如果落在敌人手里，后果不堪设想。龙若兰不紧不慢地走着，一直走到村外很远的一口枯井旁，顺手把包袱扔了进去。就在这时，一个年轻的伪警察正好从远处走了过来，他用怀疑的眼光上下打量着她，质问那是何物。龙若兰镇静地答道：“我去亲戚家住些日子，这孩子太沉，我在这儿换换手，歇一会儿，不小心把随身带的衣服包儿掉下去了。这不，正着急呢！”那个伪警察将信将疑，说：“是吗？”“可不是咋的！我一个妇道人家，唬（东北话‘唬’即‘骗’的意思）你干啥？再说，这位小兄弟，咱都是中国人，凭良心，你也不该跟我过意不去呀。”[①] 这位警察的良心未泯，又

① 张力炜：《若兰幽香：关于我母亲的真实故事》，《人物》，2002 年第 2 期。

未看出什么破绽，挥挥手就让她走了。因此，敌人未能拿到这份抗日青年的名单。张金辉在半路上得知家里已被搜查，只好等天黑后绕小路直奔山里，走了个把钟头来到外祖父家。他的舅父怕走漏风声，避开家里其他人，把他带到一间僻静的小屋里，端过来一点饭菜给他吃，然后拿出 50 元钱做路费，又匆匆送他上了山路。因为抗日，有家却不能回！那天夜里，张金辉只能绕到家东边二里地以外的祖坟，跪在祖父的坟前磕了一个头，他的心里充满了对日本鬼子的仇恨，同时因无法与父母相见而感到伤感。

张希尧时刻惦念着三弟张金辉的安危，希望得到他的消息。1933 年 1 月 15 日，张金辉派孙国章从沈阳到北平报告工作并请求接济时[①]，张希尧询问了张金辉的情况。1933 年 6 月 11 日，沈阳方面有消息称沈阳的救国机构已经被日军破坏。张希尧与救国会军事部长王化一、车向忱一起商议应对措施。他们派陈沛高赴沈阳探寻，并将车向忱出关计划暂时中止。张希尧心急如焚，不断通过各种关系探寻张金辉的下落，终于与张金辉取得了联系。得知其安然无恙，才“得安极慰”，电话通知了王化一[②]。1934 年 11 月，张金辉自关外归来数月后，报告前方情况，总结了在关外的经验教训，并与张希尧商讨了今后抗日救亡的工作计划。

五、救济东北难民

救国会成立后，从关外流亡过来的东北民众络绎不绝。有的是战斗在东北的抗日义勇军前来要求支持弹药、物资继续作战，有的因为部队解散来这里寻求出路，还有大批东北抗日义勇军的

① 《王化一日记》（选编），1933 年 1 月 15 日，未刊稿。

② 《王化一日记》（选编），1933 年 6 月 11 日，未刊稿。

1934 年初，东北难民家庭教养院工作人员与儿童合影。最后一排右四为院长车向忱，第四排左一为张希尧（教养院在德胜门内郁文大学院内）

家属、烈属找到救国会，亟待解决生活中的困难。他们中有些寄居在东北难民救济院（德胜门内大街一个破旧的院子里），有些在西单皮裤胡同内的东北难民收容所（这里主要是流亡的学生和教员），还有些甚至流落街头，靠乞讨度日。因此，安置东北流亡难民成为救国会成立后的一项重要工作。看到这些缺衣少食、流落街头的东北流亡同胞，张希尧的内心焦虑不安。作为救国会的骨干分子，他除了负责东北学生军的日常工作外，还自愿承担对东北难民的救济事宜。张希尧白天骑着一辆破旧的自行车东奔西走，了解情况，夜晚坐在微弱的灯光下登记造册。他对来访的流亡同胞总是热情接待，讲清道理，指明出路，耐心解决各种问题。

救济难民包括衣食住行各个方面，而哪一方面都需要与各机构协调后才能解决。张希尧首先找到北平救济机构反映情况，并得到该机构的同情，批准发给东北流亡同胞一定的生活救济（如每人每月小米 30 斤，菜金 5 角等）。为了让他们自食其力，他还设法与一些厂家联系，让义勇军家属糊纸盒、缝衣服，使每人每月可以赚到一两元钱，作为生活保障。为了解决住宿问题，他四处调查，得知德胜门有育文大学已停学，校舍空闲，即向有关部门申请，拨给义勇军家属，使他们有了遮风避雨的住所。但入冬难民没有御寒的衣物，张希尧请示阎宝航后，将救国会库存的衣物发放给抗属烈属……为了解决这些东北难民的生活问题，张希尧真是费尽苦心。1934 年，经过阎宝航、张希尧等人的共同努力，东北难民教养院终于办成。张希尧向阎宝航建议，举荐“东北甘地”车向忱当院长。

除了解决东北难民最基本的生活需求，张希尧还为解决流亡抗属孩子的教育问题奔走各方，他负责募捐到一部分现金，购置了桌椅板凳等，聘请辽南抗属孔昭懿为校长，办起一所抗属小学。另外，针对东北流亡学生生活困难的窘况，张希尧汇报给张学良。张学良特批准每月 1000 元救济费，用于救济东北流亡学生，交给他办理。[①] 对于张希尧的辛勤劳动，抗日眷属有目共睹，他们称赞说，“张希尧是真诚的好同志”“关心抗属的生存”！[②]

张希尧为安置和救助东北难民付出了大量精力，他从早忙到晚，生活毫无规律，有时甚至连饭都顾不上吃。结果身体素质下

① 孙达生：《我所知道的张作霖和张学良》，《辽宁文史资料》第 8 辑，辽宁人民出版社 1984 年版，第 142 页。

② 杜介雨：《怀念张希尧同志》，未刊稿。

1932 年，张希尧（左一）因患肺病在北平香山疗养院治疗

降，感染上了肺结核，整日咳嗽，出现低烧，整个人明显消瘦，不得不住进位于阜内大街路北的中央医院治疗。出院后，他在朋友的帮助下，到香山疗养院进行短期隔离休养。

救国会领导成员对张希尧的病情非常关心，对他予以亲切慰问。据《王化一日记》记载，1932 年 5 月 20 日，“（王化一）同卢乃庚（卢广绩）、王迴波（王卓然）、张雅轩赴香山慰问张德厚同志”；6 月 23 日，“（王化一）同车向忱、张欣生赴香山视张德厚、黄宇宙之病，赠送水果等，共商救亡大计和东北工作策略。”[①] 同人们的关怀和慰问，令张希尧感到十分温暖。

张希尧病情稍有好转，又回到救国会忘我地工作。但他的身体时好时坏，病情反反复复，工作一劳累就开始干咳，浑身乏力，只好休养几天再继续工作。但是，日本对中国的侵略步步加

① 《王化一日记》（选编），1932 年 5 月 20 日，6 月 23 日，未刊稿。

深，令张希尧无法安心养病。继 1932 年一·二八事变后，1933 年日本又侵占了热河，张希尧深感中华民族的危机日益严重，对此愤恨不已，更为自己不争气的身体着急上火。有一次，他竟然将端在手上的中药碗重重地摔到地上，流着泪说："国都要亡了，吃药还有什么用?!"[①] 长城抗战打响后，张希尧与车向忱一起前往古北口前线对爱国官兵进行慰问，连日的疲劳让他的身体又变得虚弱起来。王化一在日记中记载，1933 年 5 月 17 日晚，他同车向忱到住所看望他。1933 年 5 月 21 日晨，张希尧不顾自己身体虚弱，与王化一同赴阎宝航处，又找来王卓然、车向忱，共同商议关外及北平工作，商讨紧急措施[②]。6 月 1 日晨，张希尧赴王化一处谈了两个小时，"一为锄奸救国工作；一为互相勉励自

1933 年，朱庆澜（左四）与车向忱（右四）等人在古北口长城下合影

① 张希尧夫人龙若兰口述。

② 《王化一日记》(选编)，1933 年 5 月 21 日，未刊稿。

修”，王化一评价张希尧，“张青年有为，刻苦耐劳，为青年人好榜样，但身体太弱，劝注意调养”[①]。因王化一同时还兼任东北中学校长，他知道张希尧领导学生经验丰富，准备聘其为东北中学教员，可见对他信任有加。

六、亲赴古北口前线慰问

日军占领锦州后，侵略矛头直指热河，向榆关进发，平津震动。在全国人民一致要求抗战的呼声中，东北军与中央军、西北军一起部署长城沿线，进行古北口长城抗战。为鼓舞士气，支援抗战，张希尧与车向忱等组成救国会和辽吉黑民众后援会（简称后援会）[②]慰劳团，亲赴古北口长城，慰问前方将士。

入关后的东北军将士因九一八事变不战而退，成为全国人民谴责的对象，内心十分困苦。他们多次表达要与日军死战的决心。1932年12月，在日军炮攻榆关后，驻守关口的步兵第九旅旅长何柱国[③]星夜赴北平向张学良报告，认为“事情已经到了图

① 《王化一日记》（选编），1933年6月1日，未刊稿。

② 辽吉黑民众后援会，1931年九一八事变后由朱庆澜在上海创建，主要是支持抗日义勇军抗战。但不久与东北民众抗日救国会在支持义勇军的工作内容上有分歧。经张学良协调，1932年8月后援会前往北平，明确了两会的职责，后援会专募捐抗日资金，救国会协助朱庆澜指导义勇军军事训练和对日作战。

③ 何柱国（1897—1985年），原名铸果，广西容县人。保定陆军军官学校、日本陆军军官学校毕业。1922年投奔张作霖，任东北陆军讲武堂教官。1925年起，历任东北军第四十五旅团长、开封警备司令、东北军第三十七旅旅长、第二十三师师长、安徽督办公署参谋处主任等职。九一八事变后，历任临榆地区警备司令、临永警备司令、步兵第九旅旅长、一〇九师师长、第五十七军军长、陆军骑兵军军长兼抗日联军总司令部参谋主任等。抗日战争期间，先后任国民党骑兵军军长、第十五集团军总司令、第十战区副司令长官。抗战胜利后，为东北行营副主任兼参谋长和东北护路军总司令。中华人民共和国成立后，任全国政协常委、民革中央常委。

古北口战场遗址

穷匕见的最后时刻了”! [①] 张学良也表示要与日军“拼”了的想法，并以北平军分会委员名义加以部署。何柱国率部参加了榆关之战，誓言但留一兵必固守。榆关之战很惨烈，守南门的一名营长与四名连长先后战死，全营官兵几乎全部战死，全团官兵伤亡半数，东北军被迫退守，1 月 3 日榆关陷落。虽然榆关之战仅三天就失败了，但是东北军将士与日军的激战，揭开了长城抗战的序幕。日军长驱直入逼向热河，热河省主席汤玉麟不战而退，致使承德失守。1933 年 3 月 4 日，日军占领承德后又出动第八师团主力向古北口追击，北平乃至华北都面临陷落的危机。

当时驻守长城古北口一线的是东北军第七旅王以哲部，改番号为一〇七师，王以哲担任军事委员会北平军分会第一处中将

① 何柱国:《榆关失陷前后》,《文史资料选辑》合订本第 13 册（总第 37—39 辑），中国文史出版社 1986 年版，第 58 页。

处长兼一〇七师师长。1933 年 3 月 7 日，张学良将驻古北口的东北军合编为一个军，升任王以哲为六十七军军长，下辖一〇七师、一一〇师、一一七师及一个炮兵旅，一个工兵团，总兵力两万余人，负责古北口至滦东一线的防务，与傅作义、宋哲元、关麟征[①]、黄杰等部协同作战。此前，王以哲曾多次向张学良表示："东北是咱们丢掉的，咱们有责任收复东北。"当他接到命令后，星夜赶赴前线指挥。一〇七师原来属于王以哲驻沈阳北大营的第七旅，九一八之夜在北大营遭到日军袭击，正是因为遵循不抵抗命令，使得官兵束手待毙、狼狈撤退，对日本侵略的仇恨一直未报。而今，他们个个都憋着一口气、摩拳擦掌，发誓雪洗九一八带给他们的耻辱。当时日人所办的《满洲日报》曾这样评述："王以哲旅全体士兵，个个怀着强烈的反日情绪……这是满洲治安的隐忧。"[②]

东北军同中央军、西北军协同抗战的消息传来，张希尧等救国会成员个个振奋不已，希望尽己之力支持长城前线的抗战官兵。当时，东北民众抗日救国会和辽吉黑民众后援会已经在北平合署办公，两会的焦点在于如何对古北口抗战的部队进行后援及宣传工作。而古北口抗战的队伍没有后勤部，救国会和后援会就组织人马，根据前方需要准备和运送救援物资。3 月 8 日，车向

① 关麟征（1905—1980 年），原名志道，字雨东，陕西户县人。国民革命军二级上将，曾任中华民国陆军总司令。从黄埔军校第一期毕业后，投身军旅。先后参与了东征、北伐、中原大战。从少尉排长擢升为中尉副官、上尉连长、少校营长、团长、旅长。1933 年 2 月，率二十五师参加了长城抗战，他亲率一团猛烈反击日军，获得青天白日勋章。抗日战争时期后参加保定战役、台儿庄战役等著名战役，先后升任五十二军军长、三十二军团军团长、三十一集团军副总司令、十五集团军副总司令、总司令、陆军第一方面军副司令官等。蒋介石兵败后，去香港隐居。

② 白竟凡、高存信：《民族英雄王以哲将军》，《西安事变与二二事件》，香港同泽出版社 1995 年版，第 91 页。

忱、张希尧代表救国会和后援会，与李士廉、刘惠民、李放、王奎久、侯敬民、郑长甲等50人组成慰劳团，乘坐十来辆汽车，车上装载着炮弹，以及棉衣、毛巾、酱菜、锅饼等慰问品，直奔古北口的石匣镇，慰问前线抗日战士。

慰劳团行至密云时，遇到行进中的中央军第二十五师、第二师黄杰部队及撤退中的东北军一〇七师王以哲部队，他们的车队夹杂在行进和撤退的队伍中间，缓慢地行驶。突然遇到了日军扫射的飞机，慰劳团的一辆汽车被炸毁了，车向忱和张希尧研究决定，将车上的慰问品分给过路的战士们。当时北方仍然是地冻天寒，中央军没有来得及准备御寒的衣物鞋帽等，器具也极为缺乏，就在他们无助的时候，车向忱、张希尧的慰劳团将棉衣、鞋子等防寒装备及时送到。战士们手捧着慰劳团冒险送的罐头、毛巾等，感动得热泪盈眶，高呼着“把日本赶出中国”“收复东北失地”的口号，慰劳团赴前线支援抗战，使全军官兵受到极大鼓舞①。这次亲赴前线进行慰问，所见所闻所感是张希尧在后方没有体会到的，对他触动极深。

从密云到石匣镇不到30里，但途中因道路颠簸不平，加之车轮破旧，车队只能走走停停。为了减轻运载重量，遇到上坡路时，慰劳团的成员们便纷纷跳下车，背着慰问品步行。途中，遇上日军飞机的狂轰滥炸，大家趁飞机轰炸间歇的空当儿，赶紧躲到隐蔽的地方。一次，车向忱坚持留在民房里不肯出来。危急之中，张希尧不由分说，连拉带拽地将他拖出门外。刚跑出去不远，飞机又一次俯冲下来，将民房的房顶整个掀翻，有的平民被炸死，甚至肠子被挂在树上。真是患难见真情，目睹眼前的惨

① 杜聿明、郑洞国、覃异之：《古北口抗战纪要》，《从国内战争到共同抗日》，安徽人民出版社2000年版，第368页。

景，他们不由得将手紧紧地握在了一起……

慰劳团把慰问品送达前沿阵地后，因前线战事惨烈，缺乏救援人员，他们马上又组成救护队，参加战地救护、宣传，并动员民众参加支前工作。他们冒着头上敌机俯冲和轰炸的危险，用担架运送伤员，共抢救伤员 2500 多名[①]。车向忱、张希尧组织的慰劳团还向民众讲解支持前线的意义和防空、防奸知识等。他们的勇敢行为受到前方将士的敬佩，也鼓舞了东北军、中央军的士气。他们血染疆场，用血肉筑起新的长城。如王以哲率所部与关麟征所部二十五师在古北口与日军展开血战。王以哲率部在古北口多次打退敌人进攻，还在滦东夜袭桃马渡之敌，“两役歼敌一千五六百人”[②]等。

古北口抗战十分激烈，部队伤亡惨重。虽然中国将士奋勇杀敌，但张希尧在抗战前线也看到国民党军队临阵脱逃的另一面。张希尧后来在回忆这段经历时写道：“在长城抗战时，由于做战地工作的机会，曾亲眼看见国民党二十五师的士兵负伤后，因上级领导不周，竟然遍地爬行，最后把徐军长（徐庭瑶）的汽车抢下坐了。”[③]这让他更加认清了国民党的本质，坚定了跟共产党走的信念。

这次赴前线后援，前后 70 天。[④]车向忱、张希尧一行从古北口的石匣镇回到北平，向救国会高崇民等汇报了前线情况。因赴前线参加后援，两个多月的辛苦劳顿，使张希尧回到北平后

---

① 郑长家：《慰劳长城抗战将士》，《一代师表》，《辽宁文史资料》第 54 辑，辽宁人民出版社 2004 年版，第 151 页。

② 高存信、白竟凡编：《西安事变与二二事件》，《东望》第 6 卷第 3 期，香港同泽出版社 1995 年版，第 92 页。

③ 张希尧：《十五年前九一八回忆》（提纲），未刊稿。

④ 车向忱：《生平自述》（1947 年《东北人民代表会议登记表》）。

就累倒了。5 月 17 日晚，王化一和车向忱代表救国会慰问了他，他们在一起谈了鼓励军队之办法[①]。但没过几天，张希尧的身体还没缓过劲儿来，在察哈尔又出现了新的战事。

1933 年四五月，日军越过长城，侵占察哈尔省的多伦、沽源等地。冯玉祥认为守土有责，接受中国共产党的建议和帮助，于 5 月 26 日在张家口通电成立民众抗日同盟军。该军队以驻守长城的部分抗日军队和东北义勇军为基础，冯玉祥任总司令，方振武为北路前敌总司令，共产党员吉鸿昌为北路前敌总指挥。抗日同盟军的抗日主张得到了察哈尔民众和全国人民的声援，纷纷通电支持，先后回应加入者达七八万人。抗日同盟军接连收复了康保、宝昌、沽源、多伦等地，表现了中国军队不屈不挠的斗志。

为了鼓励这支抗日队伍，张希尧与车向忱代表救国会和后援会，前往张北前线慰问抗日将士，并组织部分东大学生参加了抗日同盟军。他们在慰问中结识了冯玉祥、吉鸿昌这两位爱国将领，亲眼看到这支由共产党参加领导的抗日军队军纪严明，生活艰苦朴素，作战英勇顽强，受到了极大的鼓舞。对此，王化一在 1933 年 6 月 6 日的日记中是这样记述的："晨，向忱、德厚两君自张家口归来，报告和冯玉祥秘密会见情形，对其治兵之严厉，生活之刻苦极为钦佩。"但是，他们还汇报说，"关于政治方面表示他对内比重大于对外，不能同意云云"。可见车、张两人能客观公正地进行分析，不盲目崇拜，实事求是地进行评价，向救国会同人们表明了正确的态度。

---

① 《王化一日记》(选编)，1933 年 5 月 17 日，未刊稿。

七、宣传抗日遭逮捕

长城抗战后，1933年5月31日，何应钦代表国民党政府与日军签订了《塘沽协定》。事实上承认了日本占领我国东北和热河的“合法性”，并把绥东、察北、冀东划为日军自由出入的“非战区”，为日本控制华北和天津打开了方便之门。《塘沽协定》签订后，日本逼迫国民党当局取缔一切抗日活动。国民党当局为避免与日本开战，一方面对日本妥协退让，另一方面对抗日民众实施镇压，取缔一切抗日组织。张希尧等人因在救国会开展的抗日活动而遭到了国民党当局的迫害。

热河失守后，张学良被迫下野。救国会失去了张学良的有力支持，加上国民政府取缔抗日活动，救国会处境十分艰难。首先是霍维周被刺事件对救国会的打击甚大。1933年6月17日上午11点，救国会常委、宣传部副部长霍维周坐人力车在西单北大街石虎胡同西口外，被人连射三枪，中弹身亡，年仅32岁。霍维周被暗杀，救国会成员陷于悲愤之中。高崇民抚棺痛哭，阎宝航、卢广绩自上海来电，对霍沉痛哀悼，要当局缉凶并筹恤，阎宝航还亲写祭文祭奠。因霍维周被刺，救国会委员相互转告，以后从事抗日活动要格外注意安全。其次是救国会赖以生存的爱国奖券被国民党华北政务委员会停止发行。1933年6月30日，爱国奖券停止发行后，救国会的主要经费来源被断绝了。正如王化一所言:“救国会工作大部分经费靠此，停发等于停止工作。”[①]虽经救国会委员几次向华北政务委员会请求恢复，但均遭拒绝。

① 《王化一日记》(选编)，1933年6月30日，未刊稿。

尽管救国会接连遭受打击，张希尧抗日救亡的斗志和决心并没有动摇。7 月 10 日，国民党当局强令取缔东北民众抗日救国会，激起救国会会员的强烈不满。张希尧准备上街发传单，反对国民党的卖国行径。7 月 15 日，他和李德仲[①]上街张贴反对《塘沽协定》的传单，被国民党特务盯梢、追捕。平日喜欢运动的李德仲身手敏捷，骑车跑进他经常踢足球的东单体育场，被熟识的看门老人藏起来躲过一劫。而张希尧因体弱来不及逃脱，被当局以“扰乱治安”的罪名逮捕[②]。当天晚上，王化一在东北中学办公时接到张希尧请求营救的电话，他因在街头散发抗日爱国传单被警察捕去，急找公安局负责人。7 月 16 日，王化一午后赴公安局，找到北平宪兵司令邵文凯。邵文凯与他为同乡，他向其保释张希尧，认为“张德厚这样纯洁爱国青年，如再治以罪名影响甚大”[③]。邵文凯因其同乡关系未加责难，张希尧被关押不到两天就被释放了。

1933 年 7 月 31 日，在救国会的最后一次常委会上，常委们决定：“1. 不仅不停止活动，更应积极展开抗日救亡活动；2. 缩小组织，裁汰不必要人员更求精练；3. 为避免摩擦，此后转入

---

① 李德仲（1910—2007 年），原名李国选，辽宁省盖州市人。1932 年考入北平东北大学边疆政治学系俄文组。1933 年由张希尧介绍，李德仲加入中国共产党。被中共北平市委派往河北。历任中共河北省委特派员，定县、无极、藁城三县中心县委书记，平山地委书记，平西地委书记，热河省委常委兼宣传部长，松江省委副书记，吉林省委代书记。中华人民共和国成立后，历任中共吉林省委副书记、吉林省委统战部部长，后任抚顺龙凤矿矿长，中国科学院物理研究所党委书记、空间科学技术中心主任，国务院贫困地区开发办公室顾问，中共七大代表，第六、七届全国政协委员等。

② 空间科学与应用研究中心编委会：《当代名人档案——李德仲》，2006 年版，第 4 页。

③ 《王化一日记》（选编），1933 年 7 月 16 日，未刊稿。

秘密行动。”[①] 大会推选王化一、阎宝航、高崇民、卢广绩等人为今后工作拟出具体方案提会，同时宣布救国会解散。救国会委员、国民党 CC 派的黄剑秋禁不住感慨道：“日寇不怕几十万国军而怕十几位救国会的委员。”[②] 黄剑秋即黄恒浩，CC 派的重要人物之一，是东北军爱国将领黄显声的三叔父，九一八事变后任辽宁省政府秘书长，力主抗日救亡，并担任救国会的委员。黄剑秋所言，说明救国会在开展抗日救亡活动中所起到的重大作用。救国会解散对于救国会成员来说，是当头一击。解散之时，张希尧等东北流亡同胞心情沉重，政府不出兵抵抗外敌，为何也不允许民众抗日呢？难道东北民众就只能当亡国奴吗？很快，他们达成一致，如果政府不让公开抗日，东北人就秘密进行抗日！一定要收复东北失地！

在那段艰难的时间里，张希尧仍斗志不减，承担了救国会解散后的善后工作。同时，他继续坚持做东北同乡的工作，指引爱国青年走上革命道路。他曾邀东北爱国青年杜介雨同住一室。张希尧比杜介雨年长 5 岁，在与他聊天时，经常从政治思想上启发、引导他。一次，他向杜介雨谈到国共两党在抗战中的表现时指出，国民党政府腐败无能，九一八事变不抵抗，断送了东北；长城抗战失败后，又搞《塘沽协定》断送了冀东，让日寇得寸进尺，华北即将不保。国民党叫嚣的“攘外必先安内”，实质是同室操戈，自相残杀，是开门揖盗的亡国政策，为日本帝国主义侵略中国扫清道路。蒋介石早已背叛了孙中山的三民主义。多少年后，当杜介雨回忆张希尧说过的这些话时指出：这些话“使我的

---

① 《王化一日记》（选编），1933 年 7 月 31 日，未刊稿。

② 阎宝航：《流亡关内东北民众的抗日复土斗争》，《阎宝航纪念文集》，辽宁人民出版社 1995 年版，第 352 页。

思想觉醒，如打开天窗看见了光明，认识到只有共产党能够救中国，要抗日非共产党不可！希尧同志是我加入中国共产党的带路人”。[①]杜介雨在张希尧的启发下，出关抗日，担任救国会委派的东北抗日义勇军第十六路军司令，领导东北民众活跃在抗日战场上。

1933年9月18日，在九一八事变两周年的当晚，张希尧与高崇民、阎宝航、卢广绩、王化一、陈先舟等人在“欧美同学会”以同乡聚会的名义，秘密成立了复东会。中共中央北方局柯庆施指示张希尧参加该会组织的抗日活动，其主要任务是把流亡北平的东北青年组织起来，经过一段时间的培训后，派送到抗日前线。张希尧肩负着中国共产党人的神圣使命，更加斗志昂扬地投入到抗日救亡工作中。

① 杜介雨:《怀念张希尧同志》，未刊稿。

第三章

走上革命征程

九一八事变后，救国会执委张希尧一直组织和领导东北流亡民众尤其是东北流亡学生的抗日救亡斗争。经历了一年多救亡斗争的实践，他认清了只有中国共产党才能救中国的道理，于 1933 年秘密加入了中国共产党，从此在党的领导下进行革命工作。他的家成为北平地下党的秘密联络站。在救国会的工作中，他的组织和培训能力较为突出。不管是在西山干部训练班，还是营救吉鸿昌的重大行动中，他都能按照党的指示，贯彻党的抗日民族统一战线政策，广泛接触各界人士，培养了大批优秀进步青年加入到抗战队伍中。

一、秘密加入中国共产党

时代的车轮滚滚向前，经历了亡省之痛而奋斗在抗日救亡第一线的张希尧，在血与火的考验中，在救国救民道路上不断地探索和追求，最终选择了加入中国共产党。

早在九一八事变前，学生时代的张希尧与东北爱国人士车向忱、阎宝航等一起发起成立了反日救国团体——辽宁国民常识促进会、辽宁拒毒联合会、辽宁国民外交协会等，积极开展平民教育、宣传国民常识、倡导国货、开展国民外交等，希望以教育救国、实业救国的道路拯救危亡中的东北。然而，现实是残酷的，九一八事变的炮火使这一理想瞬间化为泡影。当看到他们努力筹建的一切都被日军铁蹄摧毁后，张希尧痛定思痛认识到，东北人民只有组织起来、开展武装斗争才能把日本侵略者赶出东北，实现复土还乡。于是，他参加救国会后身体力行，积极进行抗日宣传、组建学生军、从事难民救济等各项工作。如果说，九一八事变前他的使命是对民众进行教育启蒙的话，九一八事变后他的历史责任则是努力唤起民众的救亡意识，拿起武器共同抗日。最初，他将希望寄托于国民政府，希望政府出兵东北，举全国之人力物力同日军作战。但是，蒋介石实施的却是“攘外必先安内”政策，蒋介石在九一八事变后非但没有采取任何“攘外”行动，反而对日本实行不抵抗政策，将希望寄托于国联。事实上，蒋介石在九一八事变后始终没有停止“安内”的步伐，举全力继续进行“剿共”，对中共中央苏区发动了第三次、第四次、第五次“围剿”，同时镇压国内包括反对军阀派系在内的反蒋势力。更有甚者，张希尧等东北救亡人士的抗日活动处处遭到国民党右派的打击与阻挠。在这样的历史背景下，张希尧彻底放弃了对国民政府的幻想，开始探求新的革命道路。

九一八事变前在东大就读期间，张希尧就曾阅读过马列主义书籍并且产生兴趣，对社会主义国家苏联也非常向往。但他那时还只是处于懵懂阶段，缺乏对共产主义理论系统的思考。九一八事变后在救国会工作期间，是他思想发生转变的关键时期。救国会为了达到团结一致、共同打回老家去的目的，欢迎“凡有国家观念，有国家理想者，为进行以武力抵抗日军之人员皆可入会”[①]，所以吸纳了以东北籍为主的各方面人士。救国会成分复杂，有张学良系统的东北爱国民主人士，如阎宝航、高崇民、王

① 邵宇春、王驹:《东北民众抗日救国会始末》,《九一八烽火》,《辽宁文史资料选辑》总第32辑，辽宁人民出版社1991年版，第2页。

化一、王卓然、卢广绩、杜重远、孙恩元等；有国民党 CC 派[①]和国民党改组派，如黄剑秋、梅佛光、齐世英、钱公来等；有国家主义派和青年党，如王捷侠、霍维周和受他影响的一批学生；有共产党员、共青团员、反帝大同盟盟员及其影响下的进步青年等，如黄宇宙、郑洪轩、冯基平、宁匡烈、李兆麟等。因为救国会派别复杂，对许多问题常常争论不休。共产党坚决主张抗日，在东北建立抗日武装，而国民党梅佛光等力图把救国会变成国民党不抵抗的工具，青年党虽然主张抗日，但他们既反对国民党也反对共产党。在这些派别中，张希尧属于共产党和反帝大同盟影响下的爱国青年，他在救国会成立之初是以无党派爱国青年的身份出现的。一同在救国会工作的车向忱、阎宝航、黄宇宙、宁匡烈等与张希尧关系密切，对他的思想产生了积极的影响。

九一八事变前，车向忱因与张希尧共同开展平民教育等活动而成为挚友。九一八事变后，车向忱在救国会中最信任和依仗的就是张希尧，许多任务车向忱都愿意与张希尧一同完成。车向忱的社会威望和人脉也让张希尧接触到了更多的东北军爱国军人和东北名流，为他从事救亡工作创造了方便条件。车向忱与张希尧经常一起谈论对党派的看法，车向忱认为，在国民党统治下，是不可能收复东北的，“他们根本不关心广大人民的痛苦和死亡，

① 国民党 CC 派（Central Club，中央俱乐部组织），是中国国民党的主要派系。也有人认为，CC 派的领导陈立夫与陈果夫兄弟都姓陈（Chen），所以简称 CC。因陈立夫长期担任国民党中央组织部长，所以 CC 派长期控制了国民党的组织大权，创建了最早的国民党情报组织——中央统计局（中统），是 20 世纪三四十年代国民党内最有权势的组织。

也不关心当时的义勇军部队”。[①]车向忱还这样评价过共产党，“要争取抗日救国的胜利，需要共产党的领导，要争取中国的光明前途，也要靠共产党”。[②]车向忱曾对救国会的共产党员郑洪轩加以保护，地下党组织一直与他紧密联系。郑洪轩在回忆中称“张希尧同志负责反帝大同盟（党的外围组织）的工作，他同车老接触多，关系也密切”[③]。虽然当时车向忱不是党员，但他同情和支持共产党，对张希尧的思想影响最大。

阎宝航、苏子元是张希尧在奉天基督教青年会活动中接触到的爱国人士和共产党员。阎宝航思想进步，对共产党和共产主义怀有崇敬之情。早在1927年他曾向共产党员苏子元提出入党的申请，后因苏子元被通缉后去苏联此事被搁置。张希尧一直敬仰阎宝航，将他视为爱国的榜样，积极靠近他，在与他共同筹办辽宁国民常识促进会、辽宁拒毒联合会的过程中，两人接触频繁，志向相同，在共同的反日斗争中加深了友谊。尤其在救国会宣传部的工作中，部长阎宝航是张希尧的上级领导，他那儒雅风趣的作风、积极向上的工作热情、无私奉献的情操，给张希尧留下了深刻的印象。张希尧遇事与他商量，也愿意与他探讨一些革命理论问题，有时阎宝航在诙谐幽默中的一语点拨就让张希尧受益匪浅。张希尧在宣传部中积极肯干，任劳任怨，也让阎宝航对他信任有加，许多重要任务都委托张希尧来做。阎宝航曾经这样评价张希尧：“他是东北大学的高才生，其他毕业的好学生都被张学

① 车向忱：《我的一段抗日活动》，《一代师表》，《辽宁文史资料》第54辑，辽宁人民出版社2004年版，第132页。

② 郑洪轩：《回忆救国会内的车老》，《一代师表》，《辽宁文史资料》第54辑，辽宁人民出版社2004年版，第136页。

③ 郑洪轩：《回忆救国会内的车老》，《一代师表》，《辽宁文史资料》第54辑，辽宁人民出版社2004年版，第136页。

良委以重任，而张希尧不为名不为利，誓志从事抗日救亡工作。”

苏子元是1927年经共产国际批准的共产党员，1925年他在中共地下党员韩乐然、任国桢、吴晓天的指示下，召集奉天各校进步学生代表开会，发动奉天学生界声援五卅运动。张希尧在他的建议和指导下组织本校学生积极参与。虽然张希尧当时并不知道苏子元在政治上倾向共产党，但认为他站位高远，分析问题深刻，对他非常钦佩。可惜苏子元不久即离开了沈阳，张希尧失去了向其学习的机会。黄宇宙是张希尧在筹办辽宁国民常识促进会时接触到的一名共产党员。黄宇宙军人出身，参加过北伐战争，1927年流落到奉天。他早在北伐战争期间就加入了共产党，后来与组织失去了联系。他到奉天后结识了青年会的阎宝航和车向忱，于是车向忱留他做一些会务工作。黄宇宙经常与张希尧一起从事爱国工作，两人也曾共同谈论救国道理，张希尧从中非常受益。宁匡烈与张希尧同为东大化学系校友，只是在张希尧入校时他已经到德国留学。在德国他接受了马克思主义，成为反帝大同盟盟员。九一八事变后他回国加入了救国会，救国会委派他出关联络义勇军。张希尧作为组织出关的工作人员与他有所接触，两人同校同系的渊源更使他们倍感亲切，有许多共同的话题。不久宁匡烈回到北平，与张希尧共同筹办西山训练班等，宁匡烈的革命思想和爱国行为无疑对张希尧产生了影响。

除了受朋友的影响和帮助，张希尧本人通过参加抗日救亡斗争，对共产党的认识也在逐步加深。他拥护代表最广大人民利益的中国共产党的政治主张。九一八事变后，国民党采取不抵抗政策的行径让张希尧非常愤慨，救国会中某些国民党员的不抵抗言论也令他为之唾弃，他开始关注中国共产党的主张。与国民党的不抵抗政策相反，中共中央和中共满洲省委在九一八事变后及时发表宣言，无情地揭露日本侵略中国的阴谋和实质，号召全国人民奋起抗日。在事变发生的第二天，中共满洲省委就召开紧急会议，发表了《中共满洲省委为日本帝国主义武装占领满洲宣言》，一针见血地指明了“这一事件的发生不是偶然的”，是日本帝国主义者为实现其“大陆政策”“满蒙政策”所必然采取的行动。9月20日，中共中央发表了《中华苏维埃共和国中央工农革命委员会为满洲事变宣言》，分析了日本占据东北的目的，并指出其实质“不啻就是第二次世界大战的预演与进攻苏联战争的序幕”[①]。同时，还严厉地批评国民党政府对外妥协、对内镇压的反动政策。中共满洲省委指出，国民党政府以其“镇静”“忍耐”“慎重”等口号来欺骗民众，而主要精力用以“剿共”，故号召民众坚决地反对与揭露。随后，中共中央也分析了日本帝国主义之所以这样肆无忌惮地行动，是因为“有了国民政府的默契，是国民党外交政策必然造成的结果”，告诫中国民众“不要再幻想国民党各派军阀可以和平统一来抵抗日本帝国主义的侵略”[②]，号召民众组织起来，将日本帝国主义逐出满洲。中共满洲省委提出，“只有工农兵劳苦群众自己的武装军队，是真正反对帝国主义的力量”“只有在共产党领导之下，才能将帝国主义驱逐出中国”[③]。1931年10月，中共中央军委书记周恩来以伍豪为笔名在党中央机关刊物《红旗周报》第20期发表了《日本帝国主义占领满洲与我们党当前的任务》，号召满洲省委必须组织东北民

① 《中华苏维埃共和国中央工农革命委员会为满洲事变宣言》，1931年9月20日，《中共党史参考数据》(三)，人民出版社1979年版，第83页。

② 《中华苏维埃共和国中央工农革命委员会为满洲事变宣言》，1931年9月20日，《中共党史参考数据》(三)，人民出版社1979年版，第83页。

③ 《中共满洲省委为日本帝国主义武装占领满洲宣言》，1931年9月19日，载《东北地区革命历史文件汇集》甲9，第49页。

众武装抗日，发动民族革命战争，组织救国军、义勇军，进行游击战争。

中国共产党的抗日主张合乎人心，使失去家园处于迷茫中的张希尧如茫茫大海中见到了指路的灯塔，他认为共产党的主张是有利于中华民族和国家利益的，更加关注共产党的抗日主张和行动。事实上，从 1931 年 10 月起，共产党先后派遣 200 多名党、团员到各路义勇军中工作，像杨靖宇、赵尚志、李兆麟、周保中等组织和联络义勇军，或独立组建抗日武装，以实际行动协助和支持义勇军抗战。此外，还从反帝大同盟、互济会、反日会等进步团体中选派一大批骨干到义勇军中，这样，在中国共产党抗日宣传鼓动下，东北民众开始了武装反抗日本帝国主义的民族独立战争。张希尧非常钦佩共产党的抗日主张和行动，开始秘密接触共产党的地下组织。

1933 年，张希尧在苏梅的介绍下加入了中国共产党。苏梅，辽宁省庄河县人，1930 年考入冯庸大学工科机械系，立志工业救国。九一八事变后流亡入关，在北平复校的冯庸大学改学政经系，积极参与抗日救亡活动，是冯庸大学从事救亡工作的学生领袖。1932 年加入中国共产主义青年团，次年转党。因为东北救亡事业的共同目标，他与在救国会中任职的东北大学学生张希尧相识。他对思想要求进步、工作热情肯干的张希尧重点培养，不久就由他介绍加入了共产党。张希尧的入党仪式简单而庄重，他在党旗下唱了《国际歌》，举起紧握的右拳宣誓："不怕牺牲，严守党的秘密。"从此将自己的生命与无产阶级的解放事业紧密联系在一起，更加积极、忘我地投身于中国共产党领导的抗日救亡斗争。正如他 1935 年在上海见到当年西丰县立中学的学生、中共地下党员孙达生时所言："我前几年走了不少弯路，浪费了光阴，现在总算找到了党，走上光明大道了。”[①]

在国统区的白色恐怖下，共产党的活动处于秘密状态，党员之间只是上、下级之间的单线联系，不发生横向联系。例如，张希尧的上级领导柯庆施在赵仲池家，正好碰上李雪峰[②]也来找赵仲池，柯庆施随即背过身去，李雪峰也按照秘密工作的规定，进到里间有意避开，两人不打照面[③]。张希尧严格遵守党的纪律，甚至对自己的妻子和同胞兄弟张金辉都是守口如瓶。张金辉在回忆中提到，张希尧这一时期从未向他暴露过共产党员的身份。张希尧入党后，每到苏联“十月革命”节的晚上，都和宁匡烈等人一起举办纪念活动，来的人中也包括阎宝航等爱国人士。开会时，由宁匡烈把事先制作好、藏在床底下的镰刀、斧头旗拿出来，挂在墙上，会后立即烧掉，不给敌人留下任何蛛丝马迹。张希尧开始用一名共产党员的标准严格要求自己，在抗日救亡工作中践行着他的爱国之志。

---

① 孙达生:《从上海到西安》,《西安事变资料》第 2 辑，人民出版社 1981 年版，第 105 页。

② 李雪峰（1907—2003 年），山西省永济人。1925 年考入太原国民师范学院，与中共中央在上海的发行部建立起联系。1931 年被保送到山西大学教育学院学习。1933 年加入中国共产党，任山西互济会党组书记。后任中共山西省工委宣传部部长、中共北平市委书记、中共直中特委书记、中共平汉线省委宣传部部长、晋冀豫省委书记、太行区党委书记兼太行军区政委、中共中央中原局副书记、中共河南省委第一书记、中共中央华中局常委、中共中央中南局副书记兼组织部部长等职务。中华人民共和国成立后先后任中共中央副秘书长兼中共中央中南地区工作部部长、中共中央工业交通工作部部长、中共中央工业工作部部长等。中共七大代表，党的八届、九届中央委员，中央书记处书记，中央政治局候补委员，第三届全国人大常委会副委员长，中共中央顾问委员会委员。

③ 李雪峰:《1936 年 1 月至 1937 年 1 月中共北平党组织及其活动情况》,《一二·九运动》，人民出版社 1954 年版，第 324–328 页。

二、举办东北青年干部训练班

随着流亡到北平的东北青年日益增多，张希尧发现了一个问题，虽然东北青年有抗日热情，但缺乏组织训练，致使他们不知如何进行抗日救国；同样，在关外的各路义勇军虽酣战御侮，不顾生死，但缺乏一些作战的计划和联络方法。有鉴于此，张希尧向救国会建议举办东北青年干部训练班，培养抗战人才。受救国会委派，他先后参与组织领导了三次青年干部训练班。

早在 1933 年 2 月，救国会以政治部的名义，在西城区大院胡同 6 号举办了政治训练班。该训练班“召集勇敢多智之青年，聘用特殊军事人才担任教官，加紧政治训练，以便拨赴东北指导各路义勇军作战”。[①] 训练班由阎宝航总负责，张希尧协助，具体负责教务。张希尧与阎宝航、车向忱一起，设定了授课内容。主要包括两方面课程，即对义勇军的政治工作和对民众的政治工作。其中，对义勇军的政治工作内容是：1. 在平时，政治人员要向官兵讲述国内外形势、义勇军的职责，教唱救国歌，排演爱国戏，遵守军纪等；2. 在战时，政治人员要亲临前线，鼓励士兵作战。对民众的政治工作也包括两方面内容：1. 在平时，政治人员要向民众讲抗日救国的道理，宣传民众要爱护义勇军，严防汉奸；2. 在战时，政治人员要动员群众给义勇军当向导、送给养，收藏伤病员等。除了这些内容，张希尧与车向忱一起，还组织学员讨论“秘密工作问题”，要求绝对保密。

1933 年 7 月，已经是中共党员的张希尧和宁匡烈、徐大同

---

① 《京报》，1932 年 2 月 18 日，第七版。

等人以救国会的名义向阎宝航建议成立干部训练班，并得到批准。8 月至 10 月，在北平西山卧佛寺一带秘密举办了西山东北青年干部训练班。张希尧等从流亡的东北青年中严格挑选出 100 多人，国民党分子一概不要。由阎宝航亲自担任班主任，张希尧负责组织工作，监管生活事务，[①] 宁匡烈、徐大同、宋星池等人协助。训练班的主要任务是培训潜回东北抗日的秘密工作人员。由于训练班是中共中央北方局通过救国会中的地下党员举办的，当时环境复杂、险恶，救国会的某些成员对于共产党的认识尚有差距，甚至还有反共的，所以班内有严格的保密规定，例如学员之间不准打听对方的家乡和真实姓名等。对外则以东北大学学生夏令营委员会的名义作为掩护，即使救国会其他核心领导成员，都不知道训练班的具体内容。训练班的学员一般分两组上课，如果进行专题讨论，则分成更多的小组，以便缩小目标，易于掩护。训练的内容包括马列主义理论、时事政治、游击战术、爆破技术等。阎宝航主持时事讨论，徐靖远讲授游击战术，宁匡烈讲授爆破技术，内容包括如何配置炸药、安装定时器（当时主要用钟表改制）、秘密投放的方法等。张希尧除了负责训练班的组织管理外，还和宋星池一起给大家讲授政治课。

宁匡烈和张希尧是东大理工学院化学系的系友。宁匡烈原名宁自申，曾用名宁列、庆生等，辽宁人。他从沈阳东北第三中学毕业后，考入东大化学系学习。1929 年赴德国西门子化学工厂勤工俭学，学习制造炸药和爆破技术。留学期间接受马克思主义，成为国际反帝大同盟盟员。九一八事变后回国积极投身抗日斗争，曾参加马占山、苏炳文部抗日义勇军，帮助队伍研制武

① 阎宝航:《流亡关内东北民众的抗日复土斗争》,《阎宝航纪念文集》，辽宁人民出版社 1995 年版，第 353 页。

器。1933年加入了北平东北民众抗日救国会，同年加入中国共产党。宁匡烈在制作炸药方面经验丰富。他在西山训练班讲解配制炸药时，考虑到东北抗日斗争的实际情况，介绍了配制炸药的多种方法，从用棉花等原料制造的高级炸药“TNT”到用木炭硝石配制的土炸药，他都细心教授。他强调，这是因为我们所进行的是抗日游击战争，是在秘密条件下进行的斗争，各地的条件很不相同，只有多学会几种方法，才能适应斗争的需要。

据宁匡烈的夫人王扬回忆，张希尧和宁匡烈两人还在西山专门组织过一个化学训练班，主要任务是制作爆破用手榴弹，制作好的手榴弹交给抗日游击队[①]。当时，他们在北新桥附近开办了一个化学工业社，经常在工业社工作的有六七个人，生产肥皂、花露水、雪花膏、牙粉等。牙粉的商标是“国难”牌，牙粉袋上印有中国地图，其中东北地区特别用加重笔标明，以唤起民众抗日救亡之心。各种炸药和土制手榴弹就是在这里制作的。由于出入人员较多，引起了国民党特务机关的怀疑，不得不将化学工业社关闭。于是制作手榴弹就转到宁匡烈家里进行，宁匡烈在宣武门校场头条口内租了二门内一个独院，尽量不与外界接触，所有原料都靠宁匡烈设法收集。为了避免暴露，宁匡烈夫妇多在晚间把行李吊起来，开始工作，灯光微弱，眉毛常常被电烙铁烫焦[②]。中华人民共和国成立后，宋黎回忆西山训练班时说：“在北平，我曾去西山卧佛寺看望张希尧，他和阎宝航、宁匡烈等正在办西山训练班，我在那里跟着学习一些马列主义、游击战术和

① 王扬:《送我走上革命征程》,《忆高崇民同志》，华龄出版社1992年版，第133页。

② 康雅丽、何世芬:《抗日爱国的爆破专家宁匡烈》,《沈阳英烈》，1990年版，第39页。

爆破技术，配制炸药就是跟宁匡烈学的。”宋黎利用学到的基本爆破技术，回东北参加中华青年铁血团，和张金辉、戴昊等人一起自制土炸弹，炸了沈阳小西关外天一楼大烟馆、日本人占据的南满火车站和新民会，给日本侵略者以打击。爆破奇才宁匡烈为抗日培养了大批的军事技术人员，不幸的是，1937 年他在苏联学习军事期间，正赶上苏联肃反运动扩大化，宁匡烈含冤而死，时年 29 岁。

两个月后，训练班结束。参加训练班的学员赵守铭回忆说，训练班快结束时，大家还进行了一次实习，“由领导布置回到城里，选择不同的保护色和秘密住址，只和指导的领导人联系，以不被任何同学发现住址和行为者为优良成绩。再给以简单的任务进行实际训练，如探索某人的行动、住址，某机关的性质及其工作人员的职务等”。训练班结束后，由张希尧等人负责将大部分学员派往东北抗日义勇军中，如赵守铭被分配到哈东游击队任交通员，做情报侦探工作[①]，还有一些人被派到冀东一带的根据地，进行抗日救亡活动。张希尧在西山训练班是最忙碌的人。他用全部精力落实训练班的课程内容、组织座谈、联系外出训练等，甚至食堂缺少人手也去帮忙，一天睡眠只有四五个小时，这对于一个大病初愈的人来说太过劳累，但他为组织东北抗日救亡运动无怨无悔。

在此之前，河北基督教学生团体联合会（简称河北联）也曾在西山卧佛寺举办过夏令营，组织了许多进步大学生、中学生（如汇文中学的王振乾）等参加。张希尧作为救国会执委也在训练班中讲课。据当时燕京大学进步学生张淑义回忆，在会上有

① 赵守铭:《抗日战争的回忆》，未刊稿。

全国女青年协会劳工部干事邓裕志讲劳工问题，说苏联实行社会主义制度，已经没有剥削和压迫，实现了男女平等，没有劳工问题。张希尧向大家介绍了东北义勇军不怕牺牲、奋勇抗日的英雄

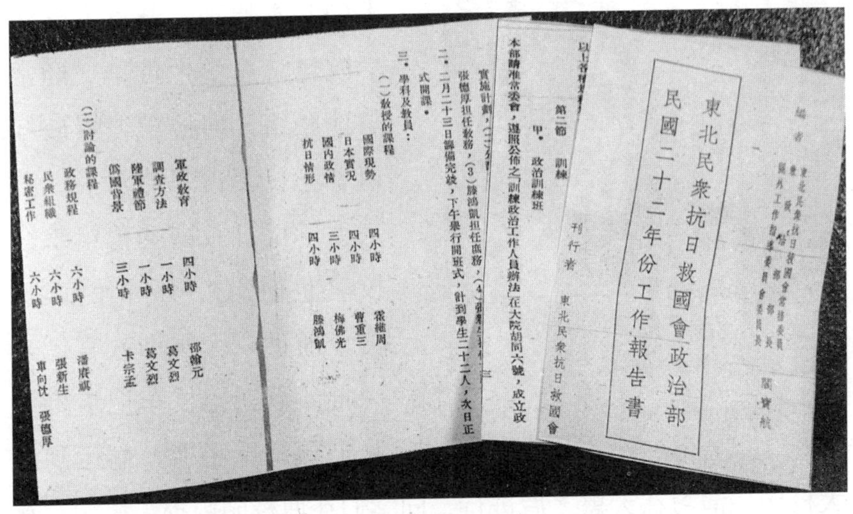
編者 閻寶航
東北民衆抗日救國會政治部
民國二十二年份工作報告書
刊行者 東北民衆抗日救國會
第二節 訓練
甲、政治訓練班
本部請准常委會，遵照公佈之「訓練政治工作人員辦法」在大院胡同六號，成立政
實施計劃，
張德厚担任教務，(3)滕鴻凱担任庶務，(4)
二、二月二十三日籌備完竣，下午舉行開班式，計到學生二十二人，次日正式開課。
三、學科及教員：
(一)教授的課程
國際現勢 四小時 張維周
日本實況 四小時 曹重三
國內政情 三小時 梅佛光
抗日情形 四小時 滕鴻凱
軍政教育 四小時 邵翰元
調查方法 一小時 葛文烈
陸軍禮節 一小時 葛文烈
僞國背景 三小時 卡宗孟
(二)討論的課程
政務規程 六小時 潘廣祺
民衆組織 六小時 張新生
秘密工作 六小時 車向忱 張德厚

阎宝航所作的《东北民众抗日救国会政治部民国二十二年份工作报告书》

北平学生的西山夏令营

黄华在燕园（照片由黄华女儿黄玫提供）

事迹[①]。这两个报告引发了与会者的热烈讨论。

张希尧在东大读书时学的是化学专业，懂得爆破技术的基本原理。燕京大学法学院经济系学生黄华[②]经常与他联络，向他学习爆破知识等。日军占领热河后，燕京大学抗日救国会曾组织全校学生进行过一次军事演习。黄华通过东大军训教官借来一批武器，用校车把步枪和几十颗马尾手榴弹偷运到燕大校园。演习在天黑之后进行，同学们在西校园内挖了壕沟，在学校的水塔顶上用大号手电筒放信号，使用了真刀真枪，投掷了手榴弹，还放鞭炮增加声势。有一次，张希尧教黄华制作简易的手榴弹。他们用香烟铁皮罐做外壳，里面装上炸药、铁钉和碎玻璃等物，中心空出个小洞，插入一根雷管，是触发式的，一遇到猛力就会射出火星，引爆手榴弹。他们到燕大附近的圆明园，选

① 张淑义:《自述：一二·九运动中的基督教学生》，未刊稿。

② 黄华（1913—2010年），曾用名王汝梅。河北磁县人，燕京大学毕业。1936年加入中国共产党。后任北平学联党团书记，西北青年救国会组织部长，中共中央长江局青年委员，全国学联党团书记，延安青年干部学校教育长，朱德的政治秘书，中共中央海外工作委员会秘书长、中央外事组科长。1946年后历任北平军调部中共代表叶剑英的秘书、新闻处长，中共中央青年委员，共青团中央委员。中华人民共和国成立后，曾担任过朝鲜停战谈判中方代表，外交部欧非司司长，中国驻加纳、埃及、加拿大大使，常驻联合国代表，外交部部长，国务院副总理、国务委员。曾任全国人大第六届常务委员会副委员长，中共第十、十一、十二届中央委员，十三届中央顾问委员会常务委员。

一个荒凉无人的地方做实验，用力将手榴弹掷出去后，手榴弹着地，发出“轰”的爆炸声，把看园的老警卫吓了一跳。[①]

1934 年，蒋介石、宋美龄邀请阎宝航到南京担任新生活运动促进总会总书记的要职。阎宝航临行之前与大家告别，张希尧在救国会一直受阎宝航的直接领导，十分敬佩他的为人和他在抗日救亡斗争中的忘我精神。张希尧对阎大哥依依不舍，以致难过地流下了眼泪。阎宝航表示：即使他离开北平，还会继续为抗日复土而斗争，并指定张希尧作为他在北平的联络员。阎宝航将利用与国民党共处的机会，支持东北救亡运动，保护从事东北抗日救亡工作的中共地下党员。

三、建立党组织的地下联络站

1934 年，为了便于开展党的地下工作，张希尧在什刹海银锭桥附近的鸦儿胡同 14 号（现门牌 35 号）即广化寺的隔壁租下一个独门小院儿。他选定把家安在这里，是因为一年前日军进攻长城古北口、喜峰口时，辽吉黑民众后援会会长朱庆澜联合各

鸦儿胡同（解放后照片）

① 黄华:《亲历与见闻》，世界知识出版社 2007 年版，第 3–6 页。

界人士，曾经在广化寺东院成立了伤兵医院。医院开办后，各界爱国人士及各大学学生纷纷支持，医院中容纳伤兵六七百人。当时，广化寺的宗教仪式自动停止，众僧全力支持护理伤兵。张希尧在古北口抗战中曾和车向忱一起代表救国会和后援会到前方慰问，救助伤员，对这里的环境是熟悉的。事实上，当他家被国民党搜查后，的确也得到过寺庙僧人的帮助。

张希尧让他的父亲把夫人龙若兰和儿子天黎（时年 6 岁）、女儿天慧（时年 4 岁），还有张金辉的夫人从东北老家送到北平，以家庭作为掩护，建立了地下党的秘密联络站。那时，他几乎每个月都去天津，向中共中央北方局汇报工作。他在家里也曾接待过北方局的柯庆施（当时被称为“大鼻子”）、李雪峰（当时被称为大李），以及地下党的其他同志，有时还在他家里召开秘密会议。每当这时，张希尧的夫人龙若兰就让孩子们到胡同里跑着玩儿，她自己坐在门口的石头墩儿上，手里拿着针线活儿，给大家“望风”。龙若兰回忆，在白区做地下工作是很危险的，自己人来访敲门都有暗号，听到暗号后，不管正在干什么，都得赶

20 世纪 30 年代张希尧夫妇和张金辉夫妇在北平合影

紧去开门，耽误不得。有一次，她一个人正在屋里擦澡，突然听到外面有人按规定的暗号敲院门，她来不及多想，跳出澡盆，抓起一件旗袍套在身上，急奔出去。开门一看，来者竟然是北方局的孔原。

张希尧的夫人龙若兰（1934年摄于北平）

龙若兰出生于1905年农历七月初七，与张希尧同乡。她原来没有正式的名字，家里人都叫她小兰子，“若兰”这个名字是结婚后张希尧为她取的。由于家境贫寒，龙若兰在家里又排行老大，她很小就开始帮助父母分担劳务，有一双巧手，针线活儿的针脚儿缝得又细又匀，让同龄的姑娘们羡慕不已。龙若兰17岁时，在父母的包办下，嫁给了张希尧。过门儿后不久，张希尧回学校继续读书，留下她一个人在婆家，面临着封建家族中的多重关系，如奶奶婆婆、公公婆婆、叔公叔婆、大伯子、小叔子、大姑子、小姑子，还有妯娌们……上上下下二十几口人。由于娘家没钱，丈夫又不在家，她这个“过门儿”不久的新媳妇在这个家里的地位可想而知。她每天起早贪黑，和妯娌们排班，轮流给一大家人煮饭。吃饭时，她是不能上炕桌的，要站在炕下给人添饭。因此，她对于封建社会的憎恶，首先源于当小媳妇所处的卑微地位。

龙若兰自1934年至1937年在北平期间，曾经协助张希尧做过不少工作，她胆大、沉稳，遇事不慌，曾为地下党组织保管过经费和文件，机智地将文件藏在孩子褥垫的夹层里，躲过了特务的搜查；她还曾经冒着被敌人抓捕的危险，只身穿过西直门日伪的双层岗哨，给等候在城外的同志送密信。她待过往的同志如同家人，帮着他们缝缝补补、洗洗涮涮，大伙儿喜欢她的质朴和勤劳，亲切地称呼她为“二嫂”。

1934年五六月间，李士廉、张金辉、戴昊、宋黎、张坦之（又名张心一）等人陆续从沈阳返回北平。为了从理论上帮助大家提高对共产党政治主张的认识，用马列主义哲学思想武装头脑，张希尧在家里组织了读书会，请北大的王教授讲苏联译本的辩证唯物主义与历史唯物主义。王教授每星期来讲一两次，其他时间大家以自学为主。读书会持续了两个多月，对大家的帮助还是相当大的，通过学习马列主义理论，总结在关外联络、组织义勇军抗日的经验教训，更加坚定了抗日救国的决心。

尽管张希尧因参加抗日斗争经常东奔西走，但在北平工作的这三四年，是他与家人在一起生活最长、也是最宝贵的时光。几十年后，每当他的大女儿天慧回忆童年和父亲在一起时，脸上仍然流露出幸福的微笑，沉浸在父爱留给她的温暖中。她说，父亲平时喜欢唱歌，闲时，父亲和她坐在床头的被摞儿上，用他那温暖、厚实的手抚摸着她的头发，教她唱《苏武牧羊》《义勇军进行曲》……

四、参加营救吉鸿昌的行动

1934年11月9日，人称“吉大胆”的抗日名将吉鸿昌因叛徒出卖，不幸在天津法租界被捕。他先被关押在法国工部局，没几天又被引渡到蔡家花园国民党陆军监狱，蒋介石来电要天津军警将他押送到北平。消息传出后，包括张希尧在内的共产党人及社会爱国人士都设法进行营救。

吉鸿昌，字世五，原名吉恒立，河南省扶沟人。1913 年参军加入冯玉祥部，他因吃苦耐劳、正直刚强、骁勇善战而为冯玉祥所赏识，由普通士兵接连提升为手枪连连长、营长、绥远省督统署直辖骑兵团团长兼警务处处长、第三十六旅旅长、冯部国民革命军第二集团军第十九师师长、宁夏省政府主席兼第十军军长等职，吉鸿昌所部被誉为“铁军”。他怀有保家卫国抗日之志，反对蒋介石“攘外必先安内”的政策，在担任十九师师长时接触共产党员宣侠父[①]等人，接受革命思想。1928 年日本在济南制造五三惨案期间就请战遭拒，九一八事变后又请战遭拒。1931 年 3 月，他拒绝蒋介石进攻苏区的命令，8 月被国民党政府强令交出军权，被迫出国考察。1932 年回国后，中共北平党组织批准他加入了共产党，并指示他协助冯玉祥组织张北抗日。1933 年 5 月 26 日，冯玉祥在吉鸿昌等共产党员的建议下，宣布成立察哈尔民众抗日同盟军，积极进行抗日活动。吉鸿昌任北路前敌总指挥兼第二军军长、张垣警备司令兼警察局长、公安局长，率部收复康保、宝昌、沽源、多伦等失地，这是九一八事变以来中国军队首次从日军手中收复的第一片国土，军威大振。当时他还写信

---

① 宣侠父（1899—1938 年），又名尧火，号剑魂。浙江省诸暨县人。1916 年考入浙江省立甲种水产学校，毕业后留学日本。1923 年在杭州加入社会主义青年团，不久转为中国共产党员，曾为“左联”秘密盟员。1924 年 5 月，他受中共浙江省委的委派，去广州投考黄埔陆军军官学校，成为黄埔第一期学员。因对蒋介石以党治军制度抗命不从，被蒋介石开除出黄埔。1929 年后，宣侠父在国民党军队中从事兵运工作。1933 年，被党组织派到平津及张家口等地，促成冯玉祥、方振武、吉鸿昌等爱国将领成立察哈尔民众抗日同盟军，任同盟军军委常委、第二军政治部主任兼第五师师长，率部收复察东数县。同盟军失败后，他和吉鸿昌去天津组织反法西斯大同盟。1934 年调往上海，参加中央特科工作。后积极促成两广事变。抗日战争爆发后，任国民党十八集团军高级参议，从事统战国民党高级将领的工作，因工作卓有成效，招致国民党当局忌恨，1938 年被暗杀于西安。牺牲时任八路军总司令部高级参议。

天津吉鸿昌故居

给在日本的好友、共产党员南汉宸，邀他共同进行抗日。不久，在国民党当局兵力封锁下，冯玉祥被迫下野，抗日同盟军被解散。虽然吉鸿昌、方振武等另组“讨贼联军”继续与日军决战，但在日伪军和国民党军的双重打击下，只得被迫接受和平解决，吉鸿昌于1933年11月只身秘密赴天津。

1934年3月，经党组织同意，他与南汉宸、宣侠父等人拟订了一个反蒋暴动计划。吉鸿昌把江西旧部的两个师拉回河南，准备在家乡发动十几万人的中原暴动。5月，他参与组织由冯玉祥、李济深、方振武、南汉宸、宣侠父等人领导的中国人民反法西斯大同盟，被推举为主任委员。他在家中设立了一个秘密印刷所，出版了机关刊物《民族战旗》报，通过租界邮局将刊物送给国内的团体、军队等，宣传抗日反蒋的思想。蒋介石对他恨之入骨，想方设法置他于死地。1934年11月9日，吉鸿昌在天津法租界遭军统特务行刺受伤，被工部局逮捕，不久被国民党政府引渡到北平军分会。

吉鸿昌被捕的消息传来，他的好友和社会爱国人士都设法进行营救。其实，共产党员宣侠父在一个月之前就得知蒋介石要逮捕吉鸿昌、南汉宸的消息。他立即告知，南汉宸化装去了上海，吉鸿昌却仍然坚持在天津从事党的地下工作。南汉宸惦念着挚友吉鸿昌的安危，在去上海途中又拍电报给吉鸿昌“生意已成交，急速来沪”，但得到的却是吉鸿昌被捕的消息。南汉宸火速赶回天津营救，派人前往泰山去找冯玉祥，请求下山保释吉鸿昌。同时，通过他在东北军的朋友关系，请河北省主席于学忠帮忙。于学忠自知此事非同小可，推诿说此事需要几个国民党大员共同担保才可。他按照于的建议，又去找自己原来的上司鹿钟麟作保。鹿钟麟也有顾虑，此事未果。

张希尧、徐靖远等原东北民众抗日救国会成员也在积极设法营救吉鸿昌。张希尧和车向忱于1933年慰问过张北的抗日同盟军，与冯玉祥、吉鸿昌有过接触，亲眼看到两位将军治军有方，英勇对日伪军作战，十分钦佩和敬仰。得知吉鸿昌被捕后，认为此乃抗日事业之不幸、民族之不幸。徐靖远于1927年加入中国共产党，后入东北讲武堂，九一八事变后参加救国会，他作为救国会派出的政治干部曾到马占山部工作，参加了著名的江桥抗战，后来又辗转来到冯玉祥的抗日同盟军，与吉鸿昌并肩作战，两人感情甚笃。徐靖远得知吉鸿昌被捕后，变卖了自己的家当，加上一部分社会捐助，共5000元，准备用来疏通关系。但是因为案情太大，未能奏效。于是，他和张希尧两人商量，准备用武力劫持的办法进行营救。他们得知吉鸿昌将从天津押送到北平后，经请示阎宝航，特意赶到天津营救。天津地下党组织知道后，通知在农村的游击队接应。有消息说，押送吉鸿昌的火车要在第二天早上出发，他们在前一天夜里做好了劫车的准备，但第二天发现车厢里并没有吉鸿昌。原来吉鸿昌被军统化了装，让人无法认出，而且他们也不知道具体在哪一节车厢，故计划失败。

不久，张希尧被国民党以“共党嫌疑犯”的罪名抓捕入狱。

徐靖远继续设法营救吉鸿昌。得知吉鸿昌要在11月25日被判死刑的消息后，他决定用劫法场方式进行最后一搏。他联络了几个原先参加西山训练班的精干人员，带上枪支弹药，用张学良留下的一部分精良武器进行营救[①]。不曾料想，这是国民党方面故意传出来的假消息，其实他们已经于前一天，即11月24日在位于北平安定门内的陆军监狱（俗称“炮局子”）秘密杀害了吉鸿昌。11月23日，北平军分会举行了一场所谓的“军法会审”，以“叛国罪”（多次煽动兵变）和“叛党罪”（脱离国民党加入共产党）判处枪决吉鸿昌。吉鸿昌英勇就义时年仅39岁，他在刑场写下“恨不抗日死”的英雄诗句[②]。张希尧后来得此噩耗，悲愤不已。在日军侵略中华民族之时，抗日反而有罪，抗日将领竟然被处决，国民党当局是怎样的一种逻辑啊?!难道要每一个中国人都顺从日本当亡国奴吗？吉鸿昌的牺牲，更加坚定了张希尧等人在共产党领导下将抗日斗争进行到底的决心。

五、第二次被捕

1934年初冬，中共北平特科组织受到严重破坏。11月7日，国民党北平当局几乎出动了市党部、北平警察局、宪兵三团等全部军、警、宪、特力量，突然将在东北大学任教的阮慕韩等20多名北平特科成员全部逮捕。8天后，即11月15日晚，张希尧刚从天津返回北平，就被国民党北平市党部以“共党嫌疑人”的罪名拘捕，将他押送到宣武门内的国民党北平市党部。

---

① 黑龙江省人民政府参事室、黑龙江省文史研究馆编:《龙江文史》第2辑，1991年版，第30页。

② 卢张滨:《吉鸿昌传》，北京时代华文书局2016年版，第184页。

当时，张希尧在东大担任校外反帝大同盟的支部书记，他从事的抗日活动引起了国民党当局的注意。为了审查、核实他的真实身份，国民党北平市党部派特务接连几天蹲守在张希尧家中，凡是上门来找他的人，二话不说就带走。这样，先后抓走了张金辉、王仙洲、戴昊、宁匡烈、王恻忱等人。当时在东北中学读书的金硬，周日常来串门儿找戴昊和张金辉，这一天当他快走到张家的门口时，恰好遇见张金辉的夫人徐仁余送警察从院子里出来，徐仁余向金硬偷偷地使了一个眼色，金硬觉得不好，转身要走，警察问他："你找谁?"金硬没有慌张，谎说自己找错了门牌，脱身走了。宁匡烈本来是找张希尧商量去武昌与阎宝航见面的事，结果被潜伏的特务盯上。他想到自己身上还揣着记有上级机关地址的纸条，当即心生一计，装作若无其事的样子向里屋走去，很随意地坐在水缸沿上，悄悄地将纸条搓成一个小团丢进缸里，成功地保护了地下党组织。

龙若兰面对国民党宪兵、特务疯狂的抓捕行动，强迫自己迅速地冷静下来，想办法与敌人周旋。她假装一着急犯了胃病，盖着棉被躺在床上，不吃也不喝。一个穿着对襟黑布衫的胖子坐在桌子旁，大声问她："张太太，你先生是干什么的?""做生意的。"她不紧不慢地回答。"做生意的? 那怎么还到街上撒传单去了?""是呀，孩子他爹原先在东北的生意挺好的。这不，日本人来了，有家也回不去了，兴许是气的吧。""撒传单犯法，知道不?!"特务加重了说话的口气。"犯法? 日本鬼子占了咱东北家乡，东北人反对小日本儿犯了哪家的法?"她毫不示弱，接着反问道："长官，你倒是想一想，咱们东北人有家回不去，有几个不恨日本鬼子的?!""你先生平常在家都干什么?"胖子的两眼紧紧地盯着她继续盘问。"他呀，常在外面跑生意。一回家，两个孩子就缠着他不放。”龙若兰就这么不紧不慢地应对着。“张太太，我看你不慌不忙的，像是见过大世面的人呐?”她听了这句带有挑衅性的话后，不但没有惊慌，反而“扑哧”一声笑了：“看长官说到哪去了？我斗大的字不识几个，拉扯着两个孩子，每天睁开两眼就得为他们忙活，上哪儿去见世面呀!”一连几天，特务就这样反复地盘问她，而龙若兰的回答，翻来覆去也就是那么几句话，弄得敌人毫无办法。多少年以后，她在回忆这段往事时说：“言多语失，我就是以不变应万变。”这是她在实际参加地下工作中总结出来的经验。

张希尧等人被捕后的头一天夜里，被关押在国民党市党部的一间屋里。面对敌人的威逼利诱，张希尧始终不承认自己是共产党员，敌人审讯了他几个小时毫无结果。天黑时分，突然来了四五个便衣，把他和张金辉押解出去，外面停着一辆车，便衣们把他们分别推上车，两边坐着便衣，暗中用枪对着他们。汽车行驶到市公安局门前停了下来，特务们把他们两人推下车，向公安局的人办理了羁押手续。公安局的人命令他们脱光衣服，以便搜查衣物、检查身体，穿上衣服后不允许系裤腰带，提着裤子被带入牢房。张希尧和张金辉分别被关进不同的牢房，牢房内挤满了人，有不少是青年学生。牢里的生活条件很差，王恓忱和宁匡烈在牢房里被安排挤在一张床上、合盖一条被子。大家吃的窝头经常夹生，碗里的清汤漂着几片菜叶、没有一点咸味儿，给的咸菜有时还是发了霉的；每个牢房只有一盆水，犯人们轮流在这一盆水里洗脸；犯人在牢房里除了晚上睡觉时可以躺下，其余的时间一概不准躺下，不准说话，不准走动，只能坐在铺上听候审讯。

张希尧是敌人这次抓捕行动的主要怀疑对象，他在关押期间连续被提审了四天。敌人为了逼他招供，逼着他跪在铁丝网上受

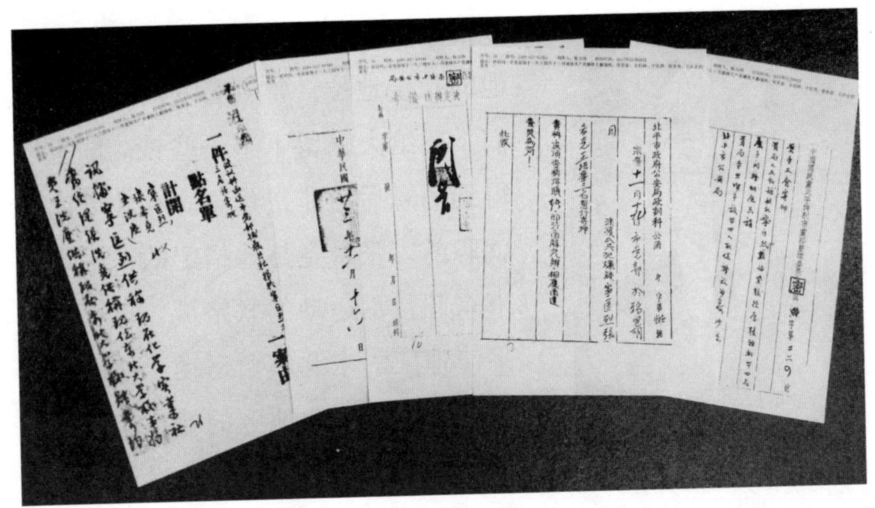

1934 年，张希尧等人被捕的国民党北平市党部档案（现存于北京市档案局）

审，甚至还给他坐了“电椅子”的酷刑。“放茅”时，张金辉看见他从另外一个牢房出来，走得很慢还有点儿瘸。那段日子，在东北大学做兼职教授的地下党员阮慕韩也被关在那里，一天，他看到张希尧和看守争吵，便悄悄地掐了一下他的腿，暗示他要注意斗争策略。在阮教授的提醒下，张希尧让自己冷静下来，在敌人的审讯面前保持镇静，称自己在东北大学担任事务员，因治疗牙病在家中休息，始终没有暴露自己的共产党员身份，严守了党的机密，没有使地下党组织遭受损失。在北京市档案馆保存的当年国民党市党部审讯记录中这样记载：“经四日之考查，并无任何可疑之点。”①

在张希尧等人被捕后，宁匡烈的夫人王扬趁黑夜穿戴上宁匡烈的长袍、礼帽，女扮男装，偷偷地溜出家门，去阎宝航家找阎大嫂报信，正好遇见车向忱也那儿。原救国会负责人积极设法多

① 政训科、市党部等于 1934 年 11 月逮捕共产党嫌疑人戴福纯、张亚宣、王仙洲、张希尧、王洪尘的案卷，北京市档案局，卷 J181-017-01441 号。

青年时代的阎宝航

方营救，东北大学秘书长王卓然利用他的社会地位，曾到公安局探视过他们，还给大家留下了一些钱。阎宝航得到消息后，非常焦急。在他赴南京就职前，张希尧是他指定的在平津从事东北救亡运动的联络员，负责领导平津地区的东北救亡运动，他的安危关系到整个华北地区的救亡工作。阎宝航立即以他新生活运动促进总会书记的名义，亲自出面斡旋。他找到当时担任该会推行股股长的邵华关说："北平党部逮捕的那几个人，是我的东北老乡，他们一直跟着我搞救亡工作。他们在北方的活动是按我的指示搞的，请你转告中统局副局长徐恩曾先生。"① 最后，得徐一言，张希尧等人在阳历年前夕被释放出狱。金硬在他们出狱后曾经问好友戴昊："你们打的是什么官司？"戴昊答道："打的是抗日官司！"这对金硬的思想触动很大，难道抗日也有罪吗？②

张希尧等人被释放后，国民党北平市党部仍然对他们的活动进行监视。为了避开敌人的耳目，他到南京在阎宝航家里住了一段时间。张、阎二人又像在救国会工作时那样，经常在一起探讨如何开展东北救亡运动工作等。此后不久即返回北平。

回北平后，张希尧和张金辉两人秘密地搬过两次家。他们先从鸦儿胡同搬到德胜门内的高井胡同，不久又搬到西直门内牛

① 阎宝航:《流亡关内东北民众的抗日复土斗争》,《文史资料选编》第 6 辑，第 87–118 页。

② 《金硬同志自传》，未刊稿。

角胡同 2 号。经过这次被捕，他们的行动更加谨慎，增设了联络暗号，例如发现情况异常，就在大门口外的旮旯处竖起一根竹竿等，增强了安全和保密意识。

六、校友·战友——苗可秀

在张希尧的同学和战友中，有一位可歌可泣的抗日英雄，他的名字叫苗可秀。九一八事变后，他愤然投笔从戎，主动向救国会请求回东北武装抗日。他在辽东三角地带组织抗日义勇军，同日军展开殊死斗争。最后被捕宁死不屈，从容就义。他的抗日英雄事迹在东北流亡同胞中广为流传。

苗可秀

苗可秀出生于 1906 年，是东大文学系的高才生。1928 年张希尧考入东大理工学院时，苗可秀已从预科升为本科。他们在学校一起参加普及平民教育、抵制日货等社会活动。九一八事变后，他们一起搭乘火车从奉天流亡到北平，参加了东北民众抗日救国会，共同组建东北学生军。在学生军中，他们同吃同住，相互交流思想，打回老家去、复土还乡成为他俩共同的目标。

1932 年 2 月，苗可秀受救国会委派，出关到辽东三角地区。当时邓铁梅在此创建了东北民众自卫军，经常在凤城、岫岩、庄河、安东一带与日军发生激战。苗可秀参加了这支队伍，被邓任命为东北民众自卫军的总参议，赞襄军务。在对日伪作战中，辅佐邓打了如尖山窑战斗等好几个胜仗，粉碎了日军的二次大“讨伐”，使自卫军的军威大振，成为辽东一支抗日劲旅。由于苗可秀之前与张希尧等人在北平组建过东北学生军，积累了一定军事训练经验，他建议邓铁梅组建军官学校，培训抗日军事人才。同年 7 月，军官学校在尖山窑成立，在农村招收中小学生和知识青年 400 多人，由邓铁梅为校长，苗可秀为教育长。军校大部分时间进行军事训练，每周还有两个半天的政治课，苗可秀负责讲授抗日理论、政治形势等课程，鼓励大家抗日到底。这些学生后来成为中国少年铁血军的主要骨干。

1934 年，日军对辽东地区加强封锁，东北民众自卫军只能化整为零，采取游击战的方式继续与日军作战。苗可秀为了谋求“更坚固有力，足以持久之秘密组织”①，以军官学校为基础成立了以“用黑铁赤血精神，采全民革命手段，收复东北，振兴中国”②的中国少年铁血军，政治方面成立中国少年团，民众方面成立民心团，建立三位一体的组织，以军事促进政治，以政治辅助军事。他们在沙里寨、大岔沟、任家堡、崔师傅沟、猞猁沟、中沟等地，与日军展开激战。到 1934 年末人员发展到 300 多。当苗可秀听说邓铁梅在 1934 年 5 月被捕，9 月牺牲的消息后，决心继承邓铁梅的遗志，独撑辽东抗日大旗，将抗战进行到底。救国会军事部长王化一称，“在救国会领导的东北义勇军各部，有组织有计划地给予敌人以相当打击并能维持最久者，除王凤阁外，只苗可秀烈士所部而已”③。

① 苗可秀致王化一书信，1935 年 2 月 20 日，黄文科主编：《丹东抗日文献会要》，东北大学出版社 2015 年版，第 172 页。

② 荣维木：《儒将苗可秀少年铁血军》，《抗日烽火群英》，湖北少年儿童出版社 1996 年版，第 53 页。

③ 王化一：《苗可秀抗日殉难经过及遗书》，唐庆雄主编：《绿水英魂　丹东抗日英烈专辑》，1990 年版，第 167 页。

苗可秀烈士墓

1935 年 6 月 13 日，苗可秀在战斗中被炮弹片击中负伤，21 日从山林转移时，因叛徒出卖被日军抓捕。他面对敌人的威逼利诱，宁可牺牲自己的生命也绝不投降，挥笔写下“誓扫匈奴不顾身”的诗句。一位名叫前山的日本老翻译被苗可秀视死如归的英雄气概所打动，劝他给亲友写信并答应帮助代邮。于是，苗可秀写了两封信交给前山，一封信写给东大代校长王卓然，另一封信写给张金辉、宋黎及张希尧等人。日本人前山没有食言，果然将信寄出。7 月 25 日，苗可秀在凤城南山刑场英勇就义，年仅 29 岁。

张希尧等救国会骨干成员对苗可秀及其队伍的发展一直非常关注。最初，敌人封锁不太严，救国会经常派人去东北各地工作，苗可秀本人也曾几次回北平向救国会汇报情况，获取军事物资，救国会对东北民众自卫军的发展给予一些指导。但随着日军对辽东地区加强封锁和管制，经常来往汇报工作难度增大，于是，苗可秀便用密信的方式向救国会汇报工作情况。苗可秀在三角地带的抗日斗争情况、面临的困难以及邓铁梅被捕经过和遇害详情，都是通过化名密信传达给救国会的。其中，有些信件是写给张希尧（当时化名为张德园[①]），并通过他转给救国会其他领导成员。密信的正面均为用毛笔书写的家书，表面看与平常家书

① 黄文科主编:《丹东抗日文献会要》，东北大学出版社 2015 年版，第 141–153 页。

没有什么不同，而背面则是用特殊材料书写的密信，需要用特殊方法处理后才能显现出文字。

1935 年 4 月 25 日，苗可秀在发给张希尧等人的信封上这样写道：“北平东城王府井大街协和医院薛仲三老先生速为分神转交张德园胞弟启，自奉天省岫岩县缄，四月二十五日。”信封的背面又写：“如薛老不在该院，请将此信迁交哈德门里同仁医院范大夫再转探颜玉衡先生询交可也。”

本函正面原文如下：

德厚胞弟：

兴华于本月初三日平安到家，述说吾弟在校读书用钱甚急并身体平安，功课进步，精神极好等语。兄闻之后，甚为快乐。禀之堂上二老大人亦都非常安慰云。惟用钱一节，早晚必为办到。现在咱家乡一带，胡匪甚为安静，但地方金钱特别奇紧，不论谁家一切都没有办法。有的连盐都买不起，家家没有大酱吃。粮食特别地贱，一斗苞米卖不到六毛小洋，庄稼院人家卖工夫也是特别地贱，大工每天挣不到三毛小洋。地方的花费照旧的多，比以前更多。追索官款的人比以前也像是更利害一点。老百姓算是毁了，没有办法了，不能活了！政府方面，听说也是极力想办法维持，但不知道能不能办到了。咱家在外边的存款，因为债户的困难，实在是难于讨要。你在外边花钱要特别的仔细少花，不要浪费，你要知道咱家里的困难。父亲的身体，自入夏以来，特别强健，咳嗽之症也完全好了。母亲的身体也很强健，就是眼病始终没有好。北平城的马应龙眼药，听说是特别的好，不知到底怎样？吾弟要打听一种好的眼药，千万千万想法邮来，这也是我们当儿

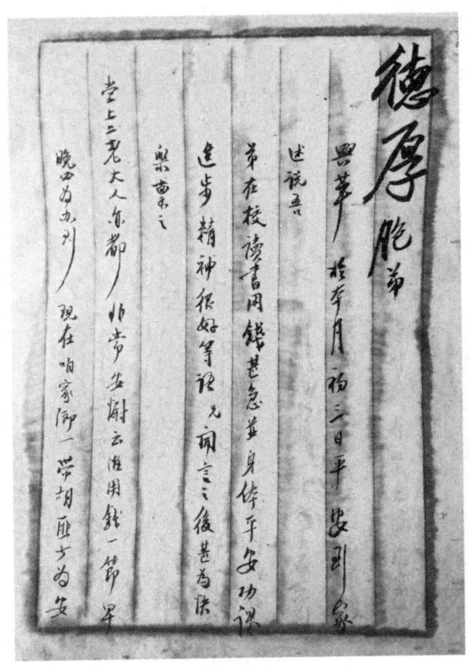

德厚胞弟
四弟接本月福三日平安到家
述說吾
弟在校讀書用錢甚急並身体平安功課
進步精神很好等語兄聞言之後甚為快
樂之之
堂上二老大人身体都好常安謝云准用錢一節罪
晚四弟勿念現在咱家鄉一帶胡匪十分為安

密信“家书”

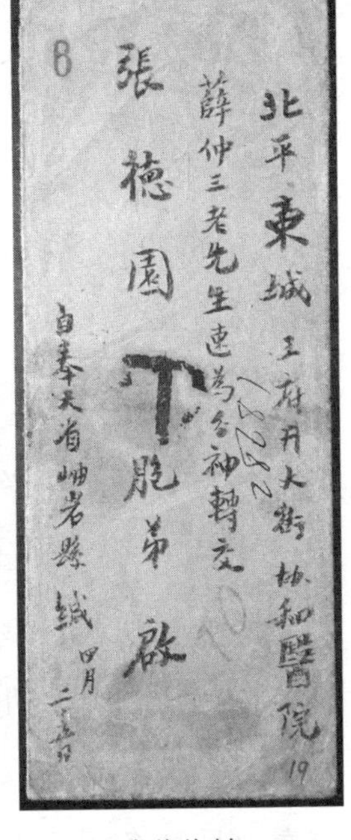

北平東城王府井大街協和醫院
薛仲三老先生速為分神轉交
張德園胞弟啟
自奉天省岫岩縣城四月二十五日

密信信封

子的一种孝意吧！母亲很想念你，你在放假期的时候，无论如何来家一趟，千万千万。咱家一家大小很好，小柱子今年也上学了，德元也升入中学了，在本城念书。前天开全县帝政纪念运动会，他还得了一个第一。兄依旧在家料理家务，每天也很忙碌。咱们看着很不顺当的事，就是东园子的二叔在三月十一日死了。他死的情况很奇怪，仅仅是一夜的病便死了。据婶母说，他恐怕是中了酒寒。因为他当天晚上从王华一家里回来后，喝了一壶凉酒，吃一块凉豆腐。起头是肚子痛，以后就变成心疼了。死的时候，身上都青了，实在是可怜。小妞子在三月初五日出嫁，曹家二叔死的时候她也没能回来，仅仅是曹大元来了一趟，兄和他见了面。他比以前进步的多了。回家以后，再也没来串门，不知道他家现在怎样呢？大概也许能有一点进步。这一次想要给你邮去一百五十元钱，现在正在凑办呢，怕你着急，特告知勿盼为要。

即此顺颂

进安

兄　德秀手书

四月二十一日

张希尧等人采用化学办法，使该函背面红字出现了密信内容：

悲痛！悲痛！我将把一个极悲痛的消息报告给你们。邓铁梅在旧历四月十九日夜里，被伪军捉去，被捕情形如下：

（1）经过详情：邓之妾张玉姝，在二月间（旧历）被伪安奉地区警备司令赫剑芒逮捕后，即转嫁于翻译王某。邓儿女情长，时时往其岳家探视，三月中旬，张玉姝之弟张维夔成婚，邓亦前往。张玉姝同翻译王某亦率队前往，彼次即险些被捕。此后，邓仍时时到张家逗留。虽旁人百般劝说，终于无济。四月十八日，邓又到张家，当日下午有假充南京政府代表者四人面见铁梅，并当发给委任（此系邓之舅丈所述）。至十九日夜间，便有便衣队（此处有二字不清）各持手枪到张宅搜捕（时约半夜两点钟）。该便衣队将邓逮捕后，并未即时回营，不知在何处密藏一日。二十一日始行解往尖山窑伪司令部，当日即往凤城县押送。

（2）解往凤城后之消息，据传为于芷山要去，详情不明。

（3）被捕之原因：张玉姝之父，即扰乱东边一带之匪大合字，其叔父匪号通财为邓铁梅所格杀。通财死后，大合字便日趋没落，忧郁而死，据传大合字对其妻女曾有遗嘱，即令该女嫁于铁梅，预作复仇之计云云。

（4）张氏参与捕邓之秘密：邓自去年失败后，即偕其妾张玉姝常常住在张家，每有警报，便从室后一秘密小门逃遁。此次邓仍由此门逃走，而伪便衣队在此处已早有人在，故将邓捕获。泄露邓出入门路者非张氏则他人不知其详，此其一。邓游行无定，潜藏张宅，非由内部通达消息，决不能如此之准确，此其二。邓既被捕之后，张氏特别保守秘密，不但不向邓之部属报告（邓部汪晓东即在张家附近），并对外亦极端保守秘密，此其三。邓之噩耗传出去，地方人士莫不惊叹惋惜，张家大小及其戚属却安然若无其事者，此其四。张玉姝自另嫁王某后，张家即与伪军政各方面毫无隔阂，其婿王某亦时时到张家串门，交往甚密，此其五。

（5）（注：原作“4”）被捕地点：岫岩第六村头道干沟子张宅。

（6）（注：原作“5”）我们的态度：邓被捕时，本队南往庄河，余与赵侗带便衣数名在第六村某小学秘密印行刊物之际，骤闻此耗，大为惊痛，当即派人秘密侦探邓被捕之情形。现已决定办法：①派惩奸队跟踪暗杀赫剑芒。②逮捕张玉姝之弟及其母。二十四日夜，余与赵侗即率便衣队五名，前往头道干沟子将张玉姝之弟张维燮逮捕，俟将邓之存款追索完毕后，即行枪决，以舒公愤，而顺民情。③邓之部属其强而有力之部分，如赵庆吉、庞景泰等，业已久不服其调遣。今正以来，即受本团之指挥。对于邓个人之存亡当不致发生任何影响。其亲信部分，汪晓东部则大为动摇。前本团特务部主任白君实，由岫北归来时，在牌坊一带与汪君相遇。闻汪业已向内部属声明，有退休之意。故其部属有惶惶不可终日之势。余拟一二日内率队前往安抚并收拾一切。

我们的工作报告：我们的工作，因为系整个计划，所以非达到相当段落。实难枝节报告，兹聊述现在情形如下：

我们的团体定名为中国少年团。军事方面定名为中国少年铁血团，团内共分四部。总务部由赵伟负责；特务部由白承润负责；团务部由赵侗负责；军事方面，刘壮飞负责。自今正重新改组以来，各部积极推进，团务部成绩特别优良。军事方面亦很有进展，统括起来说，军事、政治均长足的进展，惟经济方面，则颇有问题，千筹百筹，一筹莫展，忙煞特务部，现在略现曙光了。我们军事、政治方面运动的成绩，可以略举几个例子说吧：岫岩县长宫长超，伪警备司令王殿忠等，我们常通音问。王殿忠的部属差不多就是我们部属了。赵侗常常出入他们的队伍里，我们不但和他们干部有联合，甚至每一个士兵都受着很深刻的宣传。假设我们的队伍，若是和他们在中途相遇的时候，为掩人目计，便双方首领在一起商量好了，这才开枪打仗。他们多打几枪，我们少打几枪，他们送给我们一点子弹，我们送给他们几本书。我们退却下去，他们再追击几步，于是便各自走开了。若是他们的队里有日本人的时候，一见面，他们就先开枪，我们自然另有处置了。其余的义勇军们，夜间到在民户家里叫门的时候，都报称本团的队号，就是他们与敌相遇或者几个人单独行动的时候，多冒称本团的名号，就此一点，大概也可以略见本团军政方面的运动的成绩了。青纱帐起后，胡匪依旧遍地皆是。但是他们的行动，绝不像去年那样暴恶，这或者也是本团一点潜移默化的力量呢。我们的计划，在两三个月后，可以把凤、岫一带的知识分子和农民组织完竣。在此计划完成后，便想往东边一行。现在郝春一君业已在该处开始活动了。子融部属敖锡三、何铁男等，依旧活跃，惟纪律欠佳耳。

专此，顺颂，公安：玉衡、化一、乃庚、猛醒、大光、希尧、向忱，诸公钧鉴。

苗可秀　赵侗　同启

赵伟在沿海一带酝酿甚佳，予拟得机会时赴平一行，如有军用品物准备运来应用也。

我们在此订有《满洲报》及《盛京时报》两份。但对于所得之消息，总觉得不甚确实。希望回信时把国内外及本会的详细情形，作一详细陈述为盼。此事希望希尧负责为荷。切！切！通信处：岫岩哨子河赵家堡学校赵慧中。写此信时，虱子咬得很厉害，一面捉虱子一面写字，大概信内错误之处一定不少，原谅！

旧历四月二十五日

这封信主要介绍了邓铁梅牺牲的经过以及苗可秀等人的善后处理等内容，非常详细，表达了他们渴求得到救国会指导与帮助的迫切心情。张希尧作为昔日苗可秀的同窗和好友，得到苗可秀的充分信任，苗与救国会之间的联络许多是通过张希尧得以完成的。得知张希尧被捕的消息，苗可秀非常焦急，在书信中询问张希尧的情况。王化一回信告知张希尧已被保，因爱国而遭逮捕令人感愤。同时救国会重心南移，张希尧也将南下，以武汉明月桥东北同乡会为中心。①

① 《王化一回信》，1934 年 3 月 3 日，黄文科主编:《丹东抗日文献会要》，东北大学出版社 2015 年版，第 141–153 页。

不久，苗可秀牺牲的消息传到了北平，令张希尧等曾经和他一起参加抗日救亡的同学和战友们悲痛不已。这一天，东大一些校友聚集在张希尧的家中，大家围坐在一起追思这位英雄。张希尧从床铺下面拿出事先准备好的纪念小册子，发到每一个人的手里。这本小册子的封面上印着苗可秀的遗像，里面有他在狱中托人捎出来的信。此信是苗可秀写给张金辉、宋黎及张希尧等人的[①]。信里是这样写的：

雅轩

忱二位老弟[②]：

不见面者两年矣，念念！兄今为日本阶下囚，伏床自思，尚堪自慰，慰者死得其所耳。昨夜秉烛作书，寄与卓然师，主要用意在于托孤。但此书能否到达王师左右，则未可知，今再与吾弟详陈一切。

一、被难经过：六月十三日在岫岩与日军作战，兄为炮弹中伤臀部，创甚剧，遂潜伏地方养伤，二十一日为日本军所搜获，遂罹于难！

二、嘱托吾弟者：

1. 家属

甲，吾家至贫，弟之所知也，舍弟被吾所累，吾心实觉不安！吾弟当向卓然师及与吾有关系诸公处恳祈设法少为周济。

① 此密信社会流传有两个版本。一个版本是苗可秀写给张希尧、张金辉两个兄弟的，另一个版本是写给张金辉、宋黎的。第一个版本是 1938 年《反攻》半月刊在 1938 年 7 月 16 日刊出的内容。第二个版本是根据王化一的回忆文章《苗可秀抗日殉难经过及遗书》（唐庆雄、曲文良：《绿水英魂　丹东抗日英烈专辑》，1990 年版，第 186 页）。本书采用第二个版本。

② 信中的标点符号为后加。

乙，吾妻至愚，吾子尚弱，教育抚养无人负责，此兄最关心之一事也。昨与卓然师之书，大意如下：秀予吾子拟名为苗抗生，令吾妻即在王师家作仆妇，令抗生即以祖父礼事王师，王师即以义孙视抗生而善教之。吾弟以为如何？我身后事，大家要看在我的身上，时时关照也。

丙，我家属事，找余七弟料理，亦系线索。

2. 其他之一：

弟等可在西山购一卧牛之地，为余营一衣冠，竖一短碣，正面刻“苗可秀之墓”，背面略述余之行事，墓旁植梨树四五株，小亭一间，每有休假日，弟等千万要到此一游，每到此处，要三呼老苗，我之孤魂其可以不寂寞也。山吟水啸，鸟语虫声，皆视为余歌余语，余泣余诉可矣。余泣系为国事而泣非为私人泣也，注意此点。

3. 其他之二：

凡国有可庆之事，弟当为文告我，国有极可痛可耻之事，弟亦当为文告我。

4. 其他之三：

少年团所印诸书，皆系余一手作成，在余被难前，亦曾删订几册，弟等可与赵氏叔侄谋之，付之石印局少印几本，分赠我之好友，以作纪念。此外尚有几篇信稿，亦可付印，文章大致可观也。

5. 其他之四：

弟等思想要正确，精神要伟大，不要忘了我们要作新中国的主人，要作重整山河的圣手，做事不可因为一次的失败便灰心，不可因为一次的危险便退缩，须知牺牲是兑换希望的一种东西。我们既然有希望，便不能不有牺牲。不过我们的希望，务须正大而已。

一手执笔，一手执纸，仰面而书，故笔迹至拙也，不多谈了。再会吧！祝你们健康！快乐！

希尧

凤生

……

诸公同此不另[1]

读完这封遗书，大家已经泣不成声，发誓不能让英雄的血白流，要继承苗可秀的遗志，坚持抗日复土，斗争到底！张希尧5岁的女儿扒在门缝儿看到大人们哭了，也跟着哭了起来。几十年后，她在回忆这段往事时说，尽管当时她只有5岁，但苗可秀的名字和他在就义之前的画像却深深地刻在了心里。她知道，有一个只比她大一岁的小哥哥，在他的爸爸被日本鬼子杀害后，从此改名叫苗抗生……

张金辉在他的抗日斗争回忆文章中写道，为了纪念已经牺牲的东北抗日烈士，我们几十个东北青年聚集在香山一座塔的下面，大家流着热泪在塔内的碑上贴下这样一副对联："国事千钧重，头颅一掷轻!"决心要用"铁和血"收复东北失地，为了表达"勿忘沦陷的家园"的心情，祭奠英雄时，在场的每一个人都吃了家乡的"高粱米"，喝下了"黄连苦水"。

① 《反攻》半月刊，1938年7月16日，第2卷第6期。

第四章

东特支、东特委的杰出领导者

为了加强对关内东北流亡同胞的领导，将其组织起来进行东北抗日救亡运动，中共东北特别支部、中共东北党务特别工作委员会在北平相继成立。张希尧为重要领导成员，负责群运与组织工作。他积极培养和发展进步青年，扩大党组织，注重党的队伍建设，曾领导中共锦州的地下工作委员会进行抗日游击战。作为东特支领导成员，他参与酝酿东大学生参加一二·九运动，并在幕后组织和领导，使东大在一二·九运动中发挥了主力军的作用。张希尧还先后三次将北平进步学生介绍到驻扎西北的东北军中，推动了北平的“学运”与西安的“军运”相结合，对东北军走上抗日道路及西安事变的爆发都起到了一定的促进作用。

一、成立中共东北特别支部

自《塘沽协定》签订后，东北民众抗日救国会等一些抗日救亡团体被北平军分会强行解散，一些会员相继离开北平，东北抗日救亡运动一度陷入了低潮。如何将平津地区的抗日团体重新组织起来、开展东北救亡运动，一直是张希尧考虑的问题。1935年1月，中共中央北方局决定在北平成立中共东北特别支部。其中，张希尧作为支部主要领导成员之一，负责群运工作，主要任务是开展流亡关内尤其是平津地区的东北同胞抗日救亡运动，只要有东北军和东北集团的社会关系，他就主动开展工作，通过各种救亡宣传活动，尽可能地与东北抗日队伍保持联系，支持东北抗战。

北方局的这一指示具体是由陈伯达（时名陈志梅）下达的，当时他住在北平福建泉州会馆[①]。成立东特支的会议，是在北平新桥义红路西民房公寓李向之[②]的家中秘密召开的。会议决定，由李向之担任支部书记，赵濯华[③]、张希尧、陈大凡[④]、苏梅为支部成员。苏梅作为北方局代表，对东特支进行指导[⑤]。东特支在组织上受北方局领导，它的一些具体工作同时也受中共北平市委领导。东特支的主要职责是：在东北同胞中开展抗日救亡运动，发展组织，宣传党的政策，建立广泛的抗日民族统一战线，支援

---

① 苏梅在 1984 年 4 月 23 日写的书面回忆材料，未刊稿。

② 李向之（1897—1976 年），原名李世荣，吉林榆树人，黄埔军校第 6 期学员，毕业后考入上海法学院。九一八事变后参加东北民众抗日救国会，1933 年 6 月加入中国共产党。1935 年中共东北特别支部首任书记；1937 年 6 月任东北救亡总会训练部副主任。1941 年冬被派遣到南京潜入伪政府收集情报，1945 年失掉组织关系。1947 年 2 月在哈尔滨与东北公安处接上关系，派到吉林市做情报工作，但党籍未恢复。1958 年任吉林民革副主席、吉林省民政厅副厅长。1984 年 12 月，中共吉林省委恢复李向之党籍，党龄从 1933 年 6 月计起。

③ 赵濯华（1900—1983 年），黑龙江省宾县（原属吉林省）人，1933 年加入中国共产党，1935 年任中共东北特别支部组织委员，李向之被捕后，担任支部书记，参加了一二·九运动。1936 年春，任中共东北党务特别工作委员会组织部长。西安事变发生后，由北方局派往石友三部队做统战工作。中华人民共和国成立之初，任东北轻工业管理局局长。

④ 陈大凡（1906—1993 年），辽宁省北镇县人，1931 年九一八事变后参加抗日斗争，组织并领导了绥滨县抗日人民自卫军，后扩展为黑龙江省抗日人民自卫武装。以后又参加组织了东北人民抗敌会。1937 年参加了中共领导的平西游击队组建工作。中华人民共和国成立后，任铁道部行车安全监察室主任。

⑤ 赵濯华回忆录，未刊稿。

中共东北特别支部部分成员，左起：苏梅、赵濯华、张希尧、陈大凡

东北军民的抗日斗争[①]。

东特支全体领导成员在艰苦的工作环境中积极开展工作，团结了一大批流亡到北平的东北难民、青年学生、抗日义勇军官兵、东北军爱国将领和一部分上层民主人士，打开了东北抗日救亡斗争的局面。张希尧之前一直在东北流亡同胞尤其是青年学生中开展救亡工作，具有比较广泛的社会关系和群众基础，东特支成立后，他负责群运工作，对东大学生的抗日救亡工作尤为重视，对推动东大学生走上抗日救国道路，起到了不可或缺的历史作用。

1934 年张学良回国后，被蒋介石派到鄂豫皖地区进行“剿匪”，司令部就设在武汉。原救国会核心成员王化一等人随着张学良南下去了武汉，在武汉明月桥东北同乡会内集聚。1935 年 3 月，张希尧赴武汉会同王化一、车向忱、宁匡烈等共同商议抗日救亡工作。大家建议他继续在北平做东北流亡同胞的工作，坚持抗日斗争到底。5 月 30 日，东特支支部书记李向之在筹备纪念五卅运动十周年活动时被捕，东特支的工作由赵濯华和张希尧

① 赵濯华回忆录，未刊稿。

负责[①]。为了掩护地下党，东北救亡工作转入了隐蔽状态。赵濯华把全家接到北平，住在德胜门内的草场大坑（后改名为四环胡同）12 号前院儿。草场大坑不是虚名，这一带真的有一个很大、很深的坑，每天都有垃圾车往大坑里倒垃圾，捡破烂儿的人很多。赵濯华的儿子也曾在这里捡过煤核儿，拿回家给母亲烧火做饭。以这样的地点做掩护，更易开展地下工作。

1935 年夏末秋初，东北军被蒋介石调到西北陕甘前线，围追堵截北上抗日的中央红军。东北军云集陕甘一带，在西安街头到处都能看到东北军眷属和流离失所的东北难民。一些东北儿童失家又失学，到处流浪，甚至沿街乞讨。车向忱见此状况，心中忧虑。他找到了张希尧，说明自己想为流亡子弟办一所私立小学，以便培养抗日力量。张希尧非常赞同老友的这一想法，他们两人一起商量了建校的具体办法，认为可以从北平邀请几位东北同乡前往西安担任教员，但校舍还得想办法在当地借。为此，车向忱又去拜访在西安的王以哲军长。王以哲听说要为东北流亡的子弟办学校，非常赞同，认为办学校兴教育是为了下一代打回老家去，是非常有远见的，决定将这所学校作为东北军的随军学校。

在王以哲的支持和帮助下，学校建在东关索罗巷 43 号一家已经停业的协和火柴公司的仓库里，车向忱以两元钱起家办学，在各方的支持下东北竞存小学终于建立。车向忱来北平招聘老师，张希尧向他推荐了包括聂长林在内的几位地下党员到校工作。张希尧还同中共陕西省委取得联系，使竞存小学得到党组织的关注，成为中共地下党在西安的一个秘密活动站。这所学校在

① 戴茂林、邓守静：《八年抗战中的东北救亡总会》，东北大学出版社 1996 年版，第 25 页。

培养抗日力量和发动群众抗日等方面做出了积极贡献，在西安事变前后积极参与抗日救亡活动，对于张学良思想的转变及走上联共抗日道路都起到了促进作用，后来成立的东北救亡总会陕西分会也曾在竞存小学开展活动。①

张希尧一直热心救济流亡关内的东北难民，早在救国会成立初期便主动承担了这一工作。但是，战乱年代难民越来越多，到1935年，在北平聚集的东北难民多达十多万，很多人失去了经济来源，生活十分窘迫，露宿街头、靠乞讨维生者随处可见。国民党政府曾答应拨款十万元救济费发给难民，但不久却突然决定停发。原来，国民党当局在1935年7月签订的《何梅协定》中同意取消国民党在河北及平津的党部，撤退驻河北的东北军、中央军和宪兵第三团。日本人认定，流亡在关内的东北难民是“满洲国”的国民，要求中国当局遣送出关。所以，国民党当局不让租房子给东北难民，不给他们提供工作机会等，试图以这种方式迫使东北难民返回东北，造成东北难民在北平流离失所，口粮被断绝，生活陷入窘境。中共北平市委决定，发动一次东北难民争取救济的请愿斗争，以推动东北军走上抗日战场，激发广大东北人民抗日救国、收复失地的斗志。于是，张希尧等东特支主要成员接受了这项任务，发动、组织了“九二”东北难民的请愿斗争。

1935年9月2日，东特支组织了3000多东北流亡同胞在东四十条铁狮子胡同4号（后改为张自忠路7号）管理东北难民的办公机构——东北难民救济院集会，他们打着“打回老家去”“支持东北义勇军”“救济东北难民”的旗帜，宣布成立东

① 车树实、盛雪芬：《人民教育家车向忱》，辽宁人民出版社1989年版，第97、139页。

北难民赴南京请愿团，分两路游行至天安门会合后，决定向前门火车站进发，打算乘车南下向南京政府请愿。请愿团在车站受阻后，来到北平市政府门前抗议，推选高子桓、刘亚岐等人为代表，面见北平市长袁良，请他出面与路局交涉，“拨车一列，同赴南京请愿”[①]。最后，北平市长袁良迫于压力，只好答应了请愿团的两项要求：一是同意向南京政府请示关于支持东北义勇军问题；二是暂由市政府每月对流亡北平的东北难民每人每月发放小米、煤球，分别到东城、西城的粮店和煤铺领取，供应半年[②]。东特支领导的这次东北难民请愿斗争，在社会上影响很大。9月3日，北平各报和天津《大公报》都对这次游行请愿斗争作了报道。这是在一二·九运动前发起的一次规模较大的群众抗议斗争。

二、酝酿、组织东大学生参加一二·九运动

1935年12月9日，在中国共产党的领导下，北平爱国学生爆发了震惊全国的一二·九运动。当天，数千名北平大、中学校学生举行了声势浩大的示威游行，反对华北自治，反对内战，主张一致对外。一二·九运动成为全国抗日救亡运动的新起点，促进了西安事变的爆发及全国抗日民族统一战线的形成。在这场运动中，亡省亡家的东大学生起到了骨干和先锋作用。张希尧按照上级党组织的要求，没有亲临学生游行队伍现场指挥，但他作为分管东大学运的东特支成员，对于酝酿东大学生参加一二·九运动起到了幕后组织和间接领导作用。

---

① 《北平晨报》，1935年9月3日，第6版。

② 康雅丽：《中共东北特委与东北抗日救亡运动》，1988年吉林大学硕士学位论文。

一二·九运动的爆发并非一蹴而就，而是经过一段时间的酝酿和准备的。1935年夏秋，黄河堤坝因常年失修六处决口，造成河北、鲁西受灾，大批灾民颠沛流离，有不少人流落北平街头，需要救助。东北大学綦灵均、张金辉（时名张无畏）率先倡议成立东大水灾赈济会，不少同学踊跃参加，骨干成员包括王振乾、杨旭、戴昊、宋黎、董学礼、郑洪轩等。9月，张金辉代表东北大学，参加了在南长街女一中举行的成立北平大中学校学生黄河水灾赈济联合会（简称赈济会）的筹备大会。赈济会是国民党当局承认的合法机构，学生们可以上街义卖义演，为灾区捐钱捐物。东大派出王振乾、杨旭二人，参加了由各校学生代表组成的赴鲁西慰问团，携带所捐的钱款和物资，以及抗日宣传品赶赴灾区，在慰问灾民的同时也大力宣传抗日救亡思想。成立东大水灾赈济会以及派出东大学生代表参加北平各大中学校的赈济联合会筹备大会，得到了张希尧的支持和具体指导。

赈灾活动结束后，对于如何进一步扩大赈济会的工作成果、组织爱国学生继续开展抗日救亡活动，中共北平市党组织内部持有不同意见。一些同志主张发动群众以民主方式向当局提出抗日的要求；另一些同志则认为，当下对国民党当局不能采取民主方式，而是要组织暴动，打倒国民党，建立北方苏维埃。这两种意见相持不下，甚至影响到工作的正常开展。意见反映到中共河北省委后，中共河北省委决定对北平工作委员会进行改组，成立了中共北平市临时工作委员会（简称北平市临委）。同时为加强党内团结，后派李延禄的堂弟李常青[①]以特派员的身份来北平指导工作。北平市临委决定冲破“左”的思想束缚，领导学生开展更

① 又名李延祜，因他戴的防风帽子的式样，代号“土耳其”。

大规模的抗日救亡活动。为此，11 月 18 日，中共北平市临委决定，在北平大中学校学生黄河水灾赈济联合会的基础上，成立北平市大、中学校联合会（即学联），推举女一中代表郭明秋任学联主席，清华大学代表姚依林为秘书长，镜湖中学代表孙敬文为总交通，燕京大学代表黄华为交际，东北大学代表邹鲁风为总纠察。

有消息说，国民党当局准备在 12 月 9 日成立冀察政务委员会，企图通过华北政权特殊化的方式，使华北、察哈尔成为第二个“满洲国”。北平市临委决定由学联公开出面，组织北平爱国学生向国民党当局请愿，坚决反对成立冀察政务委员会。邹鲁风、郑洪轩作为东北大学的代表，参加了学联召开的两次会议。一次是 12 月 3 日，学联决定召集联络北平的各大中学校，准备向华北当局发起大规模的请愿活动。由于东北大学大多为东北籍学生，深感失去家乡的痛楚，抗日要求最为强烈，12 月 6 日学联决定，以东北大学名义，联合燕京大学、清华大学、北京大学等 13 校学生自治会发出通电，提出反对“防共自治”，宣布对外政策，动员全国对敌抵抗，切实解决人民言论、集会、游行自由等 4 项要求，呼吁政府出兵抵抗日本的侵略。12 月 8 日，学联又召开第二次会议，具体确定了请愿的时间、地点和行动路线，决定于次日发动各校学生向华北当局请愿。通知各校上午 10 时先在天安门广场集合，然后去新华门向国民党政府代表何应钦请愿，陈述人民坚决抗日、反对投降的要求。

东特支自成立后始终以东北大学作为主要工作基点，在一二·九运动的酝酿和组织过程中发挥了积极作用。在学联成立之初，东特支负责人赵濯华曾到清华大学与清华地下党支部书记蒋南翔[①]见过面，并且参加了学联在那里召开的会议；“除了城外的清华大学外，在城内的接头地点多在东北大学、女一中、欧美同学会”。[②]张希尧作为东特支群运委员，在一二·九运动之前就与东北大学进步学生密切联系，做过大量的思想、联络和组织发展工作。关于即将举行的一二·九学生请愿游行，上级党组织提出严格的规定，“党的领导干部不能参加公开活动”[③]，而是做幕后的支持者和领导者。这是因为，之前受“左”倾路线的影响，北平市党组织在1934年几乎全被破坏，一直到1935年初才开始恢复起来，全市党员总共才剩下十来个，共青团员不过20个左右[④]。上级领导做出这一规定的主要目的，是出于对刚恢复不久的党组织的保护。所以，东特支领导成员是以隐蔽方式密切关注和掌握运动的发展情况。一二·九学生请愿游行前，张希尧到东北大学与时任东大党支部负责人郑洪轩秘密接头，为避免被

---

① 蒋南翔（1913—1988年），江苏宜兴人。1932年9月入国立清华大学，1933年秋加入中国共产党。1935年，参与领导了一二·九运动，起草了《清华大学救国会告全国同胞书》，发出了“华北之大，已经安放不得一张平静的书桌了！”的呐喊，成为唤起民众争取民族独立的号角。后任北平市学委书记、北方局青委委员兼北方局宣传部干事，长江局青委委员、全国学联党团书记、南方局青委书记、中共中央青委委员、中央青委宣传部长等。抗战胜利后先后任辽北分省委委员兼宣传部长、哈尔滨市委常委兼宣传部长、市教育局长、东北局青委书记、哈尔滨青干校校长、东北局党报委员会秘书长等。中华人民共和国成立后担任团中央副书记，后任书记处书记，清华大学校长、党委书记、北京市委常委、中央教育部副部长，高教部部长、天津市委书记、国家科委常务副主任、中共中央党校第一副校长等。

② 张申府:《我相信中国》，广西师范大学出版社2017年版，第379页。

③ 彭涛:《关于一二·九运动的回忆》,《一二·九运动》，人民出版社1954年版，第313–317页。

④ 彭涛:《关于一二·九运动的回忆》,《一二·九运动》，人民出版社1954年版，第313–317页。

人认出，特意化装戴了一顶航空帽见郑[①]，向他传达了东特支的指示，希望在动员同学们参加这次运动时，能够将东北沦陷与华北危机结合起来、将个人遭遇与民族危难结合起来，使更多的同学参加到抗日救亡的斗争中。12月8日晚，郑洪轩和邹鲁风在边政系俄文组三班学生宿舍，召集宋黎、关山复、唐杰生、林铎、王一伦、韩永赞等10多名进步学生开会传达了学联的通知，由这些人再分头动员学生，准备参加第二天的请愿，并连夜赶写标语口号和传单。

由于张希尧等东特支成员对东大参加这次运动筹划周密、准备充分，加上东北大学学生饱尝国破家亡、流离失所之苦，东北大学的学生在这次运动中表现突出，起到了先锋和骨干作用。据当时东大学生代表之一的胡开明（胡焜）回忆："东北大学是负责联络西城区大中学校的中心。"[②] 12月9日，东北大学是整个请愿游行队伍中人数最多的学校，又是最早集体冲出包围圈到指定集合地点的，学生在行进中表现出高度的组织性、灵活性和顽强性。他们一路高喊"反对华北自治""打倒日本帝国主义""停止内战一致对外"等口号，途中不断有其他学校的学生加入其中，所到之处感染着沿途围观的北平市民。各校学生从天安门聚集到新华门前，宋黎等12名学生请愿代表要求面见何应钦，提出"反对华北自治及其类似组织""停止内战，立刻准备对外的自卫战争"等6项要求[③]，但何应钦躲在里面拒不露面。愤怒的

---

① 1982年11月19日辽宁省人大召开"有关张希尧事迹"座谈会的记录稿，未出版。

② 胡开明:《一场激烈的斗争和一个真实的故事》（未刊稿），存辽宁社会科学院地方党史所资料室。

③ 中共北京市委党史资料征集委员会编:《一二·九运动》，中共党史资料出版社1987年版，第5页。

学生当即决定将请愿变为示威游行，宋黎临时被推举为游行队伍的总指挥。12 月 16 日，北平爱国学生再次举行了更大规模的示威游行。

张希尧对于东大学生参加一二・九运动的间接领导作用，主要表现在他于一二・九运动前后吸收了一批东北青年加入党组织，这些人在一二・九运动中发挥了骨干作用。据不完全统计，经张希尧介绍入党的有李士廉、李德仲、张金辉、张淑义、刘蓬、何扬（曾用名何浩）、王振乾等人，这些人大多参加了一二・九游行，成为中华民族解放先锋队（简称民先）队员。张希尧通过他们及时了解和掌握东北大学爱国师生在运动中的具体情况，判断分析形势变化，思考下一步的斗争任务和对策。

李士廉与张希尧为西丰同乡，他是军人出身，后考入东北讲武堂。九一八事变后返回东北组建东北民众救国军，被救国会委任为东北抗日义勇军第五十路军总参议。经过时任救国会执委的张希尧推荐，前往沈阳与张金辉、宋黎一起从事救国活动，并加入了中华青年铁血团。1934 年返回北平后，张希尧曾派他做东北军及二十九军的兵运工作。1935 年 2 月，经张希尧介绍，李士廉加入了中国共产党。东北大学军训处成立后，张希尧推荐他担任教官，并任东北大学农村问题研究会委员，在东北大学学生中做了大量救亡工作。一二・九运动中，李士廉参加了示威游行，后又参加了平津大专院校的南下宣传团活动①。

张金辉在二哥张希尧的影响下走上了革命道路。九一八事变后他受救国会委派，出关组建东北抗日义勇军，在东北抗日战场上与日军作战。张希尧入党后很长一段时间都没有对张金辉公

① 武守忠:《李士廉》,《辽宁党史人物传》第 13 辑，辽宁人民出版社 2009 年版，第 148 页。

开自己的共产党员身份，只是向他宣传一些爱国思想，将共产党的救国政策在聊天中进行传递。1934 年，他们二人以共产党嫌疑犯被国民党当局逮捕入狱 40 多天，张金辉开始认清了国民党的本质，坚定了只有共产党才能救国救民的信念。出狱后，他开始信仰马列主义，接受了共产主义思想。1935 年 12 月 7 日，即一二·九运动爆发的前两天，张希尧代表党组织与张金辉进行了一次谈话。他说，经过多次考验认为张金辉已经具备了党员条件，组织决定批准他入党。张希尧强调，共产党要绝对保守党的秘密，服从党的纪律，不允许个人自由行动。他要求张金辉在即将举行的学生示威活动中，不参加到游行队伍中，而是在队伍外做一些联络工作，并与他保持联系。所以，在 12 月 9 日当天，张金辉按照张希尧的要求，没有走在学生的游行队伍里，而是戴上一副墨镜，挎着借来的照相机，把自己装扮成《东方快报》的记者，始终在东大队伍的前后活动，与宋黎保持联系、反映情况，并一起研究应急措施。

戴昊也是在张希尧帮助下入党的爱国青年，他 1931 年毕业于东北军学兵队，九一八事变后参加了东北民众抗日救国会。1932 年初，他出关联络、组织抗日义勇军，曾帮助辽西黑山县的土匪吴海山拉起了一支千余人的抗日队伍，还和张金辉、宋黎一起，在国联调查团到来前，搜集日军侵略罪证，并通过各种方式交付调查团团长李顿。他们还组建起辽西抗日义勇军总指挥部，戴昊任军事部负责人，在新民等地打击日军。在日军剿捕中，他曾被捕入狱。1933 年在沈阳与张金辉、宋黎、江涛等组建中华青年铁血团，1934 年 5 月他回到北平，在张希尧组织的马列主义读书会中学习马列主义，思想发生了深刻的变化。他不久加入了共产党，被张希尧安排在东北大学军需处工作。一二·九运动前夜，他利用工作之便向学生们提供笔和纸，和大家一起写请愿的标语，学生们游行时，他做救护工作[①]。

王振乾是东北大学边政系学生，1932 年就加入了中国共产主义共青团。他与邹鲁风等成立了俄文组级友会，1935 年参加中华民族武装自卫会；以东北大学学生代表的身份，参加赈济会慰问团，亲赴鲁西灾区慰问灾民，进行抗日宣传。一二·九运动期间，他找到张希尧面谈，全面汇报了自己的思想和工作情况，提出“转党”申请。经张希尧批准同意，又找北平市委组织部干事赖若愚面谈，并在岂文秀处举行了宣誓仪式，由共青团员转为中国共产党党员。不久他担任了东大工委会委员、常务委员，后来被党组织派遣赴东北军第五十七军组建地下党工委。

张希尧除了直接发展上述几位东北大学地下党员，也曾在一二·九运动前夕对燕京大学地下党组织的恢复、建设做过一些工作。

张淑义是燕京大学地下党组织停顿两年后发展的第二个党员[②]。她于 1932 年入燕京大学社会系，参加了反帝大同盟的外围组织，1933 年当选为河北省基督学生团体联合会（简称河北联）主席。她依靠贝满、慕贞、潞河、汇文、崇慈、崇德等教会学校中参加河北联的骨干分子，宣传进步思想，团结了一大批爱国青年，积极开展抗日活动。1935 年 10 月，张希尧到燕京来找张淑义，告诉她党组织已研究并同意发展她为共产党员。当即由张希尧、董学礼当介绍人，在燕园内小土山上的亭子里，按规定领着张淑义举行了宣誓仪式。一二·九运动中，张淑义作为骨干

① 唐敏荣、戴诗铎：《戴昊烈士传略》，《沈阳英烈》，沈阳日报印刷厂 1991 年版，第 272 页。

② 北京大学党史校史研究室：《战斗的历程》，北京大学出版社 1992 年版，第 46 页。

参加了组织和领导。

黄华是燕京大学经济系的学生，抗日热情高涨，经常与张希尧联络，学习爆破知识、商讨如何在学生中开展抗日工作等。张希尧为了培训东北抗日义勇军，曾通过他在燕京大学印刷所铅印了一些关于游击战术的小册子。经过考察和培养，张希尧认为黄华具备了中共党员的条件，提出要介绍他入党。但黄华为了工作方便，希望张希尧将他的入党愿望转达给燕京大学的地下党组织[①]。学联会成立后，黄华负责总交际，并且组织了燕京大学学生参加一二·九运动。1936 年 1 月，他光荣地加入了中国共产党，担任中共北平学联党团书记。

为了在国统区加强东特支工作的隐秘性，顺利开展北平东北各界群众抗日救亡工作和正在蓬勃兴起的青年学生爱国运动，1935 年 12 月，张希尧得知老朋友孙达生从西安来到北平后，特意请他介绍在国统区做地下工作的经验。当时，张希尧的家仍是地下党的秘密联络站，为了防止敌人破坏，孙达生有针对性地提出了几点具体建议：一是张希尧和张金辉兄弟两人不要合住在一处，最好各自带一两个孩子分开住，分头接待地下工作者；另外，建议由宋黎等人在新街口一个胡同里另建一个秘密联络点。二是利用东北大学注册科的方便条件，创办一个秘密的油印小刊物《东北之光》，专门刊载学运消息，宣传党的抗日救亡方针和政策主张。三是张希尧以开临时旅馆的名义，集中一些积极分子举办秘密训练班，由孙达生讲授马克思主义的基本理论和从事地下工作的具体注意事项等[②]。

---

① 黄华：《亲历与见闻》，世界知识出版社 2007 年版，第 3–6 页。

② 孙达生：《从上海到西安》，《西安事变资料》第 2 辑，人民出版社 1981 年版，第 105–108、112–113 页。

三、将北平“学运”与西安“兵运”结合起来

1935 年 8 月 1 日，中共驻共产国际代表团发表了《为抗日救国告全体同胞书》(即《八一宣言》)，提出全国人民团结一致共同抗日的主张。1935 年 12 月，中共中央在陕北瓦窑堡会议上通过了《关于目前政治形势与党的任务》决议，正式确立了抗日民族统一战线的方针。为贯彻抗日民族统一战线方针，中共中央考虑首先争取目前在西北与之作战的东北军，在西北地区建立起统一战线。1936 年 1 月 25 日，毛泽东、周恩来等 20 位共产党和红军负责人联名发表了《红军为愿意同东北军联合抗日致东北军全体将士书》，表示，“中国苏维埃政府与工农红军是愿意与任何抗日的武装队伍联合起来，组织国防政府与抗日联军，去同日本帝国主义直接作战的。我们愿意首先同东北军来共同实现这一主张，为全中国人民抗日的先锋”[①]，并且成立了以周恩来为书记、朱理治为秘书长、叶剑英和李克农等为主要成员的中共中央东北军工作委员会（简称中工委），负责对东北军的联合工作。为贯彻党的抗日民族统一战线政策，争取在西北“剿共”前线的东北军走上抗日战场，张希尧、孙达生等共产党员遵照党的方针政策，创造性地运用了党的统一战线政策，将北平的“学运”与西安的“兵运”结合起来，共同推动张学良和东北军联共抗日。

1935 年秋，张学良的东北军在陕西与红军交战中损失了近三个师。然而，何应钦不仅没有对东北军战死的将士加以抚恤，反而取消了战场上损失的东北军的番号。这让张学良感到非常痛

① 西北大学历史系现代史教研室等:《红军为愿意同东北军联合抗日致东北军全体将士书》,《西安事变资料选辑》，1979 年版，第 61 页。

苦，在内心深处对蒋介石的“攘外必先安内”的政策产生了动摇和不满。张学良亲自到前线视察，东北军上下的官兵感慨道：“太息冷泪洒遍长安市，可怜热血难溅沈阳城。”①大家一致认为，经过与红军交战的惨败，他们“均感苦战无功，将来势必由损失而渐消灭，不能不抱抗日求生之心”②，因而要求停止内战，抗日复土。东北军将士的情绪深深地打动着张学良，他感到，如果再不抗日“无以维军心，且将酿成巨变”③。这时，张学良已经清醒地意识到，东北军参加“剿共”内战是“卖命换饭吃，是一种无期徒刑”④，他不想再这样消耗下去，于是开始通过各种渠道找寻共产党。

这期间，中共党员张希尧、孙达生及其他爱国人士都在努力通过各种方式做张学良思想转变的工作。1935 年 5 月，张学良幕僚杜重远因“新生事件”被捕入狱。原来，他主编的《新生周刊》在第 2 卷第 15 期刊登了易水（艾寒松笔名）写的《闲话皇帝》一文，泛论中外君主制度，其中提到“日本的军部、资产阶级，是日本的真正统治者”“企图用天皇来缓和一切内部各阶层的冲突，和掩饰了一部分人的罪恶”⑤，被日本方面认为是“侮辱天皇”“有害邦交”，日本驻沪总领事向上海政府提出强烈抗议，要求查封《新生周刊》，严惩主编和相关责任人等。南京国民政府屈服于日本的外交威胁，于是查禁该刊，并判杜重远一年零两个月徒刑。这就是震惊中外的“新生事件”。杜重远因抗日爱国

① 惠德安：《张学良将军轶事》，辽宁人民出版社 1985 年版，第 119 页。

② 刘东社：《西安事变资料丛编》第 1 辑，银河出版社 2000 年版，第 67 页。

③ 刘东社：《西安事变资料丛编》第 1 辑，银河出版社 2000 年版，第 67 页。

④ 于毅夫、关梦觉：《杜重远烈士事略》，《西安事变资料》第 2 辑，人民出版社 1981 年版，第 254 页。

⑤ 徐少红：《杜重远与新生事件》，《1935：危机再现》，山东画报出版社 2003 年版，第 49 页。

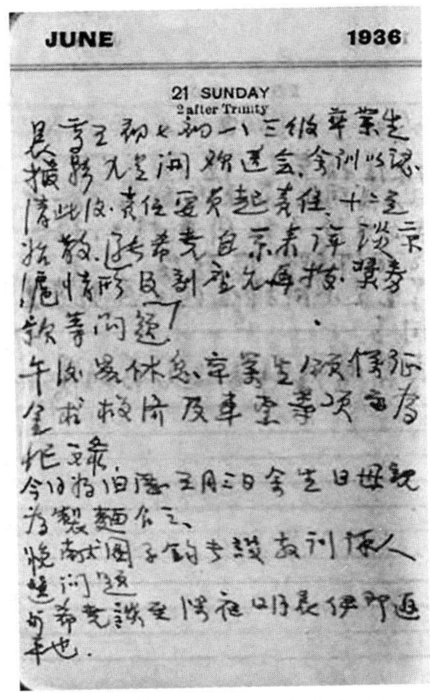
JUNE 1936

21 SUNDAY

2 after Trinity

王化一日记手稿

入狱后，东北军政人员、昔日好友、社会上对杜重远敬佩的各方面爱国人士及一些地下党员纷纷前来探望，狱中成为救亡宣传的重要场所。

共产党员胡愈之[①]、孙达生、张希尧等人都曾先后前往上海狱中，与杜重远建立起密切联系，杜重远由此懂得许多马列主义基本原理和中国革命的道理，产生了联共抗日的思想。这年 6 月，张希尧从北平来到上海，在狱中与杜重远、胡愈之等人交流思想，谈到了张学良对内战动摇的思想，促使杜重远接受中共的主张。此行，张希尧还前往南京与从事新生活运动的阎宝航见面，后赴鸡公山与王化一详谈。据王化一在 1936 年 6 月 21 日这一天的日记中记述，张希尧从南京到鸡公山[②]见到王化一，一方面转告张学良同意再转拨奖券款作为东北中学经费，另一方面向

① 胡愈之（1896—1986 年），原名学愚，字子如，浙江上虞人。1911 年，胡愈之在绍兴府中学堂读书时，同鲁迅结下了师生之谊。早年创建世界语学会，与沈雁冰等成立文学研究会。1927 年后，到法国、莫斯科等，结识巴金与共产党员孟雨，并撰写《莫斯科印象记》。1930 年回国，帮助邹韬奋办《生活周刊》，还主编《东方杂志》等刊物。1932 年初参加中国民权保障同盟，1933 年加入中国共产党。1935 年后参加上海文化界救亡运动，为救国会发起人之一。他编译出版了斯诺的《西行漫记》，并首次编辑出版了《鲁迅全集》。抗战胜利后，在海外宣传党的方针政策。中华人民共和国成立后，曾任《光明日报》总编辑，首任国家出版总署署长，全国人大常委会副委员长和全国政协常委。

② 另一说在武汉。

孙达生

他详谈了“京沪情形”。王化一写道，他“与希尧谈至深夜，明晨伊即返平也”。[①]张希尧在西丰县立中学教书时的学生、共产党员孙达生是杜重远的同乡好友，曾任上海左翼教联党委兼党团组织委员，他们在上海共同从事救亡活动期间建立起联系。杜重远入狱后，孙达生受中共江苏省委委派经常探望他，送去许多马克思主义书籍，并做了许多统一战线工作，促使杜重远思想发生了转变。杜重远认为孙达生年龄虽小，但却懂得许多革命道理，是值得信任的共产党员，于是将好友高崇民介绍给他，希望能跟孙达生学习一些革命理论。

在上海，孙达生每隔一两天就与高崇民见一次面。他从中国的社会性质、阶级关系，讲到中国革命的必由之路，分析蒋介石背叛孙中山的必然性，讲到唯有马列主义和共产党才能救中国，还介绍了中共的抗日民族统一战线政策，认为要想开展东北抗日救亡运动，必须组织广泛的抗日民族统一战线。在孙达生的帮助下，高崇民开始研读马克思列宁主义书籍，学到了不少革命理论，思想觉悟提高很快。高崇民认为“宋同志[②]可算是我认识革命的启蒙老师。我下决心跟共产党走定了，就毅然决然地撕毁了国民党证”。[③]高崇民感叹道：“由于不懂阶级分析的道理，只能

① 《王化一日记》（选编），1936年6月21日，未刊稿。

② 句中所说“宋同志”，是指宋介农，即孙达生。

③ 聂长林：《从奋斗中找到共产主义》，《忆高崇民同志》，华龄出版社1992年版，第225页。

盲目地进行政治活动，自 1935 年接触到共产党和学习了马列主义理论书籍，方悔恨自己过去是瞎子摸黑。”[①] 他觉得自己活了 45 岁，才明白做人和革命的道理。

孙达生对杜重远、高崇民的抗日民族统一战线工作起到了很好的成效，这直接促使张学良核心组会议的召开。通过他们的宣传，杜重远成为坚决拥护中国共产党的“左派”人士，他赞同中国共产党的抗日民族统一战线主张，认定东北军只有联共抗日才有出路。杜重远在狱中写了几封信给张学良，劝他不要内战而进行联共抗日。信中的“联共抗日思想”给迷惘中的张学良很大的触动。1935 年 10 月 9 日，张学良核心组成员高崇民、杜重远、阎宝航、王化一、王卓然、卢广绩集聚上海，以探望狱中的杜重远为名，“商讨今后之救国方针”[②]，史称张学良核心组会议。他们确定了东北军联共、联西北军、联苏建立西北“三位一体”的军事大联合的思想，并写信向张学良表达此愿望。高崇民受核心组会议委托前往西安送信，在张学良、杨虎城之间穿针引线，做东北军、西北军的沟通工作。同时张的核心幕僚阎宝航、卢广绩等，也积极对张学良开展思想转变工作。

在杜重远的推荐下，孙达生于 1935 年 11 月随高崇民一起赴西安，争取张学良及东北军联共抗日。12 月初，孙达生得知中央出版部的老何（即易吉光）要从上海去北平，便特地从西安赶到北平与他会面，希望利用老何掌握的内部发行渠道，与北方局接通关系。孙达生这次到北平见到了张希尧，在向他介绍做地下党秘密工作经验的同时，了解到张希尧在群运工作中与很多东北

---

① 李延禄、栗又文、孙汉超：《可使寸寸折，不作绕指柔》，《忆高崇民同志》，华龄出版社 1992 年版，第 303 页。

② 张德良等：《东北军史》，辽宁大学出版社 1988 年版，第 334 页。

籍的进步学生都有联系，于是两人萌生了把北平“学运”与西北“兵运”结合起来的想法，即由张希尧选派进步学生去西安，孙达生负责把他们安插到东北军内开展兵运工作，争取实现共同抗日。张希尧还和孙达生约定，如果今后工作发展需要，他也会到西安从事救亡工作。

张希尧和孙达生这个想法，得到了中共中央北方局南汉宸等人的高度认可。孙达生在北平期间，张希尧曾陪同他去天津，介绍他认识了北方局联络局负责人之一南汉宸[①]。南汉宸在天津日租界交通旅馆开单间与其密谈。南汉宸说，虽然与孙达生是初次会面，但听张希尧介绍过关于他的情况，所以称得上是“神交”。他希望孙达生到西安开展兵运工作，协助化解东北军与西北军之间的矛盾，并且谈到争取实现“三位一体，共同抗日”的设想。他指出，现在红军主力集中在西北，东北军也集中在这里，杨虎城的十七路军因受蒋介石压迫而走投无路，如果这三方面能够合作，可谓天作之合。南汉宸因为长期在西北军杨虎城部工作，对西北军情况非常熟悉。他比较详细地介绍了十七路军的历史、杨与蒋之间的矛盾，以及与红军的秘密来往等情况后，对孙达生说：你和高崇民等人在东北军内合作，我通过几个干部在十七路军内做工作，促进三方面合作，一定成功[②]。

张、孙两人开始实施“学运”与“兵运”相结合的计划。1935 年底孙达生回西安后，很快得到张学良、王以哲的信任，被任命为东北军第六十七军王以哲军长的少校秘书。他以这一职务为掩护，开展党的兵运工作。孙达生注意到，六十七军在“围

① 邓加荣等著：《南汉宸传》，中国金融出版社 1993 年版，第 90 页。

② 孙达生：《从上海到西安》，《西安事变资料》第 2 辑，人民出版社 1981 年版，第 108 页。

剿”中减员严重，很难从西北地区获得兵力补充，便大胆地向王以哲将军建议，吸收一些北平的学生到六十七军来，王以哲爽快地同意了。

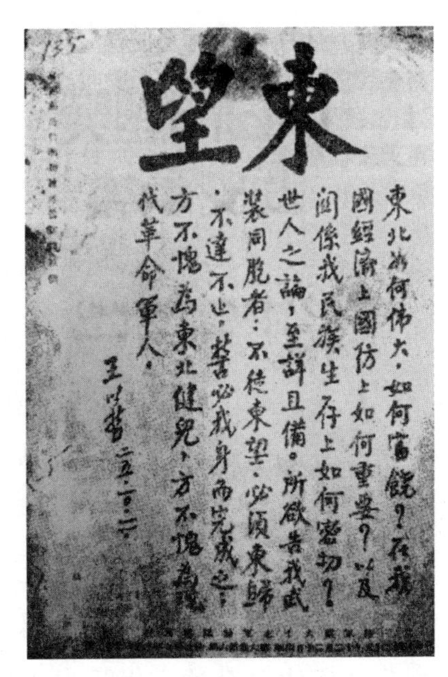

東望

東北為何偉大，如何富饒？在我國經濟上國防上如何重要？以及關係我民族生存上如何密切？世人之論，至詳且備。所欲告我武裝同胞者：不徒東望，必須東歸，不達不止，誓必我身而完成之，方不愧為東北健兒，方不愧為現代革命軍人。

王以哲

《东望》

时任六十七军军长的王以哲，是一位有着强烈爱国意识的东北军高级将领。因为丢失东北，一直为九一八事变未作抵抗而追悔莫及，他不止一次地自责“成为不抵抗主义的跑龙套者”“无知和没有远见”“可恨”“可耻”“不可原谅”，认为“永远忘不了这个奇耻大辱”[①]。王以哲一直在部队中灌输反日爱国情绪，提倡爱国主义。为了鼓舞士气，树立收复东北的信念，他早在九一八事变一周年之时就成立《东望》杂志社，意为“东望家乡的苦难，东望日寇的罪行，东望国土的沦丧，东望义勇军的战绩”。[②]他经常为该刊撰稿，表达了东北同胞“不徒东望，必须东归，不达不止，誓必我身而完成之”[③]的信念。该刊报道义勇军奋勇杀敌的战绩，揭发日本的侵华罪行，

① 王凤起：《九一八事变前后的王以哲将军》，《文史资料存稿选编》第 6 辑，中国文史出版社 2002 年版，第 12–13 页。

② 王凤起：《九一八事变前后的王以哲将军》，《文史资料存稿选编》第 6 辑，中国文史出版社 2002 年版，第 94 页。

③ 《东望》第 6 卷第 4 期。转引刘培植：《精神永存，浩气长存，缅怀第一次国共合作的首倡者之一王以哲将军》，《西安事变与二二事件》，香港同泽出版社 1995 年版，第 86 页。

号召全国同胞团结起来，停止内战一致抗日。《东望》是东北军唯一的军刊，是六十七军思想交流的阵地，一直维持到王以哲将军牺牲才停刊。到了陕甘以后，他痛恨内战，不愿“剿共”。当他得知与红军交战中被俘的六十七军一〇七师六一九团团长高福源回到东北军的消息后，主动与高福源进行了交谈，高表示愿做东北军与红军联络的使者。王以哲告知张学良，促使张学良思想发生转变，逐渐确立了联共抗日思想。张学良一些重大的联共抗日事宜，都秘密指派王以哲执行，如与周恩来的肤施会谈，就带着王以哲参加。

得知王以哲同意接收北平的学生后，张希尧于 1936 年初在北平着手实施计划。他先介绍东大同乡同学、中共地下党员张坦之到西安协助孙达生做兵运工作。从 2 月开始，东特委由张希尧具体负责，先后向西安派送了三批人。第一批 20 多人，由刘日升领队，将他们派到洛川六十七军教导团学习。这些人分别来自东北大学、东北中学和国立东北中山中学，其中有共产党员，也有民先队员。经孙达生做通王以哲的工作，接受了这批投笔从戎要求抗日的学生，派他们到部队宣传抗日救亡的进步思想，这是最早向东北军派送的一批进步学生。随后，张希尧又派去第二批十几个人，由孙达生直接介绍给六十七军的董彦平旅长，安排在董旅军士连学习。这些东北学生到了六十七军后，充实了部队的抗战力量，给部队注入了新鲜的血液。

张希尧送去的第三批学生被输入到万毅团中。万毅是东北军少壮派爱国将领，受张学良的器重和赏识。他毕业于东北讲武堂第 9 期，在 2000 名学员中学习成绩名列第一。1935 年，在东北军军制改革时，部队刊物悬赏征集《标准连长》方案，他的应征文章获得第一名。后来任张学良的副官、少校团副、少校营长、

刘澜波

中校团副。尤其是1935年，万毅担任东北军一〇五师三旅七团团副兼一营营长时，驻守在荻田的三营九连被红十六师包围，他率一个营突破红军警戒线，打进包围圈，救出了九连[①]。他的勇敢与机智得到了张学良的赞许，并将他调到“西北剿总”工作，成为张的得力助手。在他任西峰马鸿宾[②]部联络参谋时，与担任骑兵军副军长秘书的地下党员刘澜波[③]相识。刘澜波一直以黄显声秘书、刘多荃族弟的身份广泛接触东北军爱国将士，开展党的统一战线工作，积极培养发展党员，黄显声、吕正操、万毅等一大批东北军爱国将领都在他的影响下加入了党组织。在万毅思想困惑之时，刘澜波给予很大帮助，指引他走上联共抗日的道路。

1936年4月，万毅担任五十七军一〇九师六二七团团长。

① 万毅：《万毅将军回忆录》，中共党史出版社1998年版，第18页。

② 马鸿宾（1884—1960年），字子寅。甘肃河州人，回族。西北以马鸿宾、马鸿逵、马步芳三个集团最具实力，人称“西北三马”。他是马鸿逵的兄长，是马步芳的叔父。辛亥革命后，马鸿宾历任宁夏镇总兵、甘肃新军司令、宁夏镇守使，后率部参加冯玉祥的国民军，任第二十四军军长。南京政府成立后，历任宁夏省政府主席、第十七集团军副总司令兼第八十一军军长、西北军政长官公署副长官等职。1945年5月，当选国民党第六届监察委员。1949年，马鸿宾率部和平起义。中华人民共和国成立后任宁夏省政府副主席、甘肃省副省长兼民族事务委员会主任、西北军政委员会副主任等职。

③ 刘澜波（1904—1982年），原名刘玉田，1928年加入中国共产党。九一八事变后，在辽宁参加东北义勇军。1932年至1937年春，先后任党的东北军骑兵二师工委组织部长、上层工作委员会书记、东北军工作委员会书记。1937年七七事变前后，参加组织东北救亡总会，并担任东总党组书记。1955年任电力工业部部长和党组书记。

他招收了许多新兵，但这些新兵都是农民，万毅认为部队没有知识不行，为了培养、训练班排长，他打算在王曲镇成立军士连，主动要求派给一些进步学生。他把这个想法对东北军地下党负责人刘澜波讲了。刘澜波将万毅组建军士连的想法向北平地下党组织转达。张希尧得知后，立即派送第三批共 18 人，由傅季刚领队，全部参加了军士连[①]。派送的这三批学生政治素质好，大部分人参加过北平一二·九运动，有不少是共产党员和民先队员。例如，在第三批学生中，有共产党员傅季刚、于克、吴超、方晓敏等，他们成立了党小组，组长是傅季刚。他们在军士连除了参加军事训练外，还开展了许多抗日宣传工作，如教唱抗日歌曲、写墙报等，加强了党在东北军中的力量。这个党小组在组织上直接受东北军工作委员会[②]书记刘澜波的领导。这些学生加入到东北军后，加强了中国共产党在东北军中的力量，增强了东北军的战斗力。

1936 年 8 月，张学良在西安组建东北军学兵队，分三批招募各地青年积极分子 300 多人，为东北军培养军事骨干和后备力量。早在 1936 年 6 月 20 日，中共中央就提出《中央关于东北军工作的指导原则》，指出“由于东北军现在所处的特殊的政治的地位（亡国奴的地位），由于红军对于东北军的革命的影响，东北军有极大可能转变为抗日的革命的军队。”“要使东北军转变为抗日的军队，就依靠我们的争取工作。”“争取东北军的方法，主

① 周平生:《回忆刘澜波同志》，辽宁人民出版社 1988 年版，第 30–31 页。

② 东北军工作委员会，是东北军内地下党员刘澜波经中共中央北方局同意，在东北军内成立的中共党组织。1936 年 6 月成立之初，由刘澜波任书记，孙达生、苗浡然任委员。成立后在东北军中发展党员，做抗日民族统一战线工作，帮助东北军组建王曲军官训练团、学兵队、抗日同志会等，促进了东北军走上抗日道路。

要的是依靠我们耐心的说服与解释的政治工作，从政治上去争取他们到抗日战线上来。”“我们在东北军中的统一战线应该是上层的与下层的同时并进，而且都是为了达到同一目的，即是使东北军成为抗日军的目的。”[①]根据中共中央对东北军工作的指示精神，东特委和中共北平市委共同动员学联，将谷牧、王一平、王西萍、郭峰、任志远、卫之等一二·九运动的积极分子、进步青年介绍到东北军学兵队中，张希尧积极参与其中工作，为我党在东北军的工作增添了力量。

对于往东北军派遣进步学生这件事，引起了南京国民党政府的警觉。在第一批人员到教导团后不久，南京军政部曾去电通知东北军各军长：“北平共党张希尧派遣大批共党分子潜入东北军，务望严密搜查。”同时附上这些人的名单。王以哲军长将这份电报拿给孙达生看，孙说：“张希尧是九一八前你在沈阳的老熟人，是与‘东北甘地’车向忱一流的人物，怎么成了共产党？咱家乡学生为抗日投笔从戎，学习军事，怎么也成了共产党?!”[②]经他这么一说，王以哲松了一口气，说他也知道这是特务的离间计。为安全起见，他已经让这些学生更名改姓，并准备尽早将他们分散。他们商定，派往东北军的这些学兵队员一到西安，头一件事就是要剃头、换装，尽快由学生变成士兵，以免引起宪兵和特务们的注意。

---

① 中共东北军党史组：《中央关于东北军工作的指导原则》，《中共东北军党史概述》，中共党史出版社 1995 年版，第 244 页。

② 孙达生：《从上海到西安》，《西安事变资料》第 2 辑，人民出版社 1981 年版，第 105–108、112–113 页。

四、东特委的群运部长

一二·九运动后，全国抗日救亡运动出现了新高潮，东北流亡同胞在抗日救亡运动中的作用日益明显。为了加强党对东北救亡运动的领导，扩大抗日民族统一战线，1936 年初，中共中央北方局彭真同志（当时代号老魏）通知苏梅，在东特支基础上组建东特委。由苏梅任书记，李德仲任副书记，赵濯华为组织部长，张希尧为群运部长，负责武装和学生工作，陈大凡、张克威[①]、汪之力、于毅夫[②]等为成员。据陈大凡回忆，因苏梅同时负责绥远省和硕公中垦区特支工作，东特委日常工作主要由赵濯华和张希尧主持[③]。东特委成立后，由中共中央北方局直接领导。作为群运部长的张希尧在东特委的指示下，以更加饱满的热情投入组织东北流亡同胞进行抗日救亡的斗争中。

1936 年 2 月初，中共北平临时工作委员会改为中共北平市委，市委书记由中共河北省委派来的李雪峰接任。李雪峰曾与张

① 张克威（1901—1974 年），原名玉琇，中共党员。1921—1931 年留学美国，学习农业。回国后积极从事抗日救亡运动，1935 年底至 1937 年 8 月，公开身份是冀察政务委员会农业专员，在北方局领导下对东北上层各界名流做统战工作。中华人民共和国成立后，曾先后任吉林省建设厅厅长、东北人民政府农业部副部长、沈阳农学院院长和党委书记、辽宁省农业科学院院长等职。

② 于毅夫（1903—1982 年），中共党员。早年参加五四运动，九一八事变后，积极参加抗日救亡运动。1937 年在周恩来直接领导下，参加发起组织东北救亡总会。抗战胜利后，历任华中局调查研究室主任，嫩江省政府、黑龙江省政府主席，第一届全国政协委员、中共中央统战部副部长、吉林省委书记处书记、吉林省政协副主席等职，并被选为第一届全国人大代表和党的八大代表。

③ 阎铁:《陈大凡访问记》,《东北抗日救亡运动资料》，黑龙江人民出版社 1991 年版，第 173 页。

希尧在北平一起做过地下工作，彼此熟悉。在李雪峰任中共北平市委书记期间，与东特委加强了联系。大约在 1936 年三四月间，北平市委增加了吴德担任市委副书记[①]。据宋黎回忆，此时李雪峰让吴德负责东特委的工作，并向他介绍了张希尧，张希尧向吴德汇报工作。那时，张希尧家搬到了东城王大人胡同，吴德曾去他家接过头。赵濯华家搬到西皇城根后毛家湾 19 号（中华人民共和国成立后改为 36 号）后，东特委办公地点就设在他家。这是一个小四合院，院里有正房三间，门窗上的玻璃很厚，是绿色的，从外面看不到里面，赵濯华一家六口住在这里。南屋也有三间，其中有一间客厅，是东特委办公的地方，苏梅曾经在这里住过，有关组织的领导人也常在这里开会。后来，因为毛家湾的房租贵，那里来来往往的人太多，很不安全，东特委便转移到其他地方。

1936 年 7 月，于毅夫入党后不久就成为东特委成员，负责统战工作。董学礼在七七事变前也转到东特委工作[②]，使东特委不断发展壮大，领导力量不断增强。为了在东北流亡同胞中有效地开展工作，根据建立抗日统一战线工作的需要，在东特委内部设立上层统一战线工作委员会（简称上委）和下层统一战线工作委员会（简称下委），也称群众工作委员会。上委工作由刘澜波、于毅夫、栗又文主要负责，下委工作由张希尧、赵濯华、汪之力主要负责。

当时东特委领导的党支部有：1. 社会支部；2. 东北大学支部；3. 东北中学支部；4. 难民教养院支部。其中，东北大学支

---

① 李雪峰：《1936 年 1 月至 1937 年 1 月中共北平党组织及其活动》，《有关一二·九运动的资料》，2016 年版，第 90 页。

② 于又燕、于海鹰：《于毅夫文集》，黑龙江人民出版社 2016 年版，第 360–361 页。

部是在反帝大同盟基础上发展起来的。1934 年秋，东北大学临时支部在校内、校外建立了两个反帝大同盟支部。校外支部成员多为东北大学毕业的学生，其中有张希尧、董学礼、戴福纯、李士廉、张雅轩、郝克勇，由张希尧任支部书记；校内支部由两个小组组成：一个小组由唐贾森任小组长，另一个小组由杨铁民、綦灵均、宋黎组成，支部书记是郑洪轩[①]。为了建立抗日民族统一战线的需要，1935 年夏，反帝大同盟参加筹建中华民族武装自卫会（简称武卫会），东北大学校内外两个反帝大同盟支部随之改为武卫会支部，过去的团员、盟员均为武卫会会员。张希尧因有救亡工作和从事学生运动的经验，所以能顺利地领导与组织东北流亡同胞的统战工作。

为了更好地向民众宣传抗日救亡的政策主张，东特委创办了自己的油印小报《公理报》。具体由焦若愚负责组稿、编辑，由关继武每次到焦若愚处拿稿件，然后和董学礼一起在董的宿舍里把蜡纸铺在钢板上誊写，油印《公理报》。随着印刷任务量不断加大，就在东大附近租了两间民房，专门成立了东特委宣传部印刷组，组长是关继武，工作人员最多时有四人。印刷组除了印发《公理报》，还翻印中共中央北方局《火线》的文章，以及东北旅平各界救国联合会的抗日宣传品。为了掩护东特委的地下活动和培养抗日力量，赵濯华、李向之、陈大凡等人在于毅夫出钱租的西城区粉子胡同 25 号院内开办了同义兴煤铺，东特委机关随即转到煤铺院内。他们以煤铺招工的名义，组织了二三十名东北流亡青年参加训练班。这些人白天当小工，晚上学习革命理论和军事知识。七七事变后，他们中大部分人参加了平西抗日游击队或

---

① 王振乾等:《东北大学史稿》，东北师范大学出版社 1988 年版，第 40 页。

奔赴延安。

在东特委成立后，一些新的抗日救亡团体如雨后春笋般应运而生。1936 年 7 月，为了团结更多流亡平津的东北各界妇女，东北旅平妇女救国会（简称东妇）成立。这项工作具体由东北大学支部的组织委员董学礼直接领导并与东大学生柳文联系。在董学礼的介绍下，参加这项工作的还有东北大学的赵新莲、关子坚、丁岩（翟兰春）、赵辉（赵淑洁）；东北中学的程式兰、陶靖；北京大学法商学院的郭霁云（郭靖）等。东妇在东北大学本校的女生宿舍成立，由柳文担任执行主席，其他几位为副主席和执委。东妇执委会成立了党团支部，由柳文任支部书记。执委会成立后，团结东北各界妇女，积极发展会员，如赵德尊的妹妹赵文兰、邹鲁风的妻子、关山复的妹妹、孔宪春的妹妹等，都是东妇会员。会员中也有一些东北军家属和老一代妇女政治活动家，如刘清扬、王子宜等。东妇为宣传和支持抗战走家串户，到各会员家中宣传抗日，举办护士训练班，学习包扎伤员的技术；利用东大空闲教室，开办民众夜校，教附近贫困的孩子们学习数学、语文、抗日歌曲等，给他们讲抗日救国的道理。东妇还联合其他几个抗日救亡团体，在东大北校的大礼堂举行义演，进行募捐活动。柳文带头在小话剧《三姊妹》中扮演大姐，募集到的一些钱款，用于办民众夜校。除了东北旅平妇女救国会，这一时期还成立了东北旅平青年救国会（简称东青）、东北人民抗敌会、图存学会等抗日团体。出版的刊物有《东北生活》《东北呼声》《黑流》《东北之光》等。

为了集中发挥各抗日团体的力量，统一开展各项活动，东特委决定成立一个统一的东北抗日救亡团体，张希尧负责说服在平的东北各救亡团体，促使其尽快联合起来。在他的说服和沟通下，各救亡团体表示愿意联合起来。1936 年 12 月 20 日，以党团员较多的东北旅平青年救国会、东北妇女救国会、东北人民抗日会为基础，成立了东北旅平各界救国联合会（简称东联），这是后来东北救亡总会成立的重要组织基础。到 1937 年 4 月，前后加入东联的团体有 14 个。除了东青、东妇外，还有东北人民抗敌会、东北救亡协会、华北民众抗日救国同盟会、东北四省同学会、东北大学学生自治会、东北中学留平教职员救国会、东北中学校友救国会、黑龙江同乡救亡会、东北大学校友会、图存学会、东北基督教青年团契、东北武装同志抗日救亡先锋队等。后来，东北难民教养院、东北民族解放先锋队总队、东北义勇军将领大同盟三个团体也加入了东联[①]。东联，是东特委领导下的关内东北救亡团体首次实现的大联合，张希尧、赵濯华、汪之力、李向之、于毅夫等人通过各个团体中的党员实现对东联的领导，并且在党的指示下将东北救亡运动深入开展下去。

东联成立后，会址设在东大边政系的一间教室。因此，东大事实上已经成为流亡北平的东北抗日救亡人士和团体的重要活动场所。正如曹靖华先生所说："当年的东北大学是北平学生运动中反蒋抗日、救亡的堡垒。"[②]也正因为如此，国民党政府把东大视为眼中钉、肉中刺，准备整顿和统一学生的思想，消除东大校长张学良对东大学生的影响。1937 年 1 月，教育部下令撤销张学良东北大学校长的职务，并将东大由省立改为国立，派 CC 派学者臧启芳当校长。甚至企图通过停发东大的教育经费，强行将学校迁出北平。国民政府的这一做法，遭到东大多数师生的强烈

---

① 汪之力：《"东特""东联"与"东总"》，《东北抗日救亡运动资料》，黑龙江人民出版社 1991 年版，第 37 页。

② 孙华旭：《辽宁高等学校沿革》，辽宁人民出版社 1984 年版，第 30 页。

反对。为此，张希尧等东特委成员组织东大学生进行护校请愿斗争，这一斗争的社会影响较大。

张希尧、于毅夫代表东特委与前来请示的东大学生代表宋黎、东大地下党负责人关山复讨论后决定，组织东大学生南下请愿，争取发还教育经费，反对停办东北大学。1937 年 5 月 18 日，在东特委、中共北平市委的支持下，东大地下党支部通过成立的东大护校委员会，将护校斗争发展为几百人南下请愿。他们请愿的目的是：1. 要求财政部照发东大补助费；2. 维护东大完整，校址在北平；3. 反对臧启芳出任校长。他们声称东大的特殊使命在于“为了故土的收复和中华民族的解放”[①]。南下请愿的同学们为了抗议北平铁路局拒不发车，坚持卧轨示威 26 小时。

1937 年 5 月，东大学生赴南京请愿

① 《东北大学护校赴京请愿团告各界人士书》，1937 年 5 月 18 日，李剑白主编：《东北抗日救亡运动资料》，黑龙江人民出版社 1991 年版，第 209 页。

最终，铁路当局迫于铁路瘫痪、众怒难犯，只好配车放行。当列车开进柳泉车站一个独头的道岔，这辆列车又被国民党军警重重包围，两边站满武装警察，四周架起机关枪。宪兵强行登上机车，放掉车上的存水，企图以饥渴胁迫学生就范。李荒等同学非常愤慨，立即布置警戒，把守车门，禁止外人登车。同学们高呼抗日救亡的口号，高唱爱国歌曲，当唱到“我的家在东北松花江上”的时候，同学们声泪俱下。由于军警重重包围，继续南下已不可能，为了保存实力，决定由王一伦、王英才、程光烈、王敬桓等十余名学生代表与教育部代表谈判，教育部代表应允转达请愿书。尽管没有到达南京，但这次南下请愿已达到揭露南京政府迁校野心和扩大宣传的目的，请愿团遂原车返回北平。

5 月 25 日，东大南下请愿团返抵北平，东联等社会各进步团体及学生 500 多人到前门火车站欢迎，场面壮观。回校后，东大师生在北校礼堂召开庆祝会，演出了由邹鲁风、韩国儒创作的活报剧《柳泉之夜》，再现了南下途中悲壮的斗争场景。6 月，李荒与韩国儒两人以东大学生自治会的名义，写出了报告文学《东大赴京请愿记》。文中写道：“东北大学的存在，在全民族是一个悲痛的纪念，在我们东北人民更是一个‘卧薪尝胆’的集团。五年来我们身负着亡省丧家的创痛，隐忍着吞声饮泣的生活，为‘东大’的存在而奋斗，无非是为了故土的收复与中华民族的解放——完成‘东大’的特殊使命。”[①] 臧启芳接收东大失败后，转到河南开封建立东大河南办事处，宣布东大南迁。东大多数学生拒不南迁，结果在北平的东大学生均被开除学籍，这部分学生在七七事变后大多走上抗日战场，实现了杀敌报国的志愿。

① 中国社会科学院近代史研究所：《民国文献类编 923》历史地理卷，国家图书馆出版社 2015 年版，第 42 页。

1937 年 5 月，东北旅平各界救国联合会欢迎东北大学请愿团归来

1936 年 12 月 12 日，张学良、杨虎城在西安以兵谏形式扣押了蒋介石，逼蒋抗日。这是中国现代史上发生的一个重大历史事件，举国震惊。在东特委的领导下，旅平各个救亡团体和爱国民众在第一时间做出反应，集体声援张学良、杨虎城两将军提出的八项主张，积极支持这个爱国事件。

张学良是东北大学的校长，绝大多数东大学生在感情上是赞同张学良的，一些进步学生组成许多宣传队，向其他各校散发张、杨发表的宣言。东北旅平各界抗日救国联合会召开时事座谈会，宣讲张、杨的八项主张，发电报支持这两位将军的正义行动。12 月 14 日，旅平东北各救国团体联合会发表宣言指出："1. 反对假借任何名义实行内战；2. 要求政府接受张杨救国主张；3. 速召救国大会实行抗日；4. 中华民族解放万岁。”[①]在北平的一些东北人士还临时组成图存学会，决定设立专用电台与西安联络，由陈先舟[②]负责到天津购买电台，于毅夫负责与西安总部联系决定呼号。由于张克威的妻子是美国人，具有一定的隐蔽性，电台就设在东城根大牌坊胡同42号张克威家中。同时，东特委集中力量编印《东方快报》，为宣传西安事变真相和中共中央关于和平解决西安事变的主张起到了较大作用。在全国其他各地一致声讨张杨的舆论中，旅平各界民众和东联等救亡团体能旗帜鲜明地支持西安事变，这与东特委张希尧等人的积极配合和引导是分不开的。

西安事变最终得到和平解决，但张学良本人送蒋回南京却从此失去了人身自由。全国人民要求国民党政府释放张学良，实现国共合作，对日抗战。1月20日，东联发表了《东北旅平各界救国联合会致蒋有电》，郑重指出“所盼我公远奸辟佞，独振乾纲，立即电令前方停止军事行动，并立即释放张汉卿将军返陕主持大计，化干戈为玉帛，解戾气为祥和，民族危亡，犹可有救；倘必挟怨营私，不惜以民族利益，供个人党系利禄之牺牲，则岂仅我数百万流亡，均愿溅血五步，即四万万五千万同胞，亦必及女偕亡。覆灭图存，判于一着，流芳遗臭，宁待万年，惟我公

---

① 《旅平东北各救国团体联合会为西安事件宣言》，1936年12月14日，东北旅平各界救国联合会:《东北知识》第1卷第1期。

② 陈先舟（1895—1969年），原名陈世瀛，字仙洲，中共秘密党员。早年曾留学日本。1931年九一八事变后，在北平参加组织东北民众抗日救国会；利用在北平任华北无线电台台长之便，直接用无线电发报，声援马占山江桥兵变，领导义勇军抗日。与此同时，与中共北平市委建立密切联系，帮助安装电台，修配电报机，改善了共产党通信条件。1936年12月，参加西安事变。1937年参与组织东北救亡总会。1950年加入中国民主同盟。曾任邮电部东北管理局局长、沈阳市副市长、辽宁省副省长等职。

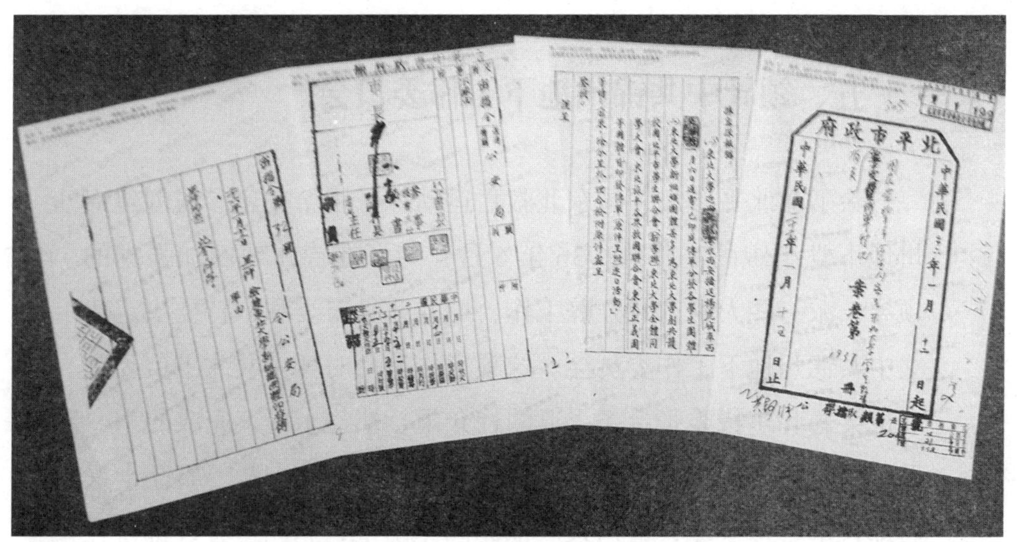

1937 年 1 月，密探向北平公安局报告东北大学散发西安事变传单

图之!”[①] 该电文措辞严厉，表达了东北流亡同胞的立场。东特委以东联的名义发动“两三千流亡者签名画押（或用印）”[②] 的签名运动，李华春等十几名代表于 1937 年 2 月携带这个签名的宣言去南京向国民党三中全会请愿。4 月 11 日下午，东联《东北知识》杂志社组织召开座谈会，讨论“统一救国问题”。他们提出“三位一体”的重点应在抗日，统一的基础在抗日，中国只有对外抗战才能统一，才能安内。东特委领导下的东北流亡同胞通过种种方式，向国民政府表明了东北流亡人士支持张学良和西安事变的态度。

① 东北旅平各界救国联合会:《东北知识》第 1 卷第 2 期，1937 年 2 月 10 日。

② 东北旅平各界救国联合会:《东北知识》第 1 卷第 2 期，1937 年 2 月 10 日。

五、领导中共锦州地下工作委员会[①]

除了在北平参加领导东北救亡运动外，张希尧还参与创建锦州地下党组织的工作。1936 年 6 月，为了在锦州地区加强党的领导，派一些人到东北开辟工作，中共北平市委和东特委决定建立中共锦州地下工作委员会。这项工作是由时任中共北平市委副书记吴德和东特委张希尧派遣的杜介雨、郑经十等人完成的。

杜介雨，原名杜国贤，化名赵鼎麟，辽阳县人。郑经十又名郑锐卓、郑宏才，锦州人。他俩同年出生，志同道合，都曾在辽宁省警务处任职。九一八事变爆发不久，他们准备在辽西、辽南组建义勇军的想法得到了黄显声的赞同，于是离职，在辽阳联络当地民团和抗日山林队组成 1000 多人的讨日光复军。不久，杜、郑被东北民众抗日救国会任命为东北抗日义勇军第十六路军司令和副司令。他们在安平、土门岭、杨家花园、石嘴子等地多次与日伪军发生激战，打击了日本侵略气焰。1933 年，杜、郑两人回到北平，参加了阎宝航、张希尧等举办的西山训练班。训练结束后，张希尧派遣他们两人到辽西从事抗日救亡活动，“以医巫闾山为据点，建立抗日武装”[②]。由于关系人李庆荣牺牲，在日伪军的疯狂镇压下，他们不易组织抗日武装，遂停止联络武装人员。

1935 年春，杜介雨到北平汇报工作，因张希尧出狱不久，仍受国民党北平市党部的监视，为防备受牵连，阎宝航指示杜介雨暂到武昌隐蔽。3 月，杜介雨在武昌与来这里开会的张希尧

① 据吴德在《锦州地下党组织的回忆》一文中回忆，是“敌区工作委员会”。

② 杜介雨:《回忆锦州地下工作委员》,《锦州地下烽火》，2000 年版，第 104 页。

见面，并向张提出了入党要求。1936年初，张希尧批准他参加在北平组织的党的地下工作训练班学习。同期，在训练班所在地——北平东城区棉花胡同20号，由张希尧介绍，中共北平市委副书记吴德谈话，杜介雨加入了中国共产党。5月，训练班结束时，党组织指派他以工作委员名义到辽西做调查研究，建立关系。[①]按照吴德指示，杜介雨回到锦州开辟党的地下工作，在组织上受东特委领导，由张希尧负责与他单线联系。

杜介雨到锦州后，找到了隐蔽下来的老朋友郑经十，郑当即提出入党请求，希望通过杜报给上级党组织。之后，杜介雨又与在外地的李福恩、魏洪元联系上，他们都表示决心为党工作。1936年8月，杜介雨来北平，在地安门千福寺庙9号向张希尧汇报了在锦州开展工作的情况，张希尧向吴德请示、批准后，同意建立中共锦州地下工作委员会。经张希尧和杜介雨介绍，批准郑经十加入共产党。第二年，中共北平市委又派遣回玉泉来锦州，与杜介雨、郑经十一起开展党的地下工作。不久，他们三人组成中共锦州地下工作委员会，杜介雨为负责人，郑经十负责组织工作，回玉泉负责交通联络工作。张希尧告诉杜介雨，中共锦州地下工作委员会先与北平党组织联系，以后归中共满洲省委领导。

张希尧按照中共北平市委吴德的意见，指示他们坚持长期隐蔽、发展关系、积蓄力量、以待时机的原则，以交友谈心的方式接近群众，个别联系，个别发展，不大量发展党员，不发生横的关系，依据每个人条件进行活动[②]。杜介雨当时的公开身份是锦

---

① 吴德:《锦州地下党组织的回忆》,《锦州地下烽火》，2000年版，第102页。

② 杜介雨:《回忆锦州地下工作委员会》,《锦州地下烽火》，2000年版，第106页；郑经十:《关于锦州地下党的回忆》,《锦州地下烽火》，2000年版，第109页。

县山峡峪和娘娘宫、大茂堡的小学教员，郑经十是锦县天桥厂、板石沟、双羊店村的吏员，回玉泉以其修表的专长在鞍山开了个修表店，潜伏下来从事地下工作活动。他们对准备发展的党员是先进行教育，然后给予一般任务进行考验，待条件成熟再发展入党，谁发展的党员谁负责。重点在中小学教员和学生、产业工人中开展工作，进行抗日救亡宣传，还要做军事准备。不久，杜介雨等以同学、同乡、同事关系，在教育界的进步青年中发展了一批关系人。这些人在黑山、北镇、锦州女子师范学校等中小学的进步师生中，又物色、扩大发展了关系人。例如，杜介雨亲自发展的关系人侯振国，以黑山姜屯小学校长身份之便，在黑山中小学教员中传播反满抗日思想，扩大发展六名关系人；最早发展的关系人李福恩在北镇县范屯村小学任教期间，在教育界宣传抗日救国思想，交友换心，发展 5 名关系人；杜介雨还通过在女师学习的高勤介绍，结识了思想进步的学生白晓春，并在女师联系进步学生 6 人。

这些党员互相传阅进步书刊，启发革命思想，开展抗日救亡活动。他们联系的方法是口头传达，尽量不用文字，不传送文件。中共锦州地下工作委员会以朋友相聚方式，在板石沟召开会议，决定出刊《路线》小册子，刊载北平抗日救国训练班讲授提纲，发表唯物论辩证法、社会科学、妇女解放等文章，宣传党的路线和革命思想。随看随收，或送阅后焚毁。因怕泄露，《路线》刊印两期后停刊。

1937 年，回玉泉到北平向吴德、张希尧汇报工作，得到的指示是，暂时不能与满洲省委建立联系，还需要与北平党组织保持联络。1939 年后，中共锦州地下工作委员会与北平党组织中断了联系[①]，杜介雨不断找寻党组织，终于在 1941 年到延安后，才向中央汇报了锦州党的工作。

由于多年从事党的地下工作，在异常紧张、劳累的工作环境下，身体虚弱的张希尧又一次病倒了。1936 年夏，张希尧患了癫痫病。据他的夫人龙若兰回忆，第一次发病是因为连续几天开会睡不好觉，不得不靠吸烟提神，结果一下子昏厥过去，连续几天缺少睡眠是导致这个病的直接原因。张本人后来在分析得这个病的原因时说："由于国民党当时压迫过甚，地下工作太紧张，自己又无经验，以致过疲。"与他一起工作过的李士廉分析，张希尧得这个病，也是因为他 1934 年被捕入狱受刑坐"电椅子"留下了隐患。尽管身患疾病，张希尧在 1936 年至 1940 年期间仍然一直带病坚持工作。阮慕韩的女儿阮若珊曾经回忆，七七事变后，阮教授到晋绥地区之前，她经常在北平西城三道栅栏（即现在的丰盛胡同内南玉带胡同）家外院的南屋客厅帮助父亲招待客人，有杨秀峰、闻建公、张友渔等人，还有学生和青年朋友。她记得，其中有一位青年患癫痫病，经常在南屋说着话就从沙发上滑到地下发起病来，发病过后又若无其事地离去了。[②]

需要提及的是，张希尧在东特支以及后来改组的东特委工作期间，得到了不少东北爱国人士的支持和帮助。由于工作需要，张希尧经常往返北平、武汉、南京和上海等地，主要任务是与东北抗日救亡人士联络，为东北义勇军及东北抗日联军募捐等。他到上海，基本都是吃住在张学良核心组成员孙恩元在静安寺太平坊的家中。孙恩元又名孙一民，是张学良、阎宝航的海城同乡，

① 自 1937 年 10 月北方局决定撤销东特委后，直接联系人张希尧先后赴南京、武汉东北救亡总会工作；1938 年 8 月，又转到西安东北救亡总会陕西分会工作。

② 阮若珊：《忆》，中国文联出版社 2002 年版，第 133 页。

1928 年曾帮助张学良筹建私立海城同泽中学，亲任校长。救国会组建后，他是张学良指定的掌握救国会实际权力的十人团（又称核心组）成员之一，其他 9 人是杜重远、高崇民、卢广绩、阎宝航、王化一、王卓然、韩蕖邦、赵雨时、霍维周，救国会的大事一般先由核心组讨论，然后向张学良报告，再交救国会执委会或常委会讨论。孙恩元同时担任着救国会常委。1932 年孙恩元受东北民众抗日救国会派遣，赴上海组织抗日救亡活动，与上海的抗日救国团体、东北同乡等联系，为义勇军募集款项，发行爱国奖券。他以上海海关总税务司署职员的身份为掩护，开展抗日救亡工作，还积极做东北籍上海海关副总税务司丁贵堂的统战工作，最后丁贵堂将全国海关员工薪金的百分之五捐给东北义勇

孙恩元全家合影

军、上海抗日的十九路军等部队[①]。张希尧经常赴上海了解抗日救亡工作。他住在孙家后，在生活上受到孙恩元夫人的照料。为了张希尧的安全，孙家甚至让他出门时抱着他们的小女儿孙本信做掩护。1937 年淞沪抗战期间，张希尧因病复发住进医院，孙夫人冒着敌机轰炸的危险，到医院给他送鸡汤。东北同乡这份浓浓的乡情和爱心，让张希尧和家人每每想起，都感激不尽。

① 王驹、邵宇春:《东北民众抗日救国会》，辽宁大学出版社 1991 年版，第 59 页。

第五章

投入全民族抗日的洪流之中

东北军东调后，西北“三位一体”瓦解，东北救亡运动又陷入了低潮。为了将东北救亡运动重新组织起来，支持东北抗战，同时也为了营救张学良将军，周恩来指示东北军工作委员会书记刘澜波，组建统一的东北救亡团体。张希尧作为东特委领导成员，与刘澜波及其他东北爱国人士等一起，筹建了中共领导下的东北统一救亡团体——东北救亡总会。张希尧为东北救亡总会的中共党组成员，组织部副部长。七七事变爆发后，张希尧号召民众援助北平驻军抗战，同时帮助赵侗、纪亭榭等人组建平西游击队、马占山组建东北挺进军等，不遗余力地支持抗日武装。他还利用国共合作的良好环境，共同推动东北救亡运动融入全民族抗战的洪流中。后又前往西安担任东北救亡总会陕西分会的首任支部书记，负责陕西分会的组织工作。作为东北救亡运动的重要领导人，他随着抗战形势的发展，从支持东北抗战扩大到支援全面抗战，为抗日战争的胜利及东北解放贡献了力量。

一、参加筹建东北救亡总会

1937 年 2 月 2 日，东北军在营救张学良的问题上发生了内讧，东北军爱国将领、六十七军军长王以哲遇害。二二事件后，东北军被迫进行东调，东北军、西北军、红军“三位一体”的抗战局面不复存在。在西北一度蓬勃发展的东北救亡运动因此陷入了低潮，给党的工作带来很大困难。

面对这种困境，中共中央对东北救亡运动作出了正确的指示。早在 1937 年 2 月，周恩来就指示东北军工作委员会书记刘澜波，“把东北人民、东北军团结起来，抵制蒋介石的分化瓦解，把进步的东北军官、东北人士组织起来，把东北救亡团体联合起来，扩大抗日民族统一战线，争取民主，实现抗战，争取张学良将军早日恢复自由”①。3 月 18 日，周恩来致信中共中央北方局书记刘少奇，指出，“在执行党今天巩固和平，加速准备抗日的总任务下，东北军与东北流亡人民中的工作仍是最重要的一环”，“今天最好的方法便是加紧东北各救国团体的统一运动，用东北群众的力量来推动东北军的团结”“建立东北群众的统一战线并用群众统一战线来推动东北军的团结这一任务，现在应当主要由北方党负担起来”。“建立整个东北民众救国团体联合会，在今天可以作为建立东北群众统一战线活动的中心”②。随后，刘少奇领导的中共中央北方局给东特委发出指示，“以有组织的东北人，去组织无组织的东北人”，推动东北军及影响东北中上层进步人士，“使之更一步走向团结抗战，以推动国共合作”。③周恩来和刘少奇的指示，标志着党对东北救亡运动的工作策略发生了重大转变：即以原来对东北军的工作为核心，转变到以建立东北救亡团体为重点。

---

① 解方:《西安事变前后张学良将军的政治思想变化》,《西安事变资料》第 2 辑，人民出版社 1981 年版，第 173 页。

② 周恩来:《用东北群众的力量来推动东北军的团结》,《周恩来统一战线文选》,人民出版社 1984 年版，第 38 页；解方:《西安事变前后张学良将军的政治思想变化》,《西安事变资料》第 2 辑，人民出版社 1981 年版，第 173 页。

③ 张君平:《东北党务特别工作委员会》，未刊稿，中共辽宁省委党校党史教研室存。

刘澜波到北平后，传达了党中央的指示，由刘澜波担任东特委上层工作委员会书记，具体负责东北救亡团体的筹备工作，张希尧等东特委成员协助他完成这个重大任务。但是，在新的历史时期，组织东北救亡团体并不容易。当时仅在北平的东北救亡团体就有十几个，最大的救亡团体是东联，所以应该在东联的基础上，把平津一带所有东北抗日救亡团体联合起来，组成一个团结更为广泛、联系更为紧密的统一战线组织。但是刘澜波、张希尧都是共产党员，不宜公开活动，他们遵循周恩来“用最大的力量来吸收并罗致东北名流”[①]的指示，准备请高崇民出面联络此事。此时，作为张学良高参的高崇民，在经历了张学良被蒋扣押和二二事件的打击后，内心受到伤害，已决心不问政事，故没有答应。正当他们一筹莫展时，苏子元的回国，打破了这一僵局。

1937年3月，中共地下党员苏子元结束了在苏联的国际情报训练，奉命到北平筹建党的地下电台，开展对日伪的情报工作。一天，他在街上意外地遇到了郝克勇，并在他的建议下搬到沙滩于卓租的住处，在那里见到了张希尧。九一八事变前，张希尧曾在苏子元的领导下参加学生运动，老朋友见面分外亲热，张向苏介绍了九一八事变后流亡在北平的东北民众抗日救国会的历史，特别是不久前爆发的西安事变的具体情况，谈了苏

苏子元

① 周恩来:《用东北群众的力量来推动东北军的团结》,《周恩来统一战线文选》,人民出版社1984年版，第38页。

高崇民

联《真理报》对整个事件的错误分析与判断。张希尧通过戴昊，协助苏子元选派金硬（时名刘致中）参加报务工作[①]，并将周恩来组建东北救亡团体的指示精神告知苏子元。苏子元认为，此事由德高望重的高崇民出面比较有号召力，认为高是最合适的人选。于是，他们去找刘澜波，三人一同拜访了高崇民。

苏子元与高崇民素有深交，两人自 1927 年一别就是十年，苏子元的不期而至，令高崇民又惊又喜。苏子元将周恩来的意见和盘托出，告诉他，西安事变虽然迫使蒋介石接受了联共抗日的要求，但是他的反共本质没有改变，他压制民主、排除异己的政策不会变动。如果没有人民的推动，他联合抗日的允诺是不会轻易兑现的。我们下一步就是要推动蒋介石兑现他许下的诺言，实现联合抗日。为此，首先要把东北军和东北各界人士组织起来，把东北救亡团体联合起来形成广泛的抗日民族统一战线，以抵制蒋介石的分化。经过这几名共产党员推心置腹的交谈，尤其谈到周恩来同志的指示精神，使高崇民重新燃起了参加救亡工作的热情，表示愿意参加东北救亡团体的筹备工作。于是，他们在一起商定了代表人名单，由高崇民负责出面联络。高在北平联络东北名流卢广绩、车向忱、陈先舟等，一起协商并取得了一致意见。

当时，北平大约有 16 个东北救亡团体，高崇民将各团体代

① 后这项工作未能实际开展。

中山公园来今雨轩

表聚集到中山公园的来今雨轩，大家经过数次讨论，对于联合起来建成统一的东北民众救亡团体达成了共识。苏子元去南京找阎宝航，在阎宝航家中，除了谈东北救亡团体的筹建问题外，阎宝航再次向苏子元提出加入共产党的请求（阎早在十年前就曾向苏提出过申请）。苏子元回北平后，向刘澜波、张希尧交流南京之行的成果，并特别提出来关于阎宝航申请入党的问题，请他们向上级党组织汇报。后来，上级党组织决定由刘澜波向南京中共代表团（八路军办事处）周恩来提出阎的入党申请（同年周恩来亲自找阎宝航谈话，批准他秘密加入共产党）。①

周恩来对东北救亡总会的筹建工作十分关心。1937 年 3 月底，他在上海指示东北抗日联军第四军司令李延禄，“你们现在

---

① 白竟凡等:《高崇民传》，人民日报出版社 1991 年版，第 117–119 页；苏子元:《陈年往事》,《辽中文史资料》第 8 辑，第 47–48 页。

的任务是：尽快把东北人民的救亡团体组织起来”，“先在上海开筹备会议，再去北平开成立大会”。[①] 李延禄根据周恩来的这一指示，以个人名义发出通电，倡议在全国范围内迅速建立抗日救亡团体，收复失地。4月下旬，张希尧与高崇民、刘澜波、苏子元等人专程从北平来到上海，会同阎宝航、李杜、李延禄等人，在八仙桥青年会召开了筹备会议，李延禄、李杜作为东北抗日联军的代表参加。会议发出了1500余封《告东北同乡信》，呼吁东北同胞团结起来抗日救亡。当时提出的口号是：抗日不分党派，不分民族，不分信仰，不分籍贯，不记旧仇宿怨，只要是抗日的，大家就要联合起来。在周恩来的关心和亲自指导下，这个统一的东北民众救亡团体定名为东北救亡总会。

1937年6月20日，经过多方面努力，东总在北平西城崇元观（现东新开胡同南侧）5号东大北校礼堂召开了成立大会。东北各救亡团体负责人、东北军、东北抗日联军、东北义勇军代表及东北各界名流等70多人出席会议，大会选举了执行委员会、常务委员会。张希尧作为东特委的领导成员被选为东总常委之一。常设机构具体分为秘书处、组织部、宣传部、训练部、联络部。经过选举，张希尧任组织部副主任，主任为刘澜波。

东北救亡总会常务委员会 [②]

秘书处：主任栗又文　副主任徐仲航、张庆泰

组织部：主任刘澜波　副主任张希尧、赵濯华

---

① 白竞凡等:《高崇民传》，人民日报出版社1991年版，第117–119页；苏子元：《陈年往事》,《辽中文史资料》第8辑，第47–48页。

② 戴茂林等:《八年抗战中的东北救亡总会》，东北大学出版社1996年版，第46页。

宣传部：主任于炳然　副主任于毅夫、关梦觉

训练部：主任苗浡然　副主任何松亭、李向之

联络部：主任徐寿轩　副主任陈先舟、邹大鹏

军事委员会：主任委员　李　杜

政治委员会：主任委员　高崇民

经济委员会：主任委员　卢乃赓

救济委员会：主任委员　阎宝航

教育委员会：主任委员　金兆梓（孟犹）

为了保证东总从一开始就按照共产党的指示开展抗日工作，在东总成立后，建立了中共东总党组，由刘澜波任党组书记，张希尧、赵濯华、栗又文[①]、王一夫、于毅夫等为党组成员。东总党组成立之初直接受东特委领导[②]。当然，为了避免“党会不分”的倾向，中央明确指示：东总应成为东北人不分党派和职业的群众团体，团结除汉奸外的所有东北人共同抗日，党组织只在政治上和工作上帮助东总完成此任务。东总的成立，标志着关内东北同胞的抗日救亡运动结束了自发、分散的状态，开始在中国共产党领导下统一联合行动，从而使东北救亡运动走向了新的历史阶段。

为激励东北流亡同胞打回老家去，东总专门设计了一面具有特殊意义的东北救亡总会的会旗。这面会旗是用一块长 128.2 厘米、宽 94.5 厘米的白布缝制而成，四周镶着蓝边，上面画着辽、

① 栗又文（1904—1984 年），中共党员。1926 年毕业于北京大学，1937 年参加组建东北救亡总会，任总会常务秘书长。中华人民共和国成立后，历任辽北省、吉林省政府副主席、东北行政委员会秘书长、东北人民政府秘书长、吉林省省长等职。

② 1937 年 10 月初，刘澜波按中共中央北方局指示到太原参加了由彭真主持的关于结束东特委的工作会议，周恩来也参加了会议。会议根据新的情况，决定撤销东特委，东总及其党组划归中央直接领导，仍由刘澜波同志负主要责任。

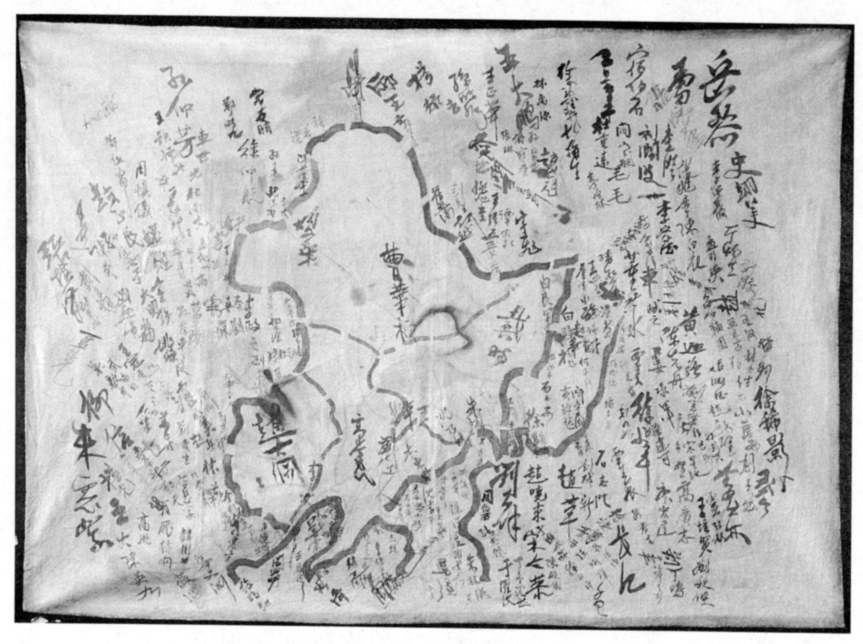

东总签到旗

吉、黑、热东北四省的地图。有人咬破手指，蘸着滴下来的鲜血写下“打回老家去”五个醒目的大字，会旗上密密麻麻地签满了268名与会者的名字，以示大家抗日的决心。这面旗帜是东北民众不屈不挠的抗日精神和决心收复家园的历史见证，高崇民一直将它珍藏在身边。1986年，高崇民的后人将它捐献给沈阳张氏帅府博物馆。

中共东总党组成立后，在国共两党微妙的关系中求得生存和发展。由于东总在北平成立时没有注册，国民党很有可能以此为借口取缔这个抗日救亡团体。东总党组决定由高崇民和王化一出面到上海与戴笠交涉。高崇民向戴笠提出，“虽然全民抗战了，但东北失地尚未收复，救亡工作不可不搞，因此东北救亡团体仍有存在的必要”，希望戴笠能够批准立案。戴笠也想插手和控制东北民众的抗日活动，即批准立案，还发给5000元作为开办经

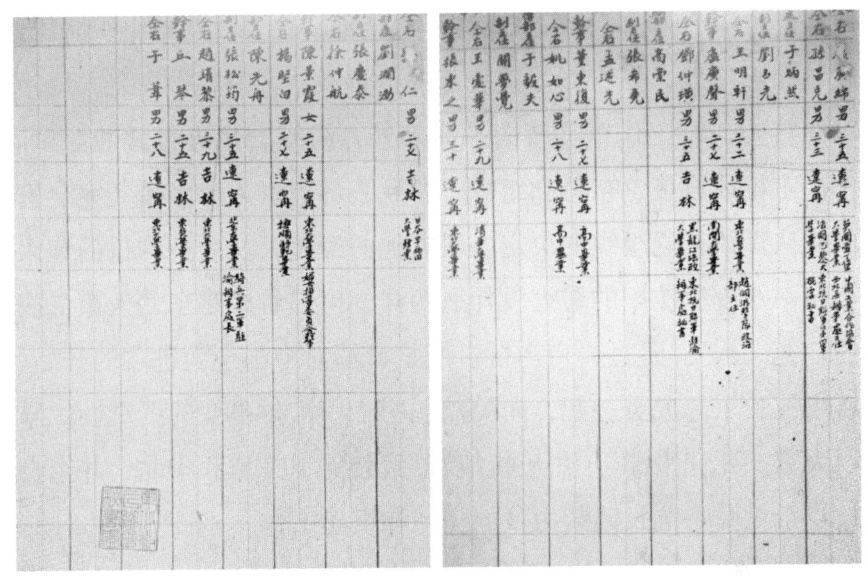

仝右 [illegible] 男 三十五 遼寧
仝右 孫呂克 男 三十三 遼寧
委員 于炳然
副主任 劉多元
仝右 王明軒 男 三十二 遼寧
幹事 秦廣馨 男 二十七 遼寧
仝右 鄧仲璜 男 二十五 吉林
部長 高崇民
副主任 張希堯
仝右 孟述先
幹事 董東復 男 二十七 遼寧
仝右 姚如心 男 二十八 遼寧
部長 于毅夫
副主任 關夢覺
仝右 王慶華 男 二十九 遼寧
幹事 張永之 男 三十 遼寧
仝右 [illegible]仁 男 二十七 吉林
部長 劉瀾波
副主任 張慶泰
仝右 徐仲航
幹事 陳景霞 女 二十五 遼寧
仝右 楊堅白 男 二十七 遼寧
副主任 陳先舟
副主任 張松筠 男 三十五 遼寧
仝右 趙靖黎 男 二十九 吉林
幹事 丘琴 男 二十五 吉林
仝右 于華 男 二十八 遼寧

东总主要成员名单（原件藏于中国第二历史档案馆）

费。刘澜波和张希尧等人开始不敢接受，刘澜波为此去梅园新村中共南京代表处请示李克农。李克农风趣地说：“钱不咬人，你不要，给我。”后来，东总留下 2000 元，将剩下的 3000 元支持中共南京代表处。

1938 年 11 月，在武汉撤退前，东总部分人员的职务有所调整。常务委员 23 人，执行委员 24 人。由于刘澜波到延安马列学院学习，同时负责建立东总延安通讯处，高崇民接任组织部主任，张希尧仍为副主任。

二、向平西游击队注入党的力量

东总成立不到半个月，七七事变就爆发了，这标志着日本全面侵华战争的开始。东总党组明确指出当前新任务是“积极发动东北人民的救亡运动”“要以武装的姿态，来答复日本帝国主义的新进攻”[①]。为此，东总成立了武装部，主要目的是组织队伍，武装保卫华北，张希尧为武装部的负责人[②]。中共中央北方局指示东特委，将工作重点转向平津郊外，组织力量进行武装斗争。作为东特委成员、东总党组成员和武装部负责人，张希尧完全赞成并认真执行党组织的决定。根据他的经验，认为卢沟桥的炮火和九一八夜里沈阳的炮火没什么两样，可以看成是东北人第二次的“九一八”。不过，卢沟桥事变是日军对中国全面进攻的开始。所以他和东总成员一起，向民众说明了卢沟桥事变的严重性，号召大家“死守平津”“焦土抗战”，武装保卫平津和华北，并亲自投身于对驻平抗日武装力量的支持和组建工作。

当时驻守在北平的是宋哲元的国民革命军第二十九军，他们奋起反击。二十九军副军长佟麟阁、一三二师师长赵登禹先后战死，展现出中国军队在抗日战争中保家卫国的英雄气概。国民革命军与日军的英勇作战让张希尧倍受鼓舞，他所期盼的全面抗战的局面就要来临了！他热血沸腾，不顾身体虚弱，夜以继日地紧张工作，和战友们积极组织群众劳军，为守城的二十九军送西瓜、馒头，积极响应募捐万条麻袋装沙驻堡运动，走街串巷、深入居民家中进行动员。

张希尧通过东总的前方武装部，把一批优秀干部输送到正在计划和发展的游击队中。赵侗、高鹏、纪亭榭[③]等在七七事变后

① 蓝渤:《一年来关内东北人民的救亡运动》,《反攻》第 3 卷第 4 期，1938 年 3 月 16 日。

② 另一说，张希尧为武装部部长。

③ 纪亭榭（1912—2009 年），黑龙江省东宁县人，东北大学肄业。1932 年受救国会委派到辽南参加义勇军。1937 年七七事变后参加创建平西国民革命军，同年在聂荣臻的介绍下加入中国共产党。1939 年入延安抗日军政大学学习。后任察哈尔军区分区司令员、晋察冀野战军旅长、华北军区副师长等职。1950 年参加抗美援朝，任中国人民志愿军空军第三师副师长。回国后任中国人民解放军海军航空兵部副参谋长、参谋长。1964 年晋升为中国人民解放军少将。

动员了20多名青年学生在平西五峰山下白羊城村（现京郊昌平）组织了平西抗日游击队。赵侗、高鹏、纪亭榭都是东北大学学生，九一八事变后流亡到北平，加入了救国会，又都作为救国会代表被派回东北，参加东北抗日义勇军，具有实战的经验。张希尧与赵侗、高鹏在九一八事变后成立的北平东北学生救国军中早有交往，几个月的朝夕相处使他们彼此熟知。后来赵侗与苗可秀一起参加了邓铁梅组建的东北民众自卫军，又组建中国少年铁血军与日军作战。苗可秀牺牲后，赵侗入关继续以东北义勇军名义进行活动。高鹏、纪亭榭在九一八事变后不久被救国会派到辽南义勇军中，一直与救国会保持联系。

但是，赵侗、高鹏、纪亭榭组建不久的这支平西抗日游击队很快被击溃，仅剩下12人，他们通过关系找张希尧求援[①]，希望帮助补充人员。张希尧对他们是了解的，他向东特委书记苏梅作了汇报。苏梅认为，搞武装抗日，得先把这支队伍的情况摸准。经请示中共中央北方局组织部负责人柯庆施，同意派人先进去了解情况。7月29日，北平陷落，情况紧急，张希尧转入地下活动。他一方面动员东北爱国青年出城参加抗日游击队，另一方面协助赵侗把七七事变前秘密藏在城里的枪支弹药冒险运到城外。

张希尧按照上级指示，派人去平西游击队了解情况。他通过东北大学支部成员董学礼，通知阎铁和徐明两名地下党员，叫他们赶紧准备简单的行装，去平西游击队了解情况。张希尧说，北平西郊有一支刚组建不久的游击队，人枪不多，成分比较复杂，党组织准备去领导他们，决定先派他俩去了解情况[②]。随后，便

① 汪之力：《北平西山抗日游击队》，《东北抗日救亡运动资料》，黑龙江人民出版社1991年版，第143页。

② 阎铁：《燕郊枪声》，《星火燎原第五集》，解放军出版社1996年版，第51–53页。

带着阎铁和徐明来到鼓楼南方砖厂胡同纪亭榭的住处。他叮嘱纪亭榭，阎、徐两人要到游击队了解情况，需要保证他们的安全。在纪亭榭的安排下，阎铁和徐明化装成卖菜的小贩，挑着菜筐混出了西直门。阎、徐二人在离城 30 里的小高村找到了这支队伍，很快将了解到的情况写成书面报告，并由徐明带回城，亲自交到张希尧手中。

张希尧将阎、徐二人关于平西游击队的书面报告交给东特委讨论。他们讨论后决定，此事应该汇报给中共河北省委和中共北平市委。当时在中共北平市委工作的李常青听了汇报之后，认为这是难得的机会，当即指示以东北救亡总会的名义，分批选派中共地下党员和参加过一二・九运动的民先队员、爱国青年到平西游击队，将这支队伍改造成党领导下的队伍。

张希尧遵循上级指示精神，向这支队伍派送人员。在他的具体安排下，8 月 10 日，共产党员汪之力以东北救亡总会代表的公开身份，偕同从中共北平市委转来的共产党员史进前和张如三，从德胜门出城与赵侗会面，加入到这支队伍中。不久，这支队伍转到圆明园的正觉寺。汪之力抽空进城找张希尧商定，继续往这支队伍里派送抗日积极分子。8 月 18 日，张希尧通知纪亭榭，准备再派十来个东北爱国青年到队伍中，这些人大多是民先队员和从西安撤回北平的东北军学生兵。由张希尧负责具体联络这些人，再由纪亭榭分批带出城。他嘱咐纪亭榭，一要保证这些人的安全；二要给予工作上的方便；三要安排适当的职位。他们商定了接头时间、地点和联络暗号。为了完成好这项任务，纪亭榭特意事先到德胜门、西直门查看出城的路线和敌情。出发那天，张希尧和纪亭榭两人坐着黄包车来到德胜门南口，张希尧走在前头，不时地回头看一下紧跟其后的纪亭榭。当他走到距城楼约 100 米处的一个小铺子时，停下来注视着城门楼敌人的动向。德胜门箭楼上插着的日本膏药旗在风中抖动，箭楼下设的卡子站着五六个伪警察，盘查过往的行人。纪亭榭随着人群朝卡子走了过去，到了警察面前，他把衣襟一撩亮出手枪，两眼一眨不眨直盯着警察。吓得警察点头哈腰，连连催他快走。张希尧看着纪亭榭大摇大摆闯过卡子出了城，松了一口气。

城外，等候在冰窑后街的有杜伯华、冷拙、包干、王文、霍炎等人，他们按照张希尧的要求，分别化装出城，有的从德胜门出城，有的从西直门出城，见到纪亭榭分外激动。大家在一家小茶馆儿稍事歇息后，钻进一片高粱地，取出埋在一块坟地里（圆明园附近的东北义园一带）的枪支，奔向平西游击队的驻地。① 不久，纪亭榭又将王远音、王建中、尚英、霍志德等从西安返回北平的东北军学生兵接出城，这些人在新街口关厢北东北大学的校门口等候，由王远音按照张希尧规定的暗号与纪亭榭接上头，大家跟着他闯过了戒备森严的西直门，过铁路、进青纱帐，然后向东北方向直插铁狮子坟。

由张希尧派出去的这些人都受过军事训练，有作战经验，到了抗日队伍后，先后担任了各级领导职务。如汪之力当时担任该队伍的军政委员会秘书长，陈大凡担任了总参议，并且与队伍发起人之一纪亭榭关系密切，这些共产党员发挥了骨干作用。他们很快在这支队伍中建立了党的组织，使这支队伍迅速发展到千余人，不久改组为国民抗日军，成立军政委员会，真正高举起抗日旗帜。

这支在党的影响下发展起来的抗日队伍，于 1937 年 8 月 22

---

① 徐征：《德胜门风云——记纪亭榭将军》，《北京党史研究》，1990 年第 4 期；汪之力：《新中国的追求》，东北大学出版社 2008 年版，第 34–38 页。

1937 年 11 月，杨成武和国民抗日军的部分领导同志合影。左起：熊伯涛、高鹏、杨成武、赵侗、邓华、汪之力

日晚出奇制胜地袭击了德胜门外第二监狱。据北郊区署长王金波报告，国民抗日军共缴获了 40 多支枪、3000 多颗子弹，营救出 500 名犯人，其中政治犯二三十名。获救者除老弱病残外，大多数都参加了游击队。1937 年 9 月，他们在黑山扈与日军激战，在战斗中消灭了 60 多名日本鬼子，并且奇迹般地用步枪击落了一架敌机，使全北平为之轰动。法国出版的《救国时报》曾报道了国民抗日军攻打第二监狱和黑山扈的战斗，评论说，“只要我军能进行反攻，在北方游击队与北方民众回应之下，必能消灭日寇而收复平津及一切失地”[①]。后来，队伍进入妙峰山以西山区，由于缺乏过冬的被服、医药用品和弹药，处境相当困难。聂

① 汪之力：《北平西山抗日游击队》，《东北抗日救亡运动资料》，黑龙江人民出版社 1991 年版，第 148 页。

1937 年底，国民抗日军改编为晋察冀军区第五支队后，纪亭榭（左）任一总队队长，宋鸣皋（中）任二总队队长，刘凤悟（右）任三总队队长

荣臻在报经八路军总部同意后，以朱德名义写了一封信，送交国民抗日军表示慰问，并郑重提出，如果他们愿意参加，八路军表示热烈欢迎。1937 年 11 月，队伍奉命西进斋堂，而后与在察哈尔蔚县杨成武领导的八路军独立第一师会合并进行整训。12 月 9 日，根据聂荣臻的指示，再开拔到阜平，将国民抗日军改编为八路军晋察冀军区第五支队，在冀中一带开展抗日斗争。1938 年 8 月，五支队归并一分区，部队编为主力三团，在抗日战争中屡建奇功。

在党的正确指示下帮助赵侗组建平西游击队这段经历让张希尧非常难忘，也很自豪。1938 年 7 月 7 日，张希尧出席了在武昌明月桥 14 号举办的华北文化界七七纪念座谈会，有 74 人参加。于毅夫首先致辞说："这次会很难得的是平郊游击队的创始人赵老太太和张希尧都能出席……" 当赵老太太出现在会场时，会中特别热烈地鼓掌，在她讲到敌人的后方极其空虚，抗战前途极为光明，愿与大家共同杀敌的时候，会场的感情都燃烧起来，白热的空气充满了全会场。[①] 张希尧在会上介绍了平郊游击队的创建与发展情况，对此表达了自己的看法：

> 平郊赵侗游击队，我也是参与者之一，这次发动游击战，实际上是把东北的游击经验，移植到关内来。对于敌人大规模的进攻，许多同志都已见到，因此那时在长城一带，冀东、妙峰山、西山都有一些布置。这次游击队的建立，是由几十个东大学生爬城墙出去的，以后就在妙峰山一带游击起来，许多同学对于学习过去的游击经验，都很感兴趣，不过最先还有些不大习惯，以后百望山之役，从此也纠正了士兵轻视学生的心理，奠定了这一游击队的基础。因此我们在今天纪念七七的时候，要学习过去的教训，肃清一部分人退避的心理，要努力奋斗，用血和肉来纪念我们这个抗战纪念日。[②]

三、东特委在北平工作的最后坚守者

七七事变后，东特委主要领导成员分工发生了变化。苏梅按照刘少奇的指示，到战略地位重要的平西地区帮助建立抗日武装，后来担任了平西根据地八路军四纵政治部副主任；赵濯华接受北方局的指示，到国民党将领石友三的部队做统战工作。后因石友三变卦，赵从石部撤出，到冀中军区政治部任敌工部长。在苏梅和赵濯华离开东特委后，东特委的领导工作交由张

① 《华北文化界七七纪念座谈会》,《反攻》第 2 卷第 6 期，1938 年 7 月 16 日。

② 《华北文化界七七纪念座谈会》,《反攻》第 2 卷第 6 期，1938 年 7 月 16 日。

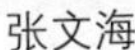
张文海

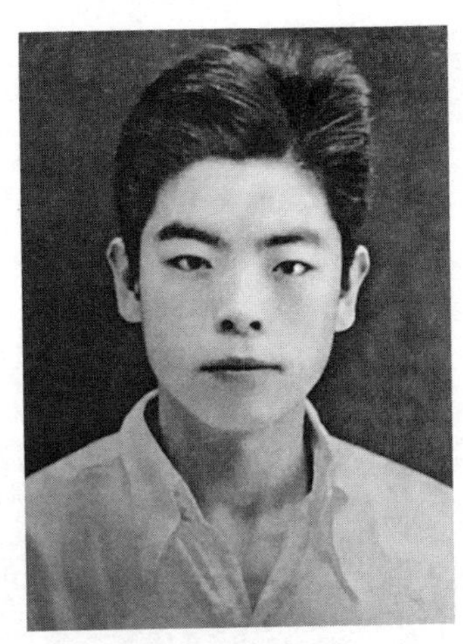
刘居英

文海[①]负责，北京大学学生刘居英[②]也被调来担任组织委员。但是不久，随着北平陷落，北方局指示东特委部分成员撤离。1937年8月，张文海和刘居英等几位东特委的同志化装结伴经天津渡海，绕道山东，抵达太原，受到周恩来和彭真的热情接待，并对他们给予高度评价。周恩来说，你们是做白区工作的军事干部，

① 张文海（1905—1978年），又名张君平、张吉人，中共党员。1931年秋考入北平中国大学政治系，同年底，任中共中大支部书记。1933年5月，受党的派遣到抗日同盟军张家口五工委任工委书记，化名张君平。1934年6月，奉命到北平临时市委从事地下斗争。1937年，任中共东北党务特别工作委员会书记、东北军工作委员会组织部部长兼副书记。1938年5月，到抗日军政大学和马列学院学习。中华人民共和国成立后任吉林省政府秘书长兼卫生厅厅长等职。

② 刘居英（1917—2015年），原名刘志诚，中共党员。1935年考入北大化学系，同年12月，参加一二·九运动，担任北京大学学生会纠察队队长。1937年卢沟桥事变后，赴山东组织抗日武装，曾任共产党领导的山东省政府第一任秘书长兼公安总局局长。解放战争期间，曾历任长春市第一任市长、吉林省政府第一任秘书长、哈尔滨铁路局第一任局长、沈阳铁路局第一任局长、中国长春铁路局第一任中方局长等职。抗美援朝期间，任中朝前方铁道司令部司令员兼政委。1954年，毛主席亲自签署任命状，任命他为中国人民解放军军事工程学院（哈军工）副院长，协助院长陈赓办校。1961年接任院长。

1937 年 2 月上旬，北方局领导机关在北平西四砖塔胡同四眼井 10 号办公

是党的宝贵财富。现在全面抗战已经开始，党派你们这些骨干到华北五省去发动群众，组织队伍抵抗日军。①刘居英随即被派往山东开展抗日武装斗争，参加了徂徕山起义。在东特委领导成员调动时期，张希尧作为东特委群运部长和东总武装部的负责人，根据组织安排，继续坚守在北平，承担东特委和东总的一些重要工作。他一方面与中共中央北方局保持联系②，另一方面负责安排输送党员和抗日青年到各地搞武装斗争。

除了往平西抗日游击队派送人员外，张希尧还对马占山组建的东北挺进军格外关注。他知道马占山在国民中的影响力，希望

① 刘居英:《刘居英画传》，哈尔滨工程大学出版社 2013 年版，第 14 页。

② 1937 年 2 月，北方局机关从天津迁到北平西四砖塔胡同四眼井 2 号，8 月迁往太原。

通过支持马占山的东北挺进军来唤起更多国民的抗战意识，广泛参与到全国抗战中来。

马占山在九一八事变后敢于违抗蒋介石的不抵抗命令，发动了震惊中外的江桥抗战，成为九一八事变后中国军民反对日本侵略者的第一次大规模抵抗，马占山由此名震中外，被海内赞誉为民族英雄。1932 年底，因孤军作战，弹尽援绝，被迫退入苏境。1933 年 6 月，马占山回国到上海面见蒋介石，要求重新组建队伍在东北抗战。蒋介石表面上对他大加赞许，任命他为国民党军事委员会委员，但对他统率义勇军抗日的要求不加理会。马占山壮志难酬，非常郁闷，居于天津的英租界。在天津期间，他与杜重远、阎宝航、栗又文及中共地下党员邹大鹏①、李士廉时有交往。受他们的影响，他开始反对蒋介石的“攘外必先安内”政策，拥护中国共产党提出的抗日民族统一战线政策。全面抗战爆发后，1937 年 9 月，马占山在山西大同组建了东北挺进军，在丰镇、归绥、托克托、包头、五原等地与日军浴血奋战。

马占山组建东北挺进军的消息，立即引起张希尧的关注。他了解到，挺进军司令部建制部队只有骑兵第六师刘桂五直属的一个警卫营，后来又招了一些伪军，成立了暂编骑兵第三师、新编骑兵第五师、暂编骑兵第一旅，共三个师一个旅的建制。这支新

① 邹大鹏（1907—1967 年），辽宁辽阳人。1926 年加入中国共产党。曾任中共满洲省委委员、共青团省委书记。曾在北满一带从事革命工作，参与领导哈尔滨反日筑路斗争。1932 年春，被邓铁梅任命为东北民众义勇军第二十八路军政治部主任。1934 年，去天津任马占山部秘书，从事统战工作。抗日战争爆发后，担任马占山部军械处长。1940 年前往延安马列学院学习。后曾任晋绥军区中共中央调查统计局第五分局副局长、胶东军区情报部长、中共中央晋绥分局处长、中共中央东北局社会部第二部部长、长春特别市市长、中共中央社会部秘书长。中华人民共和国成立后，历任政务院情报总署署长、对外文化联络委员会副主任、对外友协副会长。第二、三届全国政协委员，第四届全国政协常委。

组建的队伍正亟需人才，张希尧推荐共产党员栗又文、邹大鹏到东北挺进军中工作。因为这两人之前与马占山有过交往，得到马占山的信任，容易开展党的工作。7月底，张希尧为栗、邹两人办理了到东北挺进军工作的相关手续。他们两人到东北挺进军后，很快得到马占山的重用，栗又文任秘书处上校处长，邹大鹏任司令部中校军械官。同年9月，共产党员李士廉也由五十三军军长万福麟介绍到东北挺进军马占山部任参谋处少校参谋，他是1935年由张希尧介绍秘密加入地下党组织的。部队到大同后，马占山传见由各地到东北挺进军的军官，李士廉才知道栗又文和邹大鹏两人也参加了挺进军，但这是他们第一次见面。

几天后，栗又文主动拜访了李士廉，并告诉李是张希尧通知他和邹大鹏来挺进军工作的。栗又文以他们三个人的名义给张希尧写了一封信，告诉他李士廉也进入挺进军一起开展工作的情况。他们在挺进军中的任务主要是：与军内各级军官接触，了解他们的思想状况，注意结交朋友。1938年春，部队开拔到绥西五原县后，他们三人研究后决定，由栗又文去武汉找张希尧，请示周副主席可否在挺进军中成立中共党支部。周恩来批示同意。张希尧同栗又文研究决定，由栗又文任东北挺进军支部书记，邹大鹏任副书记，李士廉任军事委员。

栗又文回来后，立即成立了东北挺进军中共地下党支部。他们按照张希尧传达的指示精神，确定该支部的任务是：宣传党的抗日民族统一战线，团结友军官兵共同抗日，从各方面扩大八路军的政治影响。当时，栗又文和邹大鹏能够参加挺进军领导层的军政会议，他们经常在会上宣传党的政策和八路军的公开战报。此外，他们两人在同马占山、刘桂五等个别接触时，也不失时机地向他们宣传党的抗日统一战线的思想。原东北军爱国将领刘桂五深受影响，参加东北挺进军后率部屡挫敌军。1938 年 4 月 22 日，他在固阳县黄油干子战役中不幸牺牲，血染疆场。挺进军地下党支部成立后，发展的党员有：警卫营营长郃中孚、上尉参谋谢仁述、连长李广彦、上尉副官孙博生、中尉译电员邹学曾、准尉司书王吉然、谍报员李森等。①

张希尧还负责将一些同志派送到冀东、冀中等地。一天，又有三位同志准备撤离北平。按照原定计划，应该由张希尧本人到西直门外，把介绍信和车票亲手交给他们。但那天敌人在西直门城门临时加了双岗，对来往的行人盘查得特别紧。张希尧担心自己的目标大，万一暴露了身份，耽误同志们的转移。而此时已经快到接头的时间，根本来不及与他们联络。怎么办呢？他有些着急，在屋里来回踱着步。张希尧的夫人龙若兰在一旁静静地看着他，过了一会儿说，这件事由她去办。张希尧担心妻子的安危，有些不放心。龙若兰把头发仔细地梳了梳，换上她自己缝的那件浅蓝色士林布旗袍，说自己是女人不容易暴露目标，比男人出去更容易办事，让他放心。龙若兰接过信和车票，用一条手绢包起来捆在手腕儿上，戴上细线手套，推着旧坤车向大门口走去。到了门口儿，她收住脚步，望着正在院儿里互相追逐、玩耍的大儿子和女儿，以及抱在丈夫怀里的小儿子，不免内心五味杂陈，对张希尧调侃道，万一自己遇到意外回不来，一定要善待孩子。张希尧的感情有些起伏，抢着要自己去。龙若兰未加犹豫，大步跨出门槛儿，骑上车，没有再回一次头。

快到西直门城根儿，她一偏身下了车，镇定地朝着城门的岗哨走去。敌人持枪上前盘问她出城干什么，龙若兰把车支在一

---

① 李士廉回忆文稿（未刊）。

边，从容地回答，因为听说城外的土豆子便宜，想去看看。边说边主动地将双手上举过头，让敌人搜身。敌人从她的答话中丝毫没有觉察到有什么可疑之处，见她在搜身时又是那样的从容不迫，于是例行公事地搜了一遍就放行了，完全忽略了那高举过头的双手。一出城门儿，龙若兰骑上车快速地赶到接头地点，见三位同志已经等候在那儿。于是，她解下系在腕上的手绢儿，将信和车票递上。三位同志接了过来，非常感动，向她道别后匆匆离去。此时，龙若兰的心里却是沉甸甸的，不知道日后是否能再见到这些好兄弟们……看着同志们渐渐远去，她骑上车往回走。路上，还没有忘记买了一兜儿土豆带回去。

山西的牺盟会成立后，吸引了众多爱国青年分子参加。牺盟会全称为山西省牺牲救国同盟会，于 1936 年 9 月 18 日成立于山西太原，会长阎锡山。牺盟会分为工、农、青、妇、儿等抗日救亡团体，实际上是中共领导下的抗日群众团体和统战组织。该组织成立后会员发展到近万人，在山西抗战中起到了重要作用。张希尧非常关注这个抗日爱国组织，将东北流亡学生输送到这个组织中。早在 1937 年 5 月，张希尧和董学礼两人写信给分管农村工作的东特委副书记李德仲[①]，请他去太原牺盟会协助共产党员冯基平（后来为东北救亡总会驻太原代表）安置部分东北流亡平、津的学生到太原工作。李德仲认为"'东特'决定把一些在北平、天津的流亡学生输送到'牺盟会'是很有远见的"[②]。这些东北流亡学生到牺盟会后不仅充实了这个组织，而且也使他们受到了锻炼，这些学生在抗战中大多成为敢死队的骨干分子。东特

---

① 李德仲后来到平西担任地委书记。

② 李德仲:《"牺盟"工作二三事》,《东北抗日救亡运动资料》，黑龙江人民出版社 1991 年版，第 129 页。

委董学礼按照党组织的安排，原准备与关继武两人去察北组织抗日游击队。后因关继武途中生病，董学礼转去晋西北参加了山西牺盟会工作[①]。他在牺盟会发挥了重要作用，发展了一大批党员，并担任决死队的二〇三旅十八团团长等职，但不幸于 1940 年 5 月在交城县石砂村与日军遭遇，壮烈牺牲，年仅 29 岁。

1937 年 10 月，中共中央北方局在太原召开会议。会议决定，根据斗争形势发展和任务要求，撤销东特委。由于原东特委成员工作变动的关系，北方局不再提供经费。这样，在北平的东特委成员家属生活没有了经济来源。于是，为抗日“大家一齐决定‘抛妇别雏’”[②]。张希尧的孩子们当时都小，他的夫人龙若兰不得不带孩子返回辽宁西丰县房木村老家。谁知道这一别竟然是整整十年！赵濯华的夫人通过地下交通员，先后把两个女儿（靖强、靖华）和一个儿子（泽民）送到平西国民抗日军中。当时，泽民才 11 岁，身上穿着母亲缝制的棉袍，手里抱着一把香蕉，由一个农民打扮的交通员带着坐人力车出了西直门。从此他离别了母亲，在抗日队伍里长大，成为一名职业的革命军人。虽然北方局不再提供经费，但张希尧克服重重困难，仍然在北平坚持抗日救亡工作，经他介绍前往抗战前线的爱国青年已经数不胜数。直到中共东总党组一再要求他撤离到后方工作，才只身前往南京。

---

① 中共辽宁省委党史研究室、辽宁省中共党史人物研究会:《关继武》,《辽宁党史人物传》（5），辽宁人民出版社 2000 年版，第 334–335 页。

② 张希尧:《模范烈士董一飞》，未刊稿。

四、在国共合作背景下开展东北救亡运动

东总转移到上海后不久，上海抗战爆发，总会又转移到南京。1937 年 11 月南京陷落前，东总按照周恩来的指示从南京迁至武汉，在武昌明月桥 14 号顺直会馆新生活俱乐部办公。东总党组由中共长江局领导，在周恩来直接指导下工作。张希尧到武汉后一直住在顺直会馆里。这一时期，国共合作抗日，关系比较好。作为东总组织部副部长，张希尧在中共东总党组领导下，将东北救亡运动融入到全民族抗战的洪流中，共同领导了轰轰烈烈的抗日救亡活动。

张希尧之所以能担任东总组织部副部长，是由于他在北平组织学生运动及向抗战队伍中输送爱国学生工作中表现出色。到武汉后，他意识到东北救亡运动在中共的领导下已经发生了质的变化。正如中共东总书记刘澜波所言，东北人民在全民族抗战中“已经走上了实际的行动，由流汗而进入流血的一个阶段！今天的东北人民再没有什么动摇和逃避，徘徊和踯躅，愤激和苦闷，悲观和失望，畏难和苟安，这些已经被他们斗争化的生活给洗刷净尽了”①。如今东北救亡运动已经与全国的抗日大潮相融合，每天无数的东北青年人来到东北救亡总会，要求参加抗战队伍。

张希尧遵循着“积极训练、培养，并提拔大批干部以增进本会工作效能，即所以充实抗战力量”②这个东总的主要任务和原

---

① 蓝渤：《一年来关内东北人民的救亡运动》，《反攻》第 3 卷第 4 期，1938 年 3 月 16 日。

② 东北救亡总会宣传部：《东北救亡总会目前的任务和中心工作》，《反攻》第 1 卷第 1 期，1938 年 2 月 1 日。

则，积极组织和培养青年干部并向前线输送人才。他每天的工作充实而忙碌，将东北流亡学生安排到新生活俱乐部内，组织他们参加培训和学习，接受抗日救亡的教育。他们经常邀请范长江、杜重远等人做时事、救亡报告，国民党的宣传部长方治也来这里做报告。张希尧还配合刘澜波，在武汉期间先后举办了5期训练班，训练出一大批青年干部，其中70%的干部受训后到前方和敌后工作，30%的干部参加了当地的各救亡团体和农村工作。这在全国引起了强烈反响，各战区纷纷派人向东总请要青年干部。而流亡青年在东总会址外排长队要求去前线，1938年7月25日的《新华日报》对此专门进行了报道。东总党组决定，“每日自上午9时至下午5时，举行救亡工作青年登记，加以审核之后，介绍以相当工作”[①]，来满足各地战区的需要。据估计，仅从八一三抗战以后，东北爱国青年经过东北救亡总会介绍参加到各地区的不下千余人。[②]

1938年2月，东北救亡总会的机关刊物《反攻》(半月刊)在武汉创刊。刊物发表的内容包括：分析国际国内时局，揭露日寇侵华罪行；宣传和报道东北抗日义勇军、抗日联军和游击队在前方浴血奋战的英雄事迹，总结抗战经验，鼓舞东北流亡民众打回老家去。《反攻》杂志高举抗日大旗，推动了抗日民族统一战线的发展，对流亡关内的东北民众的抗日救亡运动产生了重要影响。初创时，编委会成员由东北救亡总会的一些主要领导人担任，张希尧也是编委之一[③]。《反攻》杂志主编于毅夫说：“我们这一小小的刊物，是东北人主办的。因此我们随时随地都研究东北

① 《东北救亡总会介绍救亡工作》，《新华日报》，1938年7月25日。

② 阎宝航：《七年来东北同胞的奋斗》，《反攻》第3卷第5期，1938年10月1日。

③ 肖莉：《〈反攻〉半月刊研究》，2015年湘潭大学硕士论文。

问题，宣露东北人民的痛苦、要求，以及东北人民和日军浴血苦斗的种种实录。”“我们把《反攻》看作东北人的旗帜，一切不愿做亡国奴的人们的旗帜，这个旗帜是战斗的！”①

为了支持东北抗日联军，慰问前方战士，张希尧与刘澜波、张庆泰等人一起积极组织向社会募捐。募捐采取多种形式，如“七七献金”“草鞋运动”“征募棉衣医药品”“街头捐款比赛”等。1938 年 7 月 7 日，为纪念七七抗战一周年，东总发动全体成员到武汉各商店旅社、美国海军青年会、俄租界三教街江岸一带的外国商店四处募捐，他们用捐来的钱购买慰问袋，转送到抗日前线。《新华日报》对此专门发表了一则消息进行宣传报道。26 年后，张庆泰对张希尧的小女儿回忆他们在街头募捐的情况时说，张希尧热情很高，全力投入这项工作，由于他患癫痫病的缘故，精神容易受到刺激，当看到有人拒绝募捐或抱冷漠态度，有时甚至会气得双手发抖。当时，东总的经费相当困难，甚至连东总工作人员的最低生活费用都难以保障。有一段时间，于炳然曾每月从李杜那里取得三四百元钱资助，其中一部分作为生活费发给刘澜波、于毅夫、陈先舟、徐仲航、张希尧、韩乐然

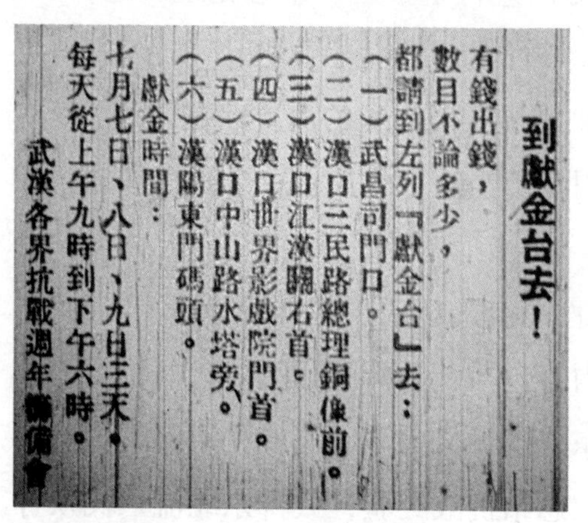

1938 年 7 月 7 日，《新华日报》第 3 版刊登的“七七献金”广告

① 于又燕、于海鹰：《于毅夫文集》，黑龙江人民出版社 2016 年版，第 249 页。

等。献金活动开始后，尽管生活拮据，但大家还是决定把每日三餐改为两餐，节省下来的钱捐献给前方抗日战士[①]。此外，张希尧还与刘澜波、于毅夫、陈先舟等人经常出席由沈钧儒、邹韬奋、张申府等爱国人士召集的座谈会，如“华北文化界七七纪念座谈会”“宪政促进会”“宪法起草研究会”等，在座谈会上讲述自己对抗战的看法，或者介绍工作的经验等。

在武汉期间，张希尧人生中第一次喝得酩酊大醉，缘由是纪念西安事变一周年。1937 年 12 月 12 日，在高崇民的提议下，张希尧与阎宝航、杜重远、张学思、苏子元等在汉口一家白俄餐馆，纪念一年前由张学良、杨虎城两将军发动西安事变的壮举。在张学良将军被蒋介石扣押后，东总的重要任务之一，就是要设法营救张将军。然而，一年过去了，东北爱国人士展开的各种营救活动均告失败。这天，大家聚在一起，听张学良的四弟张学思讲述他和黄显声到上海面见宋子文时，甚至提出用他们两人的自由来换取蒋放张，结果蒋介石根本不予理睬。在座的每一个人无不感到愤恨与愁困。此情此景，令大家悲伤和惆怅。杜重远提议，每个人都要喝下 12 瓶啤酒，以此来宣泄心中的愤懑。那一天，他们真的每个人都喝下了 12 瓶啤酒。[②]

1938 年 2 月，张金辉与同乡刘蓬[③]（时名刘舜卿）、徐

---

① 于天存：《欧风亚雨 虎穴龙潭——抗日救国传奇人物于炳然传》，北方文艺出版社 2006 年版，第 123 页。

② 王连捷：《英雄无名阎宝航》，中共党史出版社 2018 年版，第 211–212 页。

③ 刘蓬（1914—1993 年），中共党员。九一八事变后流亡北平，入东北中学读书。1936 年加入民先。1938 年到延安抗日军政大学学习，曾任抗大直属队队长兼教员；解放战争期间曾任辽北军区保安三旅九团团长兼辽北省西丰县县长；中华人民共和国成立后，历任辽东省人民法院院长、最高人民法院东北分院副院长、辽宁省高级人民法院院长、中共辽宁省委政法委副书记、辽宁省人大常委会副主任。

锐[①]（时名徐桂林）等人来到武汉找张希尧。张家两兄弟见面，分外亲热。九一八事变后，他们为了抗日，天各一方，聚少离多。七七事变后，党组织派张金辉去华北搞抗日武装，因为他有九一八事变后在东北从事抗日武装的经验。他在保定开展工作时被捕，后来又被派到晋豫边区组织抗日武装。他通过阎宝航介绍，参加国民党康泽组织的华北第十一游击队，担任支队副司令。后在河南林县招募新兵时与国民党张荫梧部发生纠葛再次被捕入狱。出狱后，他直接到武汉来找兄长张希尧。鉴于张金辉这些年从事革命工作情况，东总党组决定，推荐他去延安学习。由刘澜波写信介绍，张希尧带张金辉、刘蓬等人去武昌八路军办事处找董必武审批。董必武夫妇逐一询问，对他们经过“什么是抗日民族统一战线”等理论考试认为合格后，同意派送延安。按照组织要求，他们都改了名字。出发前，两兄弟依依不舍，不知这一别将何时再见。张希尧与张金辉及同乡刘蓬、徐锐合影留念。尔后，他们从武昌坐船到武汉大智门火车站经郑州到西安；又从西安向北徒步 500 华里，到达延安，历时 9 天。[②]

1938 年暑期，汪精卫在中央军校十期毕业典礼上，发表了“焦土抗战没有前途”的公开讲话，激起社会各界的强烈愤慨。武汉各界发起了一次反对妥协的示威游行。从信阳鸡公山小路下

① 徐锐（1912—2002 年），中共党员。九一八事变后流亡关内，参加抗日救国斗争。1938 年到延安抗日军政大学教员训练队学习，毕业后担任抗大军事教员，抗战胜利后被派到东北从事军事指挥工作，曾任东北人民自治军杨靖宇支队二团副团长，东北野战军第三纵队七师二十一团副团长，第四野战军四十军一二〇师三六〇团副团长、团长，率部参加了辽沈战役、平津战役和解放海南岛等战役。朝鲜战争期间，参加了第一、二、三、四、五次战役，歼敌成果辉煌。1955 年被授予中国人民解放军上校军衔，1956 年任解放军政治学院正师职教官。1957 年被授予三级独立自由勋章和三级解放勋章。

② 王拥嘉、郑小林:《刘蓬》,《辽宁党史人物传》(5)，辽宁人民出版社 2000 年版，第 227 页。

山来武汉的部分东北中学的同学在于毅夫、张希尧的领导下参加了这次示威游行。示威的学生在汉口江汉关遭到汪精卫特务的枪击，伤者多人。国共两党在抗战观点上的分歧让张希尧清醒地认识到，国民党对抗战产生了畏难、畏战的情绪，我们必须要与国民党的这种倾向作斗争，否则国共合作必然会产生分裂。果然，国共两党不久就展开了对“抗战到‘底’”认识的论战。1939年1月，蒋介石在国民党五届五中全会上，在解释抗战到底之“底”时说：“我们不恢复七七事变以前原状就是灭亡，恢复了就是胜利。”[①]这就是说，“抗战奋斗到底”的“底”就是恢复七七事变以前的原状。此论一出，周恩来代表中共提出，要坚持抗战到底，收复一切失地，打到鸭绿江边。张希尧等东总人士都赞成这种主张。阎宝航等发表文章对蒋介石进行驳斥，东北元老和社会各界、东北流亡同胞等对抗战到底之“底”进行论战。在社会各界压力下，1939年6月15日，蒋介石委托

1938年2月，徐锐（左一）、刘蓬（左二）、张金辉（右一）赴延安抗大前与张希尧（前坐者）在武汉合影

① 刘健清等:《中国国民党史》，江苏古籍出版社1992年版，第487页。

军委会政治部长陈诚，邀请东北名流召开了一次谈话会，特意说明：抗战到底，“最低限度要恢复九一八以前状态，最低限度要恢复中国领土主权之完整”。[①] 东总旗帜鲜明地指出：我们要抗战到底，就必须把日本帝国主义赶出中国去，赶到鸭绿江边，完全恢复中华民族领土主权之完整。

张希尧在武汉的辛勤工作得到了东总同事们的高度认可。1939 年 7 月 20 日，东总秘书长于炳然在重庆南山小学的教堂里召开的东总第二届年会上，做了题为《二年来的东北救亡总会》的报告。他在报告第五部分中总结武汉时期工作时称赞了三名同志：“过去在武汉时期以陈先舟、张希尧、刘澜波为最努力。”[②]

五、参加东总陕西分会工作

1938 年 1 月，在武汉召开的东总常委会和执委会联席会议上通过了“关于救亡总会目前的任务和中心工作”的决议，决定为了争取大多数人参加东北救亡总会，共同抗日，决定在一些省市建立分会。这个提议最先是高崇民提出的，得到了周恩来的认同。之后东总决定派员分赴西安、济南、成都、河南、延安等地建立东总分会，使全国各地都建立东总分会，把东总真正办成了一个同乡会。

1938 年 8 月初，武汉危急，国民政府决定迁都重庆。根据中共长江局的指示，东北救亡总会决定一分为四，一路由于毅夫、

① 于毅夫:《在陈诚将军的招待会上》,《反攻》第 5 卷第 6 期、第 6 卷第 1 期合刊，1939 年 7 月 1 日。

② 东北救亡总会秘书处:《二年来的东北救亡总会》，1939 年 7 月 20 日，现藏于中国第二历史档案馆。

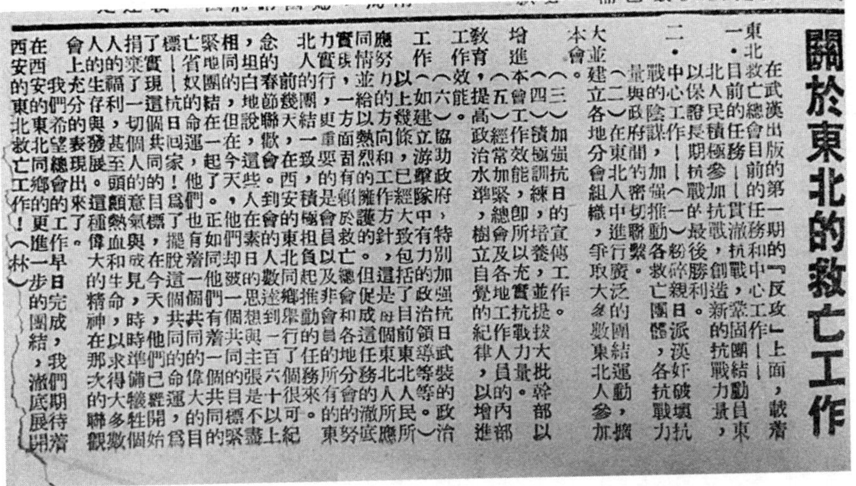

關於東北的救亡工作

1938 年，东北救亡总会陕西分会主办的《东北》杂志第 6 期

阎宝航等人率东北救亡总会总部撤往重庆；一路由陈先舟、张希尧率一部分会员撤往西安，会同原在西安的高崇民、车向忱等人加强东总陕西分会的工作；一路由于炳然、刘丕光率一部分会员撤往衡阳，建立东总东南分会；一路由刘澜波等人率一部分会员撤往延安，建立东总延安分会（又称延安通讯处）。8 月中旬，张希尧与陈先舟等人离开武汉，途经河南襄城到西安东总陕西分会工作。实际上，这年 3 月，高崇民、卢广绩、车向忱及胡圣一等人已经在东总西安通信处基础上建立了东总陕西分会。张希尧等人到达西安时，东北救亡总会的组织部、训练部、联络部和行政科也迁到这里，目的是“能更便利地发挥抗战的力量”[①]，使西北地区东北抗日救亡运动在经历过西安事变的低潮后又一次轰轰烈烈地开展起来。

陕西分会的会址最初设在西五台，后来搬到鼓楼附近的城隍

① 东北救亡总会秘书处:《二年来的东北救亡总会》, 1939 年 7 月 20 日，现藏于中国第二历史档案馆。

庙巷34号小院儿，1939年底被国民党查封，改在王家巷4号高崇民名义上的住宅里。张希尧到西安的第二天，就与陈先舟一起赴高崇民家中拜访，又邀请了车向忱，一起研究陕西分会如何开展工作以及分工事宜。当时，卢广绩担任陕西救济专员，车向忱负责东北竞存学校，高崇民经常参加社会活动，都不可能经常去办公，他们商定先由陈先舟主持分会日常工作，张希尧负责组织工作[①]。张希尧等人到西安后，很快与七贤庄一号八路军驻西安办事处和中共陕西省委组织部取得联系，向他们汇报了来西安的任务，以及东总陕西分会当前的情况，很快建立了中共东总陕西分会党支部，张希尧为首任书记，由地下党员董东复、王直升、于苇先后接任。中共东总陕西分会党支部受八路军驻西安办事处领导。经常与分会党组织联系的是周子健，中共陕西省委组织部宋任远[②]也曾代表省委指导过分会党组织的工作[③]。刘澜波一直与陕西分会保持联络。1938年10月，刘澜波赴延安组织东总延安通讯处，在此期间，他曾向陕西分会输送不少经过精心选派的人才，如傅彬、黄非、何芃等人，他们成为东总陕西分会的骨干。

当时东北爱国人士卢广绩、高崇民、陈先舟、车向忱等都是东总陕西分会的领导成员。东总之所以选任他们担任陕西分会的领导成员，是因为他们是张学良的幕僚，在社会上影响很大，之

---

① 王驹:《陈先舟文集》，辽宁人民出版社1992年版，第17页。

② 宋任远（1913—2010年），辽宁省昌图县人。1934年加入中国共产党。历任陕西省渭北工委宣传部部长，陕西省渭华县中心县委书记，陕西省西安市委宣传部部长，辽北昌图县县委委员、公安科长，辽吉二地委秘书长，长辽县委组织部部长，吉林省四平市委组织部部长，梨树县委副书记，辽北学院教导长，怀德县委书记，吉林省委统战部部长，省委常委、吉林省政协副主席，吉林省人大常委会副主任等职。第三届全国人大代表，第三、五届全国政协委员。

③ 赵礼:《东北救亡总会、分会和通讯处简介》，《社会科学战线》1986年第4期。

前又都在西安工作过，在西北各界有一定的社会关系，更容易开展工作。卢广绩曾担任过奉天商会副会长、北平东北民众抗日救国会的总务组副组长、“西北剿总”第四处处长，东总成立时是东总主席团成员、经济委员会主任委员。他一直负责经济工作与社会救济工作。1938 年 2 月，曾在西安赈济委员会第五救济区特派员朱庆澜领导下开展救济工作，熟悉陕西各界的上层人士，并与胡宗南关系较好，任胡宗南三十四军团高级参谋。之前高崇民来西安组建陕西分会，就得到卢广绩的大力支持。高崇民与西安的渊源是从 1935 年底开始的。当时他受核心组成员委托赴西安做张学良的工作，被张学良留在西安担任他和东北军的高级参谋，负责沟通东北军和西北军，与两军的上层军官都有来往。后任东总的主席团成员、政治委员会主任委员、组织部长等职，在社会中享有较高威望和影响。陈先舟有“关东电信第一人”之称，担任过华北无线电台台长、西安事变后接任东北军交通处长及西安电政管理局局长职务，负责东北军的通信工作，东总执委兼联络部副主任。陈先舟于 1938 年在于毅夫、刘澜波的介绍下加入了中国共产党，被吸纳为东北救亡总会党组成员。车向忱 1935 年到西安，以两元钱起家办起东北竞存小学，后又办东北竞存中学，是社会上知名的爱国教育家和社会活动家，“是我们共产党和国民党都承认的名人”“西北人、陕西地下党都很尊重车老”[①]。这些东北名流到西安后，主动做东北籍上层人士与国民党人士、西安上层人士的统战工作。如高崇民、陈先舟就尽力与国民党党部在陕西的负责人、陕西省财政厅长王德溥搞好关系。王是东北人，早年与高崇民认识。高崇民、陈先舟曾是老牌国民

① 徐彬如：《忆西安事变前后的车老》，《一代师表》，《辽宁文史资料》第 54 辑，辽宁人民出版社 2004 年版，第 184 页。

东北竞存中学校旗

党员，乡土情加上国民党员身份使他们之间有很多共同的话题。在东总陕西分会遇到困难或危机时，通过与王德溥的关系，为他们的工作创造了许多方便条件。陈先舟还做马占山及东北军西安留守处负责人等人的工作，恳请他们加强团结和合作，坚决抗日，争取早日打回老家去。

张希尧到了东总陕西分会后，将武汉时期从事救亡运动的经验介绍到这里，工作开展得有声有色。九一八事变七周年纪念日就要来临之际，他和高崇民、陈先舟等人商议，要利用这个纪念日，开展规模宏大的抗日救亡活动。为扩大抗日救亡宣传，陕西分会发表了《东北救亡总会陕西分会为“九一八”七周年纪念敬告东北同胞书》，郑重指出，“今天，这个‘九一八’七周年血祭的日子，正当敌人进攻武汉，争夺西北的时候，一个迫切的任务摆在我们面前，我们必须了解到，‘打回老家去’和争取民族的解放是不能分离的”“我们是首先遭受倭寇压迫的一群，我们也是抗日先锋的一群，为了民族的解放，东北的光复，更需要我们千百倍的努力，千百倍的牺牲”。同时检讨了过去抗日救亡工作中的弱点，如“团结不够亲密”“工作不够紧张”“还没有充分的担起抗日先锋的任务”[①]等。为此，陕西分会认为抗日工作重点在于四个方面，第一是站在抗日最前线和敌人做拼死的斗争；第二是向东北挺进，变敌人后方为前线，加强东北四省区域以内的

①《东北救亡总会陕西分会为“九一八”七周年纪念敬告东北同胞书》，《东北》九一八纪念专刊。

武装抗日力量，建立东北地方政权配合国内的全线反攻消灭日寇；第三是通过各种关系争取伪军反正；第四是加强贫困同乡的救济工作，参战军人眷属和阵亡遗族的安抚工作，以及青年儿童的教育工作，培植后备力量。

9月初，东总战地服务团在团长张庆泰的率领下来到西安。张庆泰为东总党组成员、秘书处副主任，1938年在武汉组建了战地服务团。该团主要以文艺演出的形式慰劳前线的抗日战士，鼓励他们抗日的热情和决心。战地服务团先在武汉地区，后向敌后抗日根据地挺进，沿途向国民党军队特别是东北军部队进行慰问演出。每当台上演出“流亡三部曲”时，就会引起台下官兵的强烈共鸣，常常出现台上演出、台下落泪的感人场面。战地服务团到西安后，由于国民党党部的阻挠，无法在西安演出。张希尧和高崇民、陈先舟等人认为，战地服务团的宣传作用是其他形式无法代替的，而且正好也成为东总陕西分会纪念“九一八”七周年的活动内容之一。于是，高崇民、陈先舟等主动做国民党CC派在陕西负责人王德溥的工作。经过高崇民的关系，王德溥批准了战地服务团的演出。这样，在“九一八”七周年这天，战地服务团在东北竞存中学广场举行了纪念演出。连续演了5天19场大型话剧《中华民族的子孙》，场场爆满，在场民众无不动容。

张希尧负责的东总陕西分会的一个主要任务是往延安派送革命青年。武汉陷落后，与东总有联系的东北学生和青年大都来到西安。起初，张希尧和陈先舟安排他们住在分会会址西五台的几栋破房子里，大家都睡在地上，拥挤不堪。随着东北流亡同胞的增多，会址无法容纳太多人。张、陈两人与卢广绩商量，将他们安排住在卢广绩梆子寺41号家里。后来，陆续来西安的人越来越多，前后有200多人，卢广绩家里也无法安排了，就在外面为他们安排住处。在这里，大家睡的是地铺，吃的是粗粮、咸菜，尽管生活条件艰苦，但工作、生活得紧张而愉快。每天清晨都要做操，由李东野指挥放声高唱抗日救亡歌曲，然后开始一天的工作，充满了革命的乐观主义。对于来西安的这些东北学生和青年，高崇民和卢广绩负责救济和收容工作，张希尧等人负责分期进行培训[①]，他们中半数以上通过八路军办事处被送往延安，走上了革命道路。例如，李延禄的堂弟李蒙和他的五名东北同学立志去延安参加革命，辗转从重庆到西安，由张希尧为他们办理了参加东北救亡总会的手续，然后送到西安八路军办事处。他们在西安休整了几天后，和其他人一起乘卡车到了延安。据统计，仅1938年5—8月，由东总陕西分会经西安八路军办事处赴延安的知识青年约有50人。

东总陕西分会的另一个任务是掩护和帮助从延安派出经西安到外地工作的人。对这些人，陕西分会根据八路军办事处的要求，利用各种关系把他们掩护起来，提供食宿，设法帮助他们安全离开西安。例如，东北上层爱国人士张学良的姐姐张冠英、高崇民的内弟胡圣一[②]都曾经帮助掩护过党内同志，东总陕西分会

① 卢广绩:《抗日救亡光复故土的不朽功臣》,《忆高崇民同志》，华龄出版社1992年版，第43页。

② 胡圣一（1910—1998年），辽宁开原人。是高崇民的妻子曾绍惠的表弟。九一八事变前，为东北军学兵队学员。1932年任东北军少尉军需官，参加救国会。1935年与高崇民到西安后，积极从事抗日救亡活动。在东北军中散发过《活路》《告东北西北两集团军将士书》等多种革命进步书刊，以自己家作掩护和营救过一些共产党员及革命同志。西安事变中，任抗日联军西北临时军事委员会机要通信员。1937年9月，黄显声将东北军五十三军需库50余吨的各种武器弹药，交给李泽民和胡圣一负责护送给八路军。1938年正式参加革命，在西安参加了东北救亡总会陕西分会，任训育部部长，并捐出两万大洋资助东北救亡运动。担任西安税捐局局长期间，他又多次为中共组织提供经费等。中华人民共和国成立后被任命为辽宁省省政府参事。历任辽宁省政协第五、六、七届委员。

党支部书记于苇就曾在胡圣一陕西凤翔的家里住过。另外，车向忱的东北竞存学校成为陕西地下党一个秘密活动地点，一些从陕北来的人往往被安插到东北竞存学校，以教员的身份为掩护从事党的秘密工作。萧克的夫人、吴德峰的夫人都曾在竞存学校工作过。

此外，张希尧等还帮助解决东北军眷属的生活和教育问题。西安曾是东北军驻地，集聚了大批东北流亡同胞和东北军眷属。东北军东调以后，许多东北军眷属仍留在西安，他们无依无靠，衣食无着，孩子教育问题无法解决。张希尧等陕西分会的领导们对此非常关注，不仅帮助解决这些东北军眷属的工作问题，还把他们的孩子送到车向忱办的竞存小学和竞存中学接受教育。1939年以后，陕西分会办了银铜滩垦区，收容共400多人开垦荒地，生产自救，安置了留在西安的东北军眷属[①]。

张希尧在东总陕西分会时期，曾与校友李华春共事过一段时间。李华春是北平东北大学英语专修科及政治系的毕业生，曾参加过一二·九运动，1936年经于毅夫介绍加入了中国共产党。他在东特委领导下参加了东联，是东北大学校友会主要负责人。1937年2月，国民党中央在南京召开三中全会，李华春等十几人带着东北籍各界人士1700余人的签名书，到南京政府请愿，要求释放张学良、实现国共合作。李华春还和王福时、李放等翻译美国作家埃德加·斯诺的《西行漫记》。翻译本《外国记者西北印象记》于1937年4月出版，比英国戈兰茨出版公司的英文版《红星照耀中国》早了6个月，比胡愈之等人的中文译本《西行漫记》早了10个月。该书第一次向全世界传播了共产党和红

① 卢广绩口述:《抗日救亡、光复故土的不朽功臣》,《忆高崇民同志》，华龄出版社1992年版，第43页。

李华春、张希尧（右）在北平期间的合影

军的信息，影响深远。

张希尧在东特委工作期间，曾介绍李华春到河北清苑县做地下工作。张希尧到陕西分会后，与他一起积极发动抗日救亡运动，通过李华春的关系往延安输送了许多爱国青年。与此同时，李华春还担任中国工业合作协会西北办事处（“西北工合”）西安事务所主任。“工合”运动是新西兰国际友人路易·艾黎与美国人埃德加·斯诺等共同发起的，得到了中国共产党人、国民党人和爱国人士等的大力支持。该组织的创办是“利用国际友好人士的捐赠，组织从各战区撤退到大后方的各工种的工人，组织各种类型的生产合作社，生产各种军需和民用产品，支持抗战”[①]。国民党为了挽救抗战中损失的生产力，也对工合予以支持，并拨付法币500万元作为工合的基金，所以该组织在国共合作时期具有合法性。李华春常常以“工合”掩护党的工作，建立起10多个合作社，使西北的生产发展起来。张希尧非常欣赏李华春的能力和才干，对他负责的“工合”也给予大力支持。不久，李华春去汉中筹建事务所，张希尧不得不与他告别。不承想，这一告别竟成

① 李剑白:《柳文同志回忆东妇、东总西安分会和“西北工合”情况》,《东北抗日救亡运动资料》，黑龙江人民出版社1991年版，第98页。

为永别！1940 年，在国民党掀起反共高潮期间，李华春被汉中警备司令祝绍周诱捕后秘密处决，牺牲时年仅 29 岁。张希尧又失去了一位好同学、好战友。

张希尧（左）与堂弟张德裕合影

在陕西分会期间，另一件让张希尧悲痛的事，是自己的堂弟张德裕牺牲在抗日战场上。张德裕毕业于黄埔军校，为某炮兵连连长，思想左倾，一心抗日救国。国共第二次合作，他知道张希尧的共产党员身份后，曾向他提出加入共产党的请求。张希尧告诉他，若要加入共产党，必须要接受考验，先决条件是要组建一支抗日队伍，或者拉出一部分队伍进行抗日。其实，张希尧的三弟张金辉也是按照张希尧的这个要求，九一八事变后经过出关联络、组织抗日义勇军等考验，才在他的介绍下加入共产党的。张德裕在抗日战场上英勇杀敌，但壮志未酬身先死，在长沙会战中壮烈牺牲。张希尧因没有履行发展堂弟入党的承诺而遗憾，同时为失去亲人而悲痛不已。

六、从延安返回东北

1939 年 6 月，在东总陕西分会工作的张希尧接受党组织的安排，被派送到延安学习。他在延安时期更名为张昕，在马列学院第四班四支学习。马列学院于1938年5月5日即马克思诞辰120周年纪念日成立，这是党在第六次代表大会后，为了反对教条主义，使马列主义与中国革命实践相结合而在延安成立的“最高学府”，由张闻天兼任院长。马列学院的校址设在延安城北七八里外的蓝家坪，土石山上的一排窑洞就是校舍，与杨家岭隔延河相望。学院从1938年5月开办到1941年5月改组，共招收过5个班（即5期）学员，加上为准备参加党的七大代表专门开设的2个班100多人，学员共八九百人。这些学员基本上由两部分人构成：一部分是在苏区参加革命多年或在国统区做地下工作多年的老同志，其中不乏很有资历的红军指战员和地下党的领导人；另一部分是一二·九运动后入党的知识青年，这部分人在入学之前，绝大多数是经过抗大、陕北公学、中组部训练班及中央党校的短期学习后选拔出来的。

马列学院旧址

张希尧入校后与王岳石、宋黎、贾陶、王丹一（艾思奇夫人）等人同在四班四支[①]。当时，延安已有不少东北籍干部，从敌占区还有人陆续不断地过来，他和栗又文协助老友刘澜波在延安建立了东总通信处。通信处设在大下沟口上，用张学思捐出的钱，修了七间平房，设有图书阅览室，凡是由东北救亡总会介绍来延安的爱国青年，初到时都先住在这里。这里也曾接待过来延安参观访问的各党派和各界名流，并举办过不定期座谈会等。

张希尧入学后不久旧病复发。一次，他在听毛泽东同志的报告时，突然倒地昏厥过去，被送到蓝家坪西北部李家坬村的中央医院，后在休养所边养病边学习。疾病的折磨并没有减弱张希尧的革命斗志，他在病中仍然十分关注抗日时局。从张希尧当年在笔记本中记录的“生活公约”中可以看出，即便是在休养所，病员在各方面对自己的要求依然是相当严格的，具体内容是：1. 外出一定要请假，没事不去闲赶集、不随便逛街。2. 集合站队迅速、整齐。3. 强调按时作息，该干什么干什么。4. 课堂不乱说话，不睡觉。要做到“心到、眼到、耳到、手到”。5. 服从小组领导，克服自高自大，看不起组长的不良作风。6. 建立严格的互相批评制度，反对轻描淡写、一团和气的坏作风。7. 克服自由散漫和老大气象。8. 保证室内外一切用具的整洁、整齐，经常晒被、洗衣服。9. 每星期一次检讨会，每日 5 分钟检讨会。10. 建立汇报制度，有了或见到什么问题随时报告。张希尧还给自己制定了“学习公约”：1. 上课不打盹、不乱嚷，要静听；2. 各科笔记要健全；3. 日记每礼拜两篇以上；4. 留下的作业按期完成；5. 预习、复习时间具体分配（要照顾大家学习材料的

① 《延安马列学院校友录》（未出版），1990 年 12 月，第 47 页。

延安中央医院

统一，要使各科平衡发展，也就要拿一定时间集体学习，一定时间个人研究自己较差的功课）组长适当掌握；6. 有了问题随时提到问答栏，别人问自己问题及时答起，每期黑板报看一次；7. 一星期测验一次。①

1942 年底，为了打破国民党对延安解放区的封锁，党中央提出“发展经济，保障供给”的总方针，号召解放区军民自力更生，克服困难，开展大生产运动。中央医院响应号召，对大家提出一些要求，例如无论是公家的还是老乡的生产工具，大家都要爱护；对集体生产活动要积极主动按时参加，打下明年生产基础。张希尧努力参加“大生产”运动，他和大家一起在房前屋后

① 张希尧笔记，未刊稿。

开荒、种菜，学习捋羊毛、纺毛线，以减轻人民负担，打破敌人封锁。

张希尧在延安时期赶上了整风运动。1943年，整风运动转入审干阶段，时任社会部部长的康生提出:“延安处处有鬼”“特务如麻”，对从国统区来的干部和青年大搞逼、供、信的过火斗争。7月15日，他在中央直属机关大会上作的《抢救失足者》报告中，污蔑东北救亡总会是红旗特务机关，把东总领导人打成“红旗特务”，对刘澜波、于炳然和东总其他同志进行审查甚至“残酷斗争”。由东总介绍来延安学习或工作的干部，被怀疑是“特务”或“特嫌”。尽管张希尧当时有病在身，他在白区工作和被捕入狱的情况照样受到审查，要求写出书面交代材料[①]。1944年，周恩来回到延安，得知这个情况后非常震惊，他说:“怎么能这样搞法呢? 这些情况我都是清楚的，‘东北救亡总会’是我们党领导的外围组织，哪有什么‘红旗特务机关’! 一定要甄别。”[②] 1945年春，整风运动接近尾声，周恩来在杨家岭召集柯庆施、王鹤寿、刘澜波、张希尧、宋黎等人开会。这次会议的主要内容是:对刘澜波等人在“抢救运动”中因在东北军及白区开展地下工作受到重点审查做出结论。周恩来代表中央在会上郑重宣布:“中央认为，东北军的党经过整风证明是我们的党，而且是有成绩的党”[③]，充分肯定了东北军地下党组织为争取东北军共同抗日所做的努力。

---

① 1975年9月6日总政治部复查案小组:“关于张金辉同志1934年被捕入狱后是否去南京见陈立夫、徐恩曾问题的复查报告。”

② 于天存:《欧风亚雨　虎穴龙潭——抗日救国的传奇人物于炳然传》，北方文艺出版社2006年版，第185页。

③ 周平生:《回忆刘澜波同志》，辽宁人民出版社1988年版，第46页。

同年8月15日，日本帝国主义宣告无条件投降，抗日战争的胜利让延安城沸腾了！人们敲锣打鼓、扭秧歌，歌声响彻宝塔山，无数火把映红了延河两岸。张希尧和大家一样激动万分，他回想14年来东北仁人志士为抗日救亡、收复东北失地不屈不挠地斗争，终于迎来今天的胜利，不禁流下了喜悦和激动的泪水。张希尧渴望并请求返回家乡工作，中央批准了他的请求。

1945年11月，张希尧随古大存率领的第三批派往东北的干部队伍（即第三大队），从延安经瓦窑堡、清涧、葭县过黄河，再过神池、山阴、怀仁、怀安，一路跋涉，一个多月后到了张家口晋察冀中央局。由于国民党军队的封锁，队伍前行受阻，奉命在张家口待命。张希尧在他试图寄出的家信中写道："在察省宣化县因犯病留在张家口医院。现因蒋军侵入，我于三十五年（1946年）冬，由公家说明，转到冀南百姓家中休养。"这段时间，他住在姓赵的农民家里，他在随行日记中是这样记述的："赵家老翁和老太太，以及小孩们都很和善，很迁就我的……我自己在谨慎自持方面也相当的注意，所以在精神上没有受着什么刺激。"他还曾经兴致勃勃地试着为赵家制作肥皂。过后，他在自己用根据地生产的土纸装订的小本子上记录了制作肥皂的化学公式和具体过程。

> 民国三十五年（阴历）十二月二十五日为赵家试制肥皂一次。用羊油12两，大麻籽油12两，用块碱10两，生石灰5两，碱化约三小时，糊状时间约一小时，半糊半油状约两小时，最后成油冷放锅中一夜。翌晨凝固成块，共得灰黑色皂五六两，因未加松香，顾（故）皂沫不强。

1947 年 8 月，张希尧在河北唐县葛公村白求恩医大附属医院驻晋察冀白求恩国际和平医院治疗。一位国际主义日籍牙医为他镶上假牙，解决了因长期牙疼、缺齿给他造成的困扰，这让他高兴不已。在东总工作期间，阎宝航的小女儿阎明光和孙恩元的小女儿孙本信曾叫他“豁牙子”叔叔。另外，内科张主任针对他的癫痫病症开出一些注射液和口服药，服用后他的病情得到一定控制和缓解。这期间，在宣化工作的刘杰也曾专门给他捎来治疗神经的针剂。张希尧在医院治疗期间教过白求恩学校小护士学习简单的英文，以便帮助他们识别西药的名称。院部几位负责同志对于他的病情和治疗方案讨论后认为，目前美蒋封锁设阻，买不到治病需要的药，更谈不上早日返回东北。所以，建议他还是暂回阜平根据地休养为好，等到有东归机会，再到大城市的医院接受治疗，争取早日恢复工作。张希尧接受了这个建议，于 9 月返

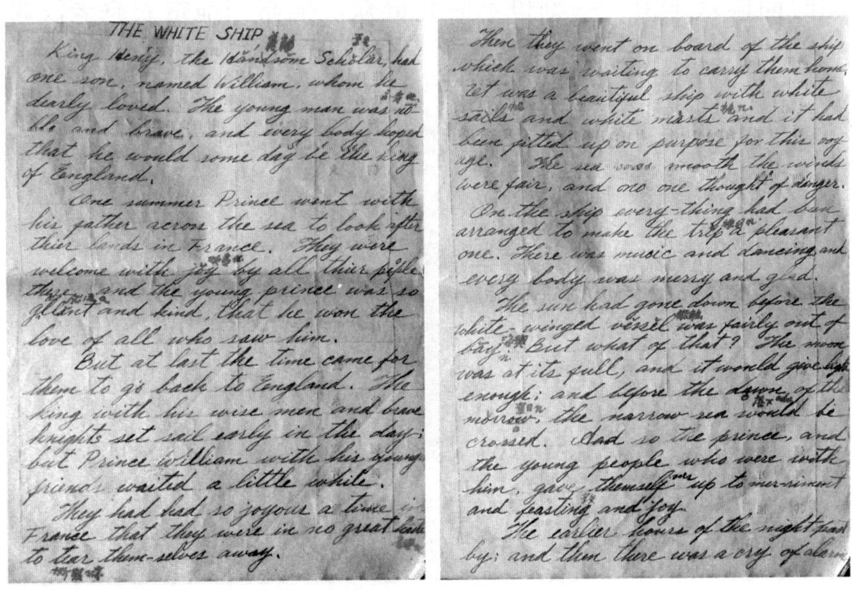

THE WHITE SHIP

King Henry, the Handsom Scholar, had one son, named William, whom he dearly loved. The young man was noble and brave, and every body hoped that he would some day be the king of England.

One summer Prince went with his father across the sea to look after their lands in France. They were welcome with joy by all their peple there, and the young prince was so gellant and kind, that he won the love of all who saw him.

But at last the time came for them to go back to England. The king with his wise men and brave knights set sail early in the day; but Prince William with his young friends waited a little while.

They had had so joyous a time in France that they were in no great haste to tear them-selves away.

Then they went on board of the ship which was waiting to carry them home, It was a beautiful ship with white sails and white masts and it had been fitted up on purpose for this voyage. The sea was smooth the winds were fair, and no one thought of danger.

On the ship every-thing had been arranged to make the trip a pleasant one. There was music and dancing and every body was merry and glad.

The sun had gone down before the white-winged vessel was fairly out of bay. But what of that? The moon was at its full, and it would give light enough; and before the dawn of the morrow, the narrow sea would be crossed. And so the prince, and the young people who were with him, gave themself over up to mer-riment and feasting and joy.

The earlier hours of the night passed by; and then there was a cry of alarm

张希尧在病中抄写的英文短篇小说片段

回阜平县，住在城南庄镇谷家庄村南台上刘振声、李凤琴夫妇家休养。

71 年后，张希尧的小女儿张力炜凭借父亲当年的日记，在城南庄镇谷家庄村党支部书记赵新利的帮助下，联系到了刘振声的子女。刘振声的二儿子刘树祥回忆：“当时我 13 岁，记得我家西屋住一位干部，常给我们讲抗日故事，帮助老百姓干活。有时候，他把给他的馒头分给我们小孩子，而他吃我家的菜饼子。为此，家长批评我们。之后，再遇到这种情况，家长就把孩子撵到门外。”由于刘家的大儿子当兵，在外面参加了革命工作，家中房子比较宽裕，主人家厚道善良，李凤琴经常给他做饭，一家人对他照顾得挺好。张希尧在刘振声、李凤琴家住了将近半年。

1948 年春，张希尧转到离谷家庄村不远的软枣树凹村休养，他和比自己小两岁的赵言老汉同住在河漕上小平台的羊圈院里，老屋紧挨着驴棚，睡觉时能听见驴吃草的声音。张希尧要求自己随时向群众学习，一刻也不脱离群众。他与当地贫农赵老汉聊

张希尧住过的城南庄镇谷家庄村的刘家老宅

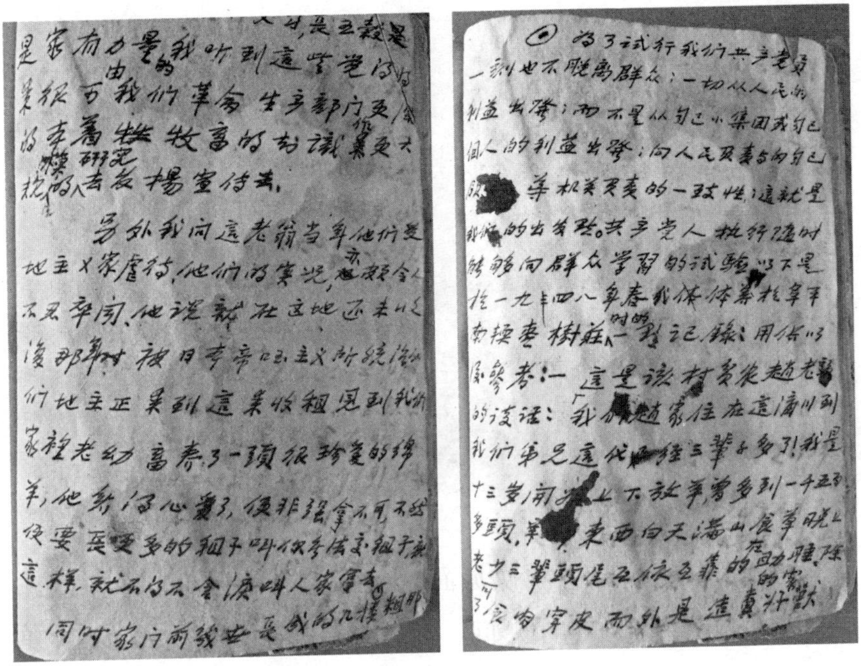

1948 年张希尧的日记

天，听他讲述一家三代受地主东家欺压的贫困生活，以及土改后的变化。他把这些都一字一句记在了自己用土纸装订的小本子上。尽管赵家的生活条件艰苦，但他们一家人对张希尧悉心照料，甚至比对自己的亲人还好。当年为张希尧做饭的是赵家 20 岁的儿媳——共产党员刘胜英，她回忆，家里存的细粮就那么一点儿，根本舍不得吃，她看张希尧特别喜欢吃她擀的面条，每天就专门为他揉出拳头大小的一块面团，擀面条给他吃，而家里其他人吃的却是红薯和杂粮……

不久，组织上又把他和其他 5 位病员转到顾家沟休养。

1948 年 8 月，张希尧怀着胜利的喜悦和亟待工作的迫切愿望，拖着病弱的身体，终于从冀中回到了阔别 17 年的东北大地。自九一八后被日本鬼子威胁抄家，张希尧十多年未能与家人联

1948 年 11 月沈阳解放后，张希尧长子张天黎随东北行政委员会去沈阳接收前与父母在哈尔滨合影

系。当他和夫人龙若兰再次见面时，已经时隔十年（从 1937 年底至 1948 年初秋）。这十年间，两人音信全无，彼此不知是死是活，不知对方是否已经另娶或改嫁。然而，冥冥之中，他们彼此的心底都没有放弃相互的牵挂与期盼。见面时，夫妻两人的面容已不再年轻，彼此似曾相识却难以相认，热泪止不住从眼中夺眶而出。令张希尧感到无比欣慰的是，龙若兰返回老家后参加了妇救会工作，在解放西丰县时曾为我军抢占阵地的部队指路。为了供儿女们上学，她要比其他的女人付出更多，农忙时和伙计们一样下地干粗活儿。她不仅没有让儿女荒废学业，还鼓励他们要子承父业、参加革命队伍。东北解放时，大儿子天黎和女儿天慧都已经成为革命军人，并且加入了中国共产党。

张希尧回东北后，他的工作和组织关系在东北行政委员会（后为东北人民政府），享受一级机关部级干部待遇，但因战争年代缺医少药，他的病根本无法得到有效治疗，以致病情发展得越来越严重，睡觉时常受噩梦困扰，有时用右手拿书或写字时会“大大地颤抖”，如果遇事受到刺激，很容易发生情绪失控。组织上关心他、战友们爱护他，劝他安心把病彻底治好再出来工作。尽管张希尧要求工作的心情急切，但他也清楚，像自己当时的身体状况，的确无法适应工作要求。他到哈尔滨后先住在哈尔滨市立医院，由于医疗等各方面条件的改善，张希尧的病情渐渐有所好转，但相对于在抗日斗争中艰苦的生活条件，他对于自己所受到的待遇却感到不安。张希尧在日记中有过这样一段记载：

> 昨夜是1948年11月30日的晚上，我是在哈市立医院中休养我的癫痫病，近来由于生活方面的改善，病已有很大的进步了，以前每月要犯一次，这次已越过周期十天了，并且能在噩梦急梦中都可自己警醒“大概又是梦吧”一动转即可清醒过来。可见这是比以前抵抗力强了。由于每日营养的加强，身体也较前胖壮好多！只是总觉自己的生活有些不自觉的腐化了。

他写信鼓励两个即将调干上大学的子女努力学习，嘱咐女儿天慧“在学习生活中随时要检讨自己从严，对待别人从宽”。他对新中国的建设充满希望，对生活充满热爱，期盼着自己还能继续为党为人民工作。1949年10月，他随东北行政委员会迁往沈阳，转入沈阳中国医大附属医院，积极配合医生治疗。他在与疾病作斗争的同时坚持理论学习，做政治经济学笔记，每天教

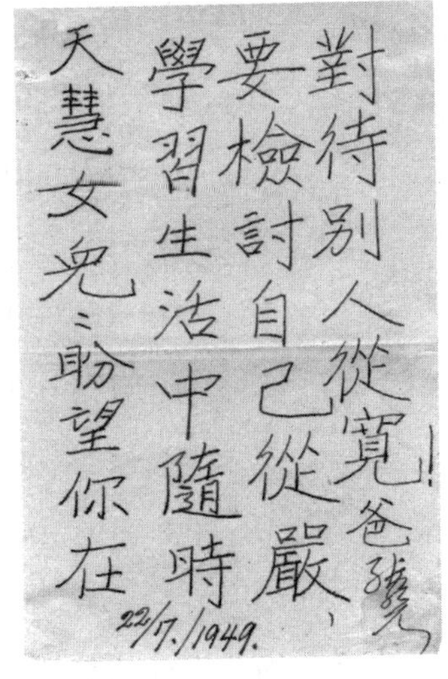

天慧女兒：盼望你在學習生活中隨時要檢討自己從嚴，對待別人從寬！

爸

22/7/1949.

张希尧写给女儿天慧的短信

自己的妻子和警卫员张大四识字。从他给自己规定的作息时间可以看出，他对自己的要求从来就没有松懈过，始终以积极和顽强的态度与疾病作斗争，甚至还经常从思想上分析和检讨自己养不好病的原因，制订新的养病改进计划，作出对养病的“诊言”等。1950 年 10 月，中国人民志愿军跨过鸭绿江赴朝作战，为了支持东北后方的救助演习，张希尧主动提出让医护人员用担架抬着他跑到地下室“掩蔽”，结果着凉感冒，导致病情恶化。

张希尧为自己制订的作息时间

5：30—6：00	起床
6：05—6：40	学俄文
6：40—7：00	洗面、漱口
7：00—7：15	听时事新闻
7：15—8：00	早饭
8：00—9：00	散步
9：30—10：00	重读写俄文
10：05—11：30	看报
11：30—12：30	午饭
12：30—13：30	散步
13：30—15：00	午睡或静思
15：00—17：00	游戏、抄写等
17：00—18：00	晚饭
18：00—19：00	散步、与工作同志们做俄语练习
19：00—20：00	听小说
20：00—00：00	重读好文章同时抄写

1950 年 11 月 1 日，张希尧因心脏病突发在中国医大附属医院去世，终年 44 岁。党和人民政府对他的一生给予了很高的评价，授予他“革命烈士”的光荣称号，东北人民政府副主席高崇民主持了他的追悼会，他的陵墓矗立在沈阳北陵革命烈士陵园内。“文革”期间，张希尧的墓碑遭到“造反派”的破坏，整座陵园多年没有得到修缮。2002 年，在阎明复同志的关心下，有关部门将整个烈士陵园修复一新，列为爱国主义教育基地。

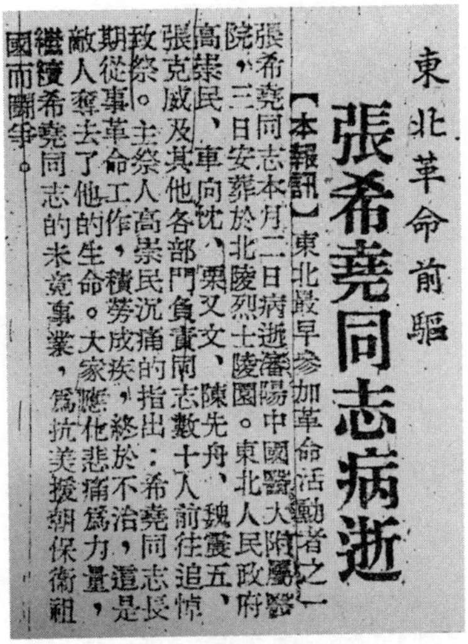
東北革命前驅

張希堯同志病逝

【本報訊】東北最早參加革命活動者之一張希堯同志本月二日病逝瀋陽中國醫大附屬醫院，三日安葬於北陵烈士陵園。東北人民政府高崇民、車向忱、栗又文、陳先舟、魏震五、張克威及其他各部門負責同志數十人前往追悼致祭。主祭人高崇民沉痛的指出：希堯同志長期從事革命工作，積勞成疾，終於不治，這是敵人奪去了他的生命。大家應化悲痛為力量，繼續希堯同志的未竟事業，為抗美援朝保衛祖國而鬭爭。

张希尧逝世讣告，《东北日报》1950 年 11 月 6 日第 2 版

张希尧去世后，龙若兰带着四个子女坚强地继续生活。在党和政府的关怀与培养下，四个子女先后都上了大学。1958 年，长子张天黎从北京地质学院毕业后，考取了留苏预备生，在莫斯科大学学习构造地质学（新构造运动）专业。1962 年从苏联回国后，在中科院地质研究所从事研究工作。长女张天慧 1958 年从哈尔滨医科大学毕业后，被分配到北京市同仁医院，成为眼科专家，尤其擅长用中西医相结合的办法治疗眼底出血。次子张平 1959 年考入北京外国语学院俄语系，后因不慎从体育器械上摔下来头部受伤肄业，退休前在人民教育出版社图书馆工作。幼女张力炜“文革”后曾在北京经济学院任教多年，1990 年调入国家计委经济研究中心（后为国家发展改革委宏观经济研究院）和培训中心工作。相信张希尧在天有灵，会感到欣慰的。

1980 年 10 月，张希尧的夫人龙若兰因脑血栓在北京逝世，

张希尧墓

享年 76 岁。子女和孙辈将她的骨灰埋在北京西郊樱桃沟附近的山上，那里曾经是张希尧等东北流亡同胞开展抗日救亡活动的地方。

附　录

沈阳建党前马列主义在知识分子中的传播及学生运动*

阎宝航　苏子元　周东郊

一、社会主义研究小组

由于五四运动的影响，沈阳虽然在日本帝国主义和奉系封建军阀的统治下，封建势力较占优势，但新文化运动的浪潮，毕竟也波及了苔藓斑驳的沈阳古老城堞，在青年知识分子中引起了共鸣。从 1921 年起，在沈阳大南门内顺城街奉天基督教青年会中，办起了“星期三会”。当时参加“星期三会”的有：基督教青年会、学生部干事及该会会员阎宝航、郭纲、张韵泠、朱连生（以上系该会干事）、高子升、吴竹村、何松亭、巩天民等（以上系该会会员）。参加“星期三会”的人于每周星期三漫谈新思潮、新文化等问题。在形式上是阅读当时国内出版的白话文书刊，反对文言文的线装书刊。在内容上是赞成新科学反对旧礼教，赞成自由思想反对宗教迷信，赞成自由恋爱反对宗法家庭，反对政治专制提倡民主自由，反对异族统治提倡民族独立，反对旧道德提

* 本文选自上海阎宝航社会公益基金会编：《阎宝航纪念文集》，2017 年版。

倡新思想。总之是从小资产阶级的立场出发，在改良主义的泥潭中转来转去。从 1923 年起，在高子升影响下，吴竹村、郭纲、何松亭、巩天民、苏子元等开始学习马列主义。主要方法是由高子升口译日文的马列主义经典著作和关于社会主义思潮的书刊。此外，苏子元还把他收到的当时中央出版的书刊如《向导》《中国青年》及广州人民出版社出版的有关共产主义的书籍和陈望道译的《共产党宣言》，瞿秋白的《赤都心史》《新俄国游记》等书刊，在星期三座谈会的成员中传阅。从 1924 年起形成了以高子升为中心的，有郭纲、吴竹村、何松亭、巩天民、苏子元等人参加的社会主义研究小组。这一小组系自由结合，无组织形式，利用基督教青年会会址及海州银行宿舍（高子升供职地点）个别碰头或全体座谈，互相传阅书刊、研究问题。以后并翻印《社会科学概论》（瞿秋白著）及中国青年出版社的反官税、反宗教、反不平等条约的小册子，在沈阳学生中散发。从 1925 年沈阳建党后，高子升、郭纲、何松亭、巩天民、苏子元等人均先后加入了中国共产党和中国共产主义青年团。阎宝航于 1927 年提出入党申请，到 1937 年也加入了党组织。

二、沈阳的“新文化运动”

在沈阳，新文化运动虽然没有发展成为星火燎原、滴水溃堤的形势，但也引起了资产阶级和小资产阶级知识分子的响应，出现以反映新文化运动的结社。

1924 年有高崇民、阎宝航、徐寿轩、陈日新、苏子元等参加的启明学社诞生了。曾出版《启明》半月刊，这一学社到 1924 年末解体。

1924 年在南满医科大学，由栗丰、盖文华等组织了木铎社，以学习社会科学，唤起革命斗争为宗旨。1925 年暑假后，栗丰、盖文华离开该校，其他成员如王义心、范小峰等加入了中国共产党，这一学社便解散了。

1924 年在小河沿医科专门学校，由高启福、吴执中、白希清、孙光膺、杨宜等组织了白杨社，研究新文学及社会主义。1925 年以后，该社社员大多数先后加入共产党和青年团的组织。完成了它的使命，成为历史上的花纹了。

1924 年秋，由各中等学校爱好新文学的学生组织了文学研究会。每星期日在青年会聚会，有时是漫谈读书心得、感想及个人创作，有时介绍书刊，有时朗诵一些新体诗歌。曾讨论过苏俄新文化的论战（以任国桢译的《苏俄文学论战》为基础），初步接触到社会主义、现实主义与革命浪漫主义问题，文学为阶级服务的问题，并主张普罗文学。每次散会之后，都分发《向导》《中国青年》及其他社会主义书刊传阅。参加研究会的 30 余人，会址在青年会。该会学生部干事阎宝航给了文学研究会很多方便，并把文学研究会工作作为学生部工作的一部分。参加者有青年会的苏子元，第一师范王梦遥、王纯一、周畅春、杨予秀、高洁心、赵石溪、周筠溪、赵冰魂、郭心秋等，医专的高启福、杨宜、吴执中，文会中学的马骥、李耀奎，一中的官韵青、刘厚纯，三中的郝畅若、赵鲜文，一工的李正蔚、佟汝励，女师的张景珍、顾晋文等。这些会员后来逐渐发生了分化。其中一部分人主张为艺术而艺术，将文学作为敲门砖走个人主义道路；一部分接受了社会主义思想，成为 1925 年沈阳学生运动的积极分子，并且以后加入中国共产党和青年团。苏子元 1925 年冬离开沈阳之后，这一组织形式已不存在。但其他成员于 1926 年在中国共产党的指导下，由周畅春、杨予秀等人组织了春潮社，作为党在学生和知识分子中的文艺性群众组织之一。1928 年以后，春潮社的领导权被国民党分子杨予秀、梅拂光等霸占，“春潮”的名义已被取消。

三、奉天学生联合会的形成

1925 年五卅惨案发生后，高子升、苏子元访问了住在沈阳的任国桢同志（当时苏子元并不知道任国桢是共产党员，更不知道他是由北方局派来建党的，仅是朋友关系），任国桢提出，应在沈阳组织青年支援五卅运动，进行反帝斗争。苏子元介绍说，沈阳以前没有学生联合会的组织，更没有工人组织，而商会、教育会是不肯干这件事的。但是在参加基督教青年会学生部活动的学生中，有不少爱国青年。在参加文学研究会的学生中，有不少同情社会主义的进步分子。为支援五卅运动，开展反帝斗争，有可能将沈阳各中等以上学校的学生组织起来。翌日，苏子元到小河沿医科专门学校，与该校学生吴执中、高启福等交换了有关发起组织学生联合会筹备会，进行支援五卅运动，开展反帝斗争的意见。6 月 5 日夜，在小河沿医专召开了第一次各校学生联席会。据苏子元回忆当时的参加者有：医科专门学校的高启福、吴执中、白希清、毕天民等，南满医大的栗丰、盖文华等，第一师范的王纯一、张执中，第一工科的屈以诚、佟汝励，第二工科的苏士清、张德厚等，第一中学的宫韵青，女子师范的顾晋文、张景珍，坤光女中的王佳文等。这次筹备会决定各校秘密选举代表，组织学联筹备会。以后由各校代表在小河沿医专开了几次会议，决定 6 月 10 日举行游行请愿。制定了宣传口号，印刷了传单，推选了请愿代表，规划了请愿游行的组织工作等。工作进行得有组织有计划，并保守了秘密。虽然这是学生群众的自发运动，但为以后的建党建团工作做了准备，使学生们在斗争中受到了初步的锻炼和考验。

四、“六一〇”运动

1925年6月10日晨，准备参加请愿示威的各校学生代表，大都事先组织了全校同学，结队到城内金银库街省长公署门前集合。因为事先组织得比较周密，加之统治阶级及学校当局的麻痹，沿途虽受到警察的阻拦，但因他们摸不清情况，没有认真阻拦，所以大部分学校都到达了集合地点。东北大学没有组织起来，他们根本没有参加。约早8时左右，已到达省长公署门前广场的学校有：小河沿医科专门学校、南满医科大学、奉天文会中学、奉天省立第一师范、奉天省立第一中学、奉天省立第一第二工科学校等。这时小河沿医专同学，把事先做好的旗帜分发给到场的同学，并展开了用大幅白布写的横幅标语。学生代表分别在学生群众中讲述此次请愿的目的与做法，因为大部分学生事先不知道请愿筹备经过。

首先出现在广场的是奉天《醒狮报》社长张子岐，他痛哭流涕地对学生讲话，劝阻学生请愿游行。而这时警察已将广场包围。不久学生们就席地而坐，时间大约在上午9时左右。

请愿代表团的总代表，是小河沿医专学生毕天民。代表团成员六人，除高启福外其他记不清了。初期省长公署并不接见代表，经几次交涉，才将代表放进去安置在南房里。代表团提出的请愿条件是：发电全国，支援五卅运动；抗议日、英帝国主义惨杀我同胞；号召全国上下团结御侮；发起募捐运动，慰问被难家属；支援罢工工人；召开沈阳各界代表会议，讨论对策激扬民气；游行示威，扩大宣传。这些条件，省公署一律拒绝，并威胁代表解散队伍，率本校学生返校。代表被扣留在省长公署。省长派民政厅长王明宇、教育厅长祁公亮对请愿学生作斥责训话。大意是学生应好好读书，国家大事只有当局管理，不应胡闹，这种请愿举动是荒废学业，有碍治安。严厉命令学生们解散，并说否则会闹出流血事件。这时在广场四周及建筑物屋顶上已布满了荷枪实弹的军人，以示威吓。但学生并未动摇，仍然坐在地上不动。当代表团被扣留后，第二个代表团就站出来，此时奉天省教育会长冯子安，省议会议长冯子敬也都被召到省长公署。奉天省长要他们设法说服请愿群众。因为威胁无效，二冯便写一急信给基督教青年会学生部干事阎宝航，说学生请愿事态严重，为不致演出流血惨剧，要阎出面排解。省公署统治者方面认为，阎是解铃系铃的人。其实，阎在事前并未参与这次策划请愿工作，直到请愿事件发生前，也没有人通知他。

阎宝航当即前往省公署，他首先见了学生代表团，并向总代表探询请愿目的及条件，最高限度和最低限度的内容。毕天民同意把“游行”一项暂时撤销，其余必争。阎宝航见到二冯说此次请愿，学生出于爱国热忱，不应无理压制。民政厅长王明宇、警察厅长陶菊溪等也为形势所迫，色厉内荏地说：“其他条件可以办到，但是不能游行，以免影响治安。如一定胡闹，必将以武力制止。”其实这是统治者的缓兵之计，企图在队伍解散后背信弃义。

经过交涉，学生代表同意暂不游行。警务处长于珍同学生代表及阎宝航走向请愿群众，并由阎宝航宣布省长公署答应的条件：学生代表宣布斗争已取得初步胜利，通知各校学生返回学校。这时已是下午3时左右了。

这次运动最大的缺点，是学生们静坐请愿，消极等待，没有对市民及军警进行鼓动宣传，就是对学生群众本身，也没有进行政治鼓动和教育工作。因而有少数胆小怕事的学生，看见军警的战斗准备，偷偷地溜走了。

6月10日晚，参加请愿的各校（除南满医大因在日本租界地外）均被警察封锁，不准学生出入。各校代表有的越墙外出，到小河沿医专商量对策，并派代表找阎宝航谴责政府的欺骗行为。阎即与冯子安联系，促请当局维持信用。冯子安答复说，省公署同意各校学生于6月12日派代表到省议会开会，并准由阎宝航到各校通知。阎宝航赴各校通知时，受医专同学委托，将学联会油印传单带往各校。

从6月10日晚起，各校一直被封锁。有的学校当局，将请愿代表逐出校外，以免他们再鼓动学生。而教育厅又发出提前放暑假的命令，各校学生最初虽拒不离校，但终于在6月中旬，省立各校均提前放了暑假。在这期间，奉天学生联合会正式成立了，会址设在小河沿医专。参加学联执行委员会的各校代表，据记忆所及的如下：医专有毕天民、高启福（即高滔）、白希清、吴执中；一师有唐×（名已忘）、周畅春（即周东郊）；一工有佟汝励、李正蔚；文会中学有马骥、李耀奎；女师有顾晋文、张景珍（即张光奇）；一中有宫韵青，二工有张德厚（即张希尧）。选毕天民为主席，下分宣传、组织、妇女、总务等部。出版不定期刊物《奉天学生》，此刊物是在第二工科印刷厂由苏士清、史制心承印的。学联会与东北各省学生组织、京沪学联取得了联系，除将捐款陆续汇往上海学联支援五卅运动外，还与奉天各县学校学生进行联络，宣传反帝，鼓舞学生加强团结，开展斗争。下半年开学后，省立各校“六一〇”请愿代表大都被学校开除了学籍。

五、暑期大学

“六一〇”学生运动的最大收获，是开办了暑期大学。

暑期大学是奉天基督教青年会文书苏子元（1923—1925年在该会充文书）按学生要求发起的，并得到该会学生部干事阎宝航的同意。利用基督教青年会的会所作校址，于1925年6月下旬便开课了。

参加暑期大学的学生，主要的是以学联会的积极分子和具有进步思想（倾向共产主义）的学生为中心，还有社会主义研究小组的全体成员，及其他少数小学教员、店员、职员等40余人。年龄最大的不超过30岁。授课时间是每日下午5到7时，二节进行。讲课与课题如次：

任国桢：唯物史观及唯物辩证法；

吴晓天：学生运动；

陈日新：社会主义与社会主义史。

以上是主要课程，为了掩人耳目，还有：

安怀音：宣传工作与新闻学；

苏尚达：银行与新中国、关税与新中国。

讲师中前二人是共产党员，陈日新当时还不是党员，但他系统地宣传了科学共产主义。安怀音是资产阶级新闻记者，苏尚达是美国留学生，所讲课程占少数时间，对学生的影响不大。

在毕业典礼上引起了一场争论，苏尚达和少数学生，如薛兰石（当时一师附小教员）主张读书爱国，不应参加政治活动，以免荒废学业。而其他绝大部分学生则在任国桢领导下，认为打倒帝国主义与军阀是当务之急，死啃书本，不参加社会革命活动，有负"做人"的责任。许多学生表示愿意为共产主义和中国革命及世界革命而奋斗。记得一位姓唐（名已忘）的同志，在他的扇子上写着："我们的导师是列宁，我们的目的是共产主义，我们的任务是全世界革命！"当然，当时参加学习的青年知识分子，全是小资产阶级出身，小资产阶级具有革命和动摇的两面性，短期暑期大学的教育，对于这些人的锻炼和考验是不够的。而共产主义世界观和共产主义者风格的培养，仅仅靠书本和学校教育是不够的。但暑期大学对当时的爱国进步青年，的确起了为共产主义而奋斗的启蒙作用。其中有很多学生，后来加入了中国共产党和青年团。

暑期大学结束后，由任国桢、吴晓天召集进步学生在小河沿开了一次会，组织了“同志会”，规定了以后的任务——广泛地进行反帝反封建的宣传。并定期召开会议，研究工作，继续学习理论。到1925年底，“同志会”利用暑期大学同学会的名义，召开了三次会议，均在基督教青年会内进行的。

除此之外，暑期大学推动了青年知识分子的读书运动。由于暑大的影响和启发，引起了学生们对科学共产主义的求知欲，而《康民尼斯特丛书》和《共产党宣言》《社会科学概论》以及《向导》《中国青年》等刊物，已广泛地成为在学生中秘密传阅的读物。

现在回想起来，在当时沈阳反动军阀统治和封建思想占优势的条件下，暑期大学的历史，几乎是出乎人意料之外的。尤其暑期大学是在帝国主义文化侵略的工具——基督教青年会的招牌掩护下开办的，这甚至是使人不可理解和不相信的。然而事实毕竟是事实。

参加暑期大学与组织暑期大学的人们，以后大多数加入了中国共产党和共产主义青年团。虽然那时候俄国革命已成功了八年，中国共产党已成立了四年，而处在落后地区的沈阳青年，从革命的自发运动，从寻求真理的个人努力，到参加共产主义有组织的光荣行列，是经过了初步考验和斗争历程的。

1961年5月1日

回忆东北民众抗日救国会*

阎宝航

东北民众抗日救国会是东北民众抗日救国的统一战线组织。它在1931年九一八后，由阎宝航、金哲忱、卢广绩、高崇民、王化一等人发起，于9月27日正式成立的。会址设于北平旧刑部街奉天会馆内，在平东北人士踊跃参加，入会者达400余人。由会员大会选举理事会，由理事会推选常务理事；常务理事会下设总务、军事、政治三部，各部设正部长一人，副部长二人，均由常务理事兼任。总务部正副部长为卢广绩、高崇民，军事部正副部长为王化一、彭镇国、熊飞，政治部正副部长为阎宝航、杜重远（杜在上海未到任，嗣由霍维周继任）。

东北民众抗日救国会组织成员，就阶级成分来说，资产阶级占少数，小资产阶级知识分子及青年学生占绝大多数。从党派来说，有国民党如梅公任（又名梅拂光）、吴焕章、黄剑秋及改组派钱公来等，青年党如王捷侠、霍维周等都曾参加。共产党（地下党员）和在党影响下的进步青年，则有宋黎、张希尧、宁匡

* 本文选自上海阎宝航社会公益基金会编:《阎宝航纪念文集》，2017年版。

烈、张雅轩等，阎宝航、卢广绩、王化一、车向忱等，则属于大多数的无党无派。

救国会的领导权，是在进步的和无党派的成分当中。如当时的无党派人士高崇民、卢广绩、王化一、阎宝航等（都是靠近党的或左倾的）。我在九一八前1924年起，就与地下党有过接触，参加过外围活动。

我1927年就曾申请入党，但因当时出国（去英国）留学，入党手续没有来得及履行，回国后，我的关系人苏子元又到国外去了。直至1937年苏子元从苏联回国，在南京才旧案重提，由周总理和刘澜波同志介绍入党。但1946—1949年在东北时，一直是民主人士的身份（这是党的决定），至1952年到外交部工作时才公开。

在救国会时一些进步的青年是靠近我的，我也支持他们。其中如张希尧、宁匡烈、徐大同（徐靖远）、车向忱（九一八前和我一起搞过国民常识促进会）等。张、宁、徐是党员，大概是1933年入党的。1933年以后，救国会基本上是在党的领导下工作的。因为这些人都是救国会的骨干。

此外，谁是党员记不清了。

记得冯基平在救国会门房做过传达，以后可能是到东北去了。

李兆麟是不是救国会派到东北去的，记不起来了。但我记得西山卧佛寺的义勇军干部训练班宁匡烈曾派赵守铭去东北抗联做外围交通工作，与李兆麟有过联系。赵守铭现在盘锦农场工作。

宋黎当时也参加过抗日救国活动，并曾派出关去工作过。他可能是1933年左右入的党。

1933年5月《塘沽协定》签字后，在国民党反动派和日军配合向东北民众抗日救国会加紧压迫摧残的形势下，虽然更增强了抗日到底和对国民党反动派斗争的决心，但是，鉴于当时华北内外情势，抗日救国工作不得不转入地下。

在1933年九一八事变的二周年，阎宝航和高崇民等又秘密地组织了复东会。阎宝航为会长，高崇民为秘书长，内中没有国民党和青年党参加。与此同时，阎宝航和张希尧、宁匡烈、徐靖远等人于北平西山卧佛寺开办了一个义勇军干部训练班，阎宝航任班主任，张希尧负责组织工作兼管生活事务，是主要负责人之一。对外是以学生夏令营为掩护，训练内容为马列主义、游击战术、爆破技术及时事讨论等，课程分别由宋星池（马列主义）、徐靖远（游击战术）、宁匡烈（爆破技术）担任。阎宝航有时作时事报告和组织讨论。开办了一期，约百余人。训练结束后，学员分派各地进行秘密工作，其中一部分则进入当时的苏区。

在七七事变前后，1937年春，共产党人刘澜波、栗又文、张希尧、苏子元四人和高崇民在北平聚议组织新的东北人民救亡团体以适应时势的需要。嗣由刘澜波、高崇民、苏子元与阎宝航会商于南京，当即决定成立一个统一的东北人民的抗日救亡团体，定名为东北救亡总会，并决定邀请以李延禄、李杜为代表的东北抗联加入，以形成关内关外的东北抗日救亡的统一组织。然后，刘澜波、高崇民等返回北平，正式举行了东总的成立大会。时在1937年6月。

东总的组织与领导情况如下：在常务委员会下，设秘书长及组织、宣传、训练、联络各部，并由常务委员会推选主席团负责日常事务。主席团为阎宝航、高崇民、王化一、卢广绩、杜重远、王卓然等。秘书长为于炳然（东总最初在平成立时秘书长为栗又文），组织部为高崇民，宣传部为于毅夫、徐寿轩，训练部为刘澜波，联络部为王化一、陈先舟；并决定关外工作由阎宝航负责，于毅夫负责主编东总的机关刊物——《反攻》半月刊，东总是由东北民众抗日救国会脱胎出来的。它是在共产党领导下的东北人民抗日救亡团体。

（刘先涛整理）

1964年1月25日

国事千钧重，头颅一掷轻

张金辉

一、难忘九一八

1931年，我在东北大学政法学院读书。九一八爆发前几天，就听到一些传言，如“日本站增设了许多大炮并不断增兵”“日军兵车往来频繁，经常在南满路附近演习”等，搞得人心惶惶。九一八那天夜晚，我们刚上完自习从教室回到宿舍，突然听到一阵阵剧烈的炮声。从楼窗看出去，飞射的炮弹闪着道道火光从空中滑过，方向是从地处西南的日本站向东北军的驻地北大营飞去！一时间，全校大哗。虽然大家还不知道详情，但是日本人在搞阴谋突袭，这是肯定的了。我们几个要好的同学一同跑到刘馥教授家中，这位老教授当时正站在门外仰天长叹，他分析了形势，指出日本公然侵华，不可能再安心教学了，东北青年应当奋起抵抗，挽救国家和民族！我们当时都激动得流了泪。那一夜，枪炮声未曾停止，谁也睡不下，都在焦急地等待最后的消息。

第二天午饭后，许多噩耗不断传来，日本人已经占了北大营，城内也全都是日本兵。有同学从城里回来，说日本兵到处行凶，街上死尸横陈。又传说，日本人很快就要来接收学校。这时学校已完全陷入混乱状态，同学们自发到理工大楼集会，不少人登台痛哭流涕地发表演讲，呼吁大家组织起来参加军队进行抵抗；还有的要求张学良进行抵抗，说几十万大军都不抵抗，学生们赤手空拳又能有什么用？大家议论纷纷，莫衷一是。我和家兄张希尧等集结了百余名同学，离校往北寻找军队，准备参军以铁血保卫国家和民族。不知不觉天色已黑，中秋时节虽有圆月高悬天空，却显得苍白无光。我们携带着简单的行装，好像失巢之鸟，彷徨在沈阳北郊。只见街上到处是散兵，他们也找不到部队了，不少百姓站在村头，向过路人打探着消息。我们来到法库县的一个小学校，向附近的老乡们揭露日本鬼子的罪恶，宣传抗日救国的道理。那一晚，同学们就住在小学校的教室里，我躺在一条又窄又短的凳子上，迷迷糊糊地过了一夜。

九一八后第三天，社会上的传言更多，人心更加恐慌，原本聚在一起的学生也大都各自流散，只剩下希尧、宋黎和我等六七人。回家是没有出路的，派人到由英国人经营的火车站探问情况，得知还有车可通北平，便收拾简单行装连夜步行至车站，决定先到关内，再相机作长远打算。此时，车站已是人山人海，秩序很乱，每有一辆列车开行，人们就争抢着上车，我们一直等到第二天上午，才挤上了一个无篷车厢。日本飞机在空中轰鸣盘旋着，车厢里的人们已经挤得透不过气来，但仍有人攀着车厢往上挤，压在先上来的人们身上。车厢内孩子哭、大人叫，实在挤不上去的，只好与车上的亲友相约在什么地方见面了，那种逃亡时的惨景令人终生难忘！目睹这些情景，我不禁感叹：为什么我们被日军逼迫得逃离自己的家乡?！为什么?！为什么?！……谁也不能解答。我含着眼泪向故乡告别，但同时在内心告诉自己：总有一天会回来的！

火车开动起来，车上人们的精神依然紧张，每到一站，就有人群围上列车，问长问短，打听日本兵的动态。火车到达锦州，据说张作相（即吉林省长）还在锦州，我和希尧等下车前去了解情况。隔天，又登上一列无篷火车继续南行。夜晚明月当空，火车风驰电掣，我们躺在火车上仰望明月，相对无言。列车一站一站地南行，离故乡越来越远，经过山海关进入河北省，随之到达北平。这里的人们仍旧过着太平日子，看不出有“覆巢之下无完卵”的感觉，更看不到什么亡国之危！从此，我们开始了抗日救亡的生活。

二、流亡北平

北伐战争后，北京这座古老的城市被国民党改称为北平，意思是北方被平定了。九一八事变后，我们流亡到北平，当时在西单旧刑部街（即现在西单商场一带）有一个哈尔飞戏院，旁边就是奉天会馆。一些流亡到北平的东北上层人士如阎宝航（奉天基督教青年会总干事）、车向忱（东北民众常识促进会组织者）、王化一（奉天教育会长）、卢乃赓（奉天工商会长）、高崇民、王卓然等人常在这里聚会，负责收容东北流亡青年，后来就在这里成立了东北民众抗日救国会。我们到北平就投奔到这里落脚，不久在宣武门外江西会馆组织起东北学生军，由希尧等负责。

当时东北大学、冯庸大学等也先后在北平设校复学，青年中有各种打算，有的仍然想走读书救国的道路，便在北平复学；有的投笔从戎，我和宋黎、苗可秀等人认为，国破家亡，山河不保，“覆巢无完卵”，怎能有安定的环境读书？且敌人侵略日张，北平、华北，以及全中国都是朝夕不保，只有全国人民奋起抵抗，才能挽救危亡。所以，我们都参加了学生军，接受短期军事和武装斗争的训练。学生军有二三百个东北学生，大家睡在地板上，吃的是粗粮淡菜，每天早起在街头跑步、出操，除此之外还练国术，学习射击、投弹和制造炸弹等。我们内心充满抗日救亡的火种，经常唱“满江红”“易水寒”等鼓舞斗志的歌曲，从歌声中可以听到大家要为祖国复仇、为人民战斗的心声。教员都是半薪聘请的，有的干脆白尽义务，我们也请一些知名人士和学者给大家做政治报告。我在学生军中担任交涉科长，负责与各方面人士接洽。为了给学生军募捐，我曾跑到唐山找公安局长宁武和他的太太，募了一批棉衣，每人一套；还曾跑到察哈尔找当时的省主席刘翼飞（东北人）为学生军募伙食费。这些人出于爱国热情和同乡关系都很热心。

在北平流亡的日子里，国内形势越来越恶化，日本军几乎完全占领了东北，蒋介石采取不抵抗政策，用诉诸“国际联盟”来迷惑人民，一些东北人组织到南京请愿，也是毫无结果，张学良当时已经有名无权，不能解决问题。不久，上海发生了一·二八战事，敌人已指向内地，中华民族的灾难愈陷愈深，激起我回东北参加义勇军，直接参加武装抗日的决心。在这段日子里，希尧的肺病发作，经友人帮助送至香山慈幼院一个安静的地方疗养。那时尚无公共汽车直达，车费又很贵，有时要骑驴或乘人力车前往，来往甚为不便。在这个时候，希尧的病对我是个打击，记得我几次去看望他时，我们都是谈论救亡大事，有一次我宿于他处，彻夜谈心，甚至激动得相对而泣！所悲者，仍是国破家亡。

三、潜回东北

流亡北平的生活，使我尝够了有家归不得的滋味。日军的魔爪已经伸向关内，东北人民的抗日斗争风起云涌。我决心潜回东北参加抗日斗争。1932年元宵节之夜，希尧得知我要走，特地从香山进城来送我，我和希尧在一个饭馆里买了两盘饺子，但谁也吃不下去，他的病情依然严重，而我化装潜回东北也冒有生命危险，兄弟二人颇有生离死别之感。不过，我们还是彼此鼓励，争取胜利重逢。

当夜，在万家灯火之时，我化装成一个商人，登上北宁路火车离开北平。我们一共有四人同行（一姓仲、一姓肖、一姓宋，他们都是东北讲武堂或学兵队出身的军人），相约路上装作谁也不认识谁，各自行动。当时山海关有“鬼门关”之称，敌人盘查得十分严格。于是我们在塘沽下车，改乘日本商船，直往大连。这是我第一次乘坐海船，远处水天相连，残阳慢慢地从海平面消失，一轮明月悬挂在海天之上。我站在甲板上遥望故乡，回首北平，真是百感交集！船逐渐驶入远海，船身随着海面开始波动起来，我回到船舱的铺位，静静地躺下，想着明早如何才能混过大连这一关。入夜后辗转不能睡，船越来越颠簸，摇晃得厉害，我的头发昏、腹内也开始随着鼓动翻滚起来，总想呕吐。我知道这是晕船的症状，坚持着爬上甲板向海里呕吐，开始吐了一些食物，后来就全是苦水，再后来就什么也吐不出来，只是连续干呕，好像把五脏六腑都能吐出来才好受一些。我蹒跚着回到船位等待天明。旅客中有人说，船通过老铁山头时海浪特别大，船就摇晃得特别厉害，一过老铁山头就平稳了。

一阵震耳的钟声和吵嚷声把我从昏迷中惊醒，船已靠近大连了，要求所有的旅客都扛着行装在甲板上集合，等候海关检查。我随着人群在甲板排列成行，只见有几只挂着太阳旗的小艇从岸边急驶过来，许多宪兵、侦探，还有穿白衣的医生相继登上轮船，对每个人仔细盘查。这群可恶的豺狼用凶恶的眼光审视着每一个人。与敌人相对而视，既不能紧张害怕又不能表现得旁若无人，如何坦然处之，的确是一种斗争考验，稍有异样就会被抓出去带走，从此也就再无下落。当时从这条船上就抓走了十多人，我总算是平安地通过了这一关。走出码头后又有人检查行装，逐件地摸索询问，好在我带的东西很简单，也未发生问题。走出警戒区，若如释之鸟，心神总算是安定下来。我被客栈接待人接入客栈，略事休息后到街上转转，发觉这个重要海港在敌人的统治下已经完全日本化，所有的街道、房屋都是日式的，就连街道名称和商店招牌也都写的是日文，不禁百感交集。联想到小学时代唱的歌："日本小鬼真正顽，割我旅顺大连湾。民国十二年二十六日，期满了他还不交还，二军港是我咽喉，割我咽喉命便休！快快醒来，快快醒！"

当天下午，我又乘"南满路"北上沈阳，此时已心神坦然，坐在车厢里开始考虑到沈阳后如何开展工作。偶尔，透过车窗向外望去，铁道两旁仍是大雪冰封，想到祖国这片白山黑水正在日本鬼子的铁蹄下呻吟，不由得触景伤情，泪涌眶中。第二天上午抵达沈阳，自九一八之后不到半年时间，这座城市已面目全非，太阳旗的标志大为增多，日本宪兵四处巡逻，"浪人"到处肇事，还有所谓的新民会、大同学院等汉奸组织到处肆虐，老百姓多半深居简出，市面显得萧条，一切正在向"旅大"城市的样子变化。看到这些景象，身为中华青年，如何力挽狂澜，救亡扶危，真是义不容辞的责任。

四、建立中华青年铁血团

在沈阳，我首先找到了郭明德，他家住在城北虎石台站鸭子厂，在城里也有亲戚。他的夫人名叫苏志德，是个贤惠的内助。

我与郭明德倾谈几次，两人志同道合，决心共同奋斗。为了便于长期斗争，商量决定由他通过关系谋得一个职业作掩护，在沈阳安家以便建立联络点。我则从沈阳到铁岭、开原等各地，分别找到江涛、肖明光等人，与他们进行联络。回到西丰，向家人谎称自己在沈阳找到事做，并商量要把夫人接到沈阳，父亲和大哥都信以为真。我在家乡也联络了一些人，如王惘忱、张坦之、李向前、刘蓬、徐锐等；后又从西丰绕道海龙、清原等地，找到东北大学同学张永庆等人，回到沈阳又结识了戴昊。此时，郭明德已在《满洲日报》找到记者职业，将夫人从老家接出来住在市内，以小家庭为掩护建立了联络点。我即改姓郭，冒充其弟住在他的家中，不久也把我的夫人接到沈阳，大家住在一起。后来江涛也来到沈阳，经郭介绍在《大同日报》当编辑，这样又建了一个联络点。我们在一起策划、组织了东北青年铁血团，顾名思义，目的就是要用铁和血与日本鬼子斗争。成立这个组织时，我们七个人曾到沈阳大南门外的南塔下共同吃了猪心、饮下苦酒，效仿古时桃园三结义的样子，颇有一种侠义。我们宣誓要抛头颅、洒热血，为光复东北，不惜牺牲一切！

当时，大家公推我当这个青年组织的主席，宋黎为军事部长，郭明德为经济部长，江涛为政治部长，戴昊为宣传部长。经讨论决定主要任务是：1. 组织发展义勇军，打入并争取瓦解伪军；2. 进行抗日救亡宣传；3. 扩大组织东北青年；4. 对日本驻军搞破坏、暗杀活动。这个组织后来逐渐扩大，人数达到七八十人，其中骨干有二三十人，不仅有东北青年，也有其他省的人参加。为了扩大影响，避免狭隘的地区性，我们又将这个组织改名为中华青年铁血团，以争取更多的人参加。

从这个组织的活动内容和组织情况，可以看出当时我们以

“铁血”为抗日斗争武器，意志是坚强的，思想是纯洁的，可惜那时我们完全不知道共产党是怎么回事，只是凭着年轻人的热情和勇敢办事，由于缺少正确的领导和斗争策略，许多活动带有很大的盲目性，更缺少长远的计划，以致遭到后来的惨痛失败。

五、为组织义勇军，曾与“绿林”“土匪”打交道

九一八事变后，东北军在不抵抗政策下，几乎全部撤入山海关内。但东北人民却不甘心做人牛马，老百姓奋起自救，在白山黑水间广泛兴起义勇军。为了抗日救国，我们这帮青年人也积极设法组织抗日武装。当时东北有一股绿林胡匪，经常出没于新民、法库一带的苇林沙地，我们曾通过关系深入到一支“绿林”队伍中，接头的匪首原名叫吴海山，匪号“老头好”，部下有“大祥子”“长和子”“镇东洋”“小蒙古”等，都是他的干儿子，是这一带有名的匪伙。吴海山当时有50多岁，长着一撮黑短须，身体很健壮，善骑善射。他自己有三四匹好马，每匹都和“千里驹”差不多，他每天都要分别进行骑驯。吴海山有两把时刻都不离身的盒子枪，行时别在身上，睡时压在床边。他可以左右手同时打双枪，在百米之内百发百中。据说，他能把三发子弹打进一个弹眼里，夜晚能够在百步以外打灭香火炉或蜡烛，我曾亲眼见识过他在夜里打蜡烛的本事。

这股武装被民间传说为“义师”。据说，他们平时并不经常抢劫，只是每年冬季到内蒙古一带作一次案。他们骑的马都是黑色的，夜间都带着响铃，听到从远处传来的响铃声，就知道是“老头好”的队伍，老百姓都起来开门迎接。他经常把抢来的东西分给有困难的人家，很有“劫富济贫”的侠义味道，这就是我们愿意和他接头的原因之一。

我初到这个队伍时还有些顾虑，因为搞不好就有性命之虞。可是，和他谈了几天之后，觉得此人很正直、义气，对日本鬼子十分仇恨，颇有民族意识。他对我个人的印象也还好，于是提出结义为兄弟，虽不能同生，但愿同死，这是绿林中的习俗。我在他家住了七八天，以救国会的名义委任他为义勇军第三十路军司令，我为副司令。我们还一起商议下一步如何与辽南的一些义勇军联系，相机攻打新民县城，购买枪支、弹药的钱，由我具体负责与救国会联络筹集。后来，我曾用一部分钱款，通过关系在沈阳买到一批枪支、弹药交给该部。我离开该部后，就由宋黎、戴昊等人负责与他们保持联系。这支队伍在新民、法库一带活动了一年多，还曾经攻打过一次新民县，可惜因人心不齐没有成功，戴昊险些丧命，“老头好”在和日本人作战时，被炮弹炸断了一条腿，不治牺牲。

除了这支队伍外，我为联络义勇军还去过清原和抚顺。清原已接近长白山支脉，也有许多义勇军活动，但这些由群众自发组织起来的抗日团体，难免成分比较复杂，其中有些简直就是会道门（如大刀会），搞的都是一些封建迷信活动。我曾经混进去看过他们搞的“开香堂”“过刀场”，据说这些人都拜过神、吃过符，念起咒语来就会飞檐走壁、刀枪不入。有几个人脱光上身，在屋子里跳来跳去、装神弄鬼，还拿刀砍自己的肚子，样子甚是吓人。他们的师傅说，他们要“兴中灭洋”，坚决抗日。这实际上就是清末义和团的性质，但他们的影响很大，关系也很广，我通过他们曾深入到抚顺煤矿，与矿里的崔某和毛某接洽，打算通过他们进一步发展关系，打入发电厂，与清原大刀会里应外合，炸毁被日本人霸占的煤矿和电厂。当时，我们由于年轻，缺少斗争经验，更谈不到什么政治警惕性，结果事不机密，走漏了风声，联系人被抓，我侥幸脱身逃回沈阳，没有送掉性命，算是万幸。

六、遭敌追捕，死里逃生

为了寻找革命的正确道路，坚持长期斗争，我们决定设法与东北抗日联军联系。1934 年春，我去哈尔滨接洽关系，但在那住了半个多月，也未等到联系人，便于 3 月底返回沈阳。下火车后径直返回住处（当时我已改名江潮，与江涛住在一起），刚一敲门，江嫂从室内跑到门口，一看是我，惊骇无状，急告江涛和郭明德已被敌人抓捕，受到严刑拷问。现在附近可能就有敌人侦探，让我赶快逃避。我闻此消息甚感意外，急忙离开家门四下观察，见并无可疑之人，遂飞步走到大街人群之中，一时感到有些茫然。正在考虑如何避过危险时，发现仁余（我的前妻）乘人力车从车站归来，当即趋前迎住。她下车付了钱，与我同步街头，讲了一些情况，得知敌人追捕甚急，许多联络员均有危险，决定到日本租界地暂住，因为那里可能检查得反而轻些。

当天下午设法了解到郭明德受刑很重，为我们传信、寄款的联络处（某银号）也被查封，店铺老板和职工都被捕了，我们的组织遭到严重破坏。究竟是怎么暴露的，一时还查不清。经与宋黎等人研究，我们一方面找关系设法营救入狱的同志，同时通知其他同志避免危险。因我的相貌特征明显易被发现，决定让我离开沈阳到外地躲避一下。我即同仁余深夜乘火车离开沈阳，准备回西丰老家暂避一时。当火车抵达西丰县城时，发现教育局长高某正在车站接人，他看到我时相当惊讶，示意不要说话。我们雇了一辆车到同学关某家中，夜间与高某通电话，得知敌人曾到中学去抓过人，让我赶快离开县城。第二天，我们即乘马车离开县城，距家还有十几里地碰到我的二姐丈，他说敌人已到家中去捕人并在那里坐等，家中人均已逃走，只剩下祖母、母亲、婶母几个老太太在家。我们只好到同族的叔父家中落脚，但他家人十分害怕，因为一旦受抗日分子牵连，就有全家遭难的危险。我决定让仁余等在这里，一个人步行15里，到外祖父家了解一下情况。

夜晚，满天星斗，我急步当车，绕小路直奔山里，大约走了一个多小时，到了外祖父家。舅父把我迎到一间僻静的房子里，不让他们家人见我。当时，二嫂（希尧妻）带着孩子从家中逃到他们家避难，我们叔嫂见了面，才知道三天前日本官兵和伪警察到家中拘捕我，家中男人均逃到东山里躲避，年轻妇女也相继躲到亲戚家避难。舅父告诉我，情况十分危急，家乡不可久留，得赶快离开。我简单地吃了一点饭，舅父给了我50元路费，拉着我走上深山小路，路上不小心两人都掉进一个深沟里，这时舅父放声地说："你们忠心抗日救国，一时遭难，将来回来必然报仇。你有志气，就大胆去奔吧，家中事不必惦记，只要你不被抓住，问题就不大！"我向他表示："只要此身不死，必定回来为东北父老乡亲出这口气。"然后向他行了一个礼就告别了。

夜更深了，道路崎岖不平，我用最快的速度行进，争取在天亮之前赶回同族叔父家，带仁余离开险地。途中，经过祖父坟地，遥望家门，想到明天就是清明，可家人都外逃了，不能给老人扫墓，我跪在祖父坟前，心中不免有些惨然，但一想到自己为了抗日救国，虽牵及家人，亦无愧初衷！待我到叔父家中已是下半夜，急由一族兄护送，奔往仁余的娘家。不觉红日已经东上，离仁余的娘家不远了，为谨慎起见，先由族兄进村探听情况。徐家族兄为了隐蔽行迹，赶出一辆送粪的大车，车上周围有帘子，别人看不见里面是什么。就这样，把我们拉回家。刚进家不久，仁余父亲慌慌张张地从外面赶了回来，说是有人看到我们，可能报告敌人，会跟踪追来，让我们赶紧离开。于是，当夜用一匹马又把我们送走，翻过两座山来到清原县境内一个姓景的家里，这是仁余的外祖父家，住得比较偏僻，他们并不知道我的遭遇，待我们如贵宾。经过连日奔波，我一病不起，又不敢看医生，只好自己休养，病中想到由于我们缺乏斗争经验，致使许多同志身陷囹圄。在沈阳被捕的同志生死不明，我家中的亲人四下逃亡，不知何时才能团聚？真是苦闷之极，愤恨之极！我在这里住了半月左右，什么消息也得不到，决定返回沈阳另图他计，如不能取得胜利，就是和同志们共同殉国，也比苟安偷生为快，遂决定立即返回沈阳！

为逃避敌人耳目，我周密地做了回沈计划并化了装，与仁余各自分别强登火车，而且把登车的时间定在火车即将启动的时候，这样就可能减少敌探检查的机会。这个办法是成功的，等我上车时车轮已经转动，一个乘务员反而帮我抢上了车。这次回沈阳的确有些冒险，无异于又来投入虎口，可我在同仇敌忾的激动情绪下，反而处之坦然并不觉得可怕，一切听其自然！在车上的两个多小时，若无其事，尽管宪兵警特在车厢里来回巡查，我并不感到紧张。到沈阳出站时有警特检查，也未发生什么危险。我们出站先跑到一家小饭馆吃饭，然后落宿到一家日本人的旅馆。经过关系找到江、郭的家属，知道郭明德可能已经牺牲了，江涛还在狱中受审；敌人在开原县抓到肖明光，并且还在追问我的下落。我们决定由女家属出面找人保释，争取转到法院审判，尽早脱离宪特机关。大家认为，我继续留在沈阳较为危险也无何意义，要我撤回北平，相机再来。而我此时尚难想通，特别是郭、江、肖等人都是在我鼓动下参加抗日斗争的，现在他们遭被捕，我怎么能一个人跑回关内?

又经过十余日，得知郭明德确已牺牲，江、肖可能转到法院判决，他们在狱中都不承认与我有联系，敌人已不再追缉我，情况略有缓和，我和仁余便移住于城区另一家旅馆。一天深夜，宪兵突然包围了旅馆，挨个房间盘问来历，气势很凶。我们住在楼上，从窗口向院内望去，看到已经捕走几人，下面乒乓敲门之声仍在继续，我见情形如此紧张，和仁余商量了对词并且交代了后事，然后静待其来。但许久不见动静，不知不觉迷迷糊糊地睡着了，等再醒时，仍然睡在店中。仁余告诉我敌人已经离去，可能没事了。结果又是一场虚惊!

在沈阳的同志们仍然坚持认为，我继续留在沈阳无任何必要，由于形势发生如此变化，也需回到北平与希尧研究一下今后的计划，乃决定仁余暂留下，我化装成一个公司的职员，只身坐船从大连、青岛绕道回北平。在船上，我刚找到舱位、放下行李，便衣警探就把我叫到一间船房里进行审讯并检查了我的东西，检查得很仔细，就连身上的衣服也都一件一件地检查过，我自始至终坚持说自己是公司职员，回青岛探亲。警探威胁着要打电报去查问，并说我是伪满职员潜逃，如不说真情要严加惩办。我从其审问中发现，他们并未发现我的真实身份，只是加以威胁，因而心中更加有信心，仍坚持原来的说法，警探让我在房子里等候结果。过了半个小时左右，又来了一个便衣，让我回到舱位去并把东西都还给了我，看来他们是没有发现破绽。我原想不久还会回来，孰料这一别就是11年!

分析这次组织遭到破坏的原因，大概有三种可能：一是因为我们和北平的通信联络地点被敌人发现，从那里查到了郭明德；二是由于我们曾与一个姓杨的义勇军活动者有过联系，但这个人政治上不坚定，可能因为他的背叛而出卖了我们；还有一个最为可能的原因就是：因为我们不听青年党的领导，他们的人便向敌人告密，否则郭、江两人不会同时被捕。这是可耻的政治陷害！自从霍维周死后，我们就完全和青年党的人断绝来往，从而遭到他们嫉恨。他们认为，我们和家兄希尧一起，都是左倾的共产党分子，双方长期互相敌视与警惕，过去曾经一起抗日的一群青年，从此在政治上分为两个集团，各自走各自的路了。

七、第一次坐监

回北平的目的是要找后援，继续战斗，可事情的发展和想法完全是两码事，张学良已经失势，东北救国会有名无实，国民党政府坚持“先安内而后攘外”的反动政策，发动内战围攻红军，日军的魔爪已经伸向关内，华北局势岌岌可危，继续坚持东北抗日，已经没有后方！

1933年希尧已经参加了共产党，但我当时并不知道。他经常外出或在家里开会，宣传红军的革命斗争，找来一些进步书籍让我阅读，使我初步认识到谁是抗日救国的真正力量！我们决定开始新的战斗，有计划地把一些同志召回关内。1934年，我的家属和希尧家人陆续来到北平。为了便于工作，我在东北大学复学以便掩护身份，开始参加读书会，学习唯物主义和辩证法，在希尧领导下参加一些活动，如参加北平学生募捐救济黄河水灾的灾民，参加西山基督教组织的青年学生夏令营，宣传东北抗日救亡斗争等，杜若（杜含英）、章天（王安息）、何扬（赵松岳）等同志就是那时认识的。

当时北平国民党特务和宪兵搜查得很严，1934年11月，由于希尧活动不慎，他和我都被国民党市党部特务抓走，拘押在市公安局。那是一个冬季的夜晚，我从学校回家（当时家住鼓楼附近的鸦儿胡同，广化寺借壁），正当我叫门的时候，突然从背后窜出便衣和警察将我绑架起来。这时门已被推坏，同时还从房上和墙上跳下来一些人，把我和希尧监视起来，不让嫂子和仁余等随便走动。我们质问原因，他们并不回答，只是问了一下我们的姓名、身份以及家人的关系后，便开始严格地搜查。这时特务、警察频繁地进进出出，情形如临大敌！过了一会儿，开过来一辆汽车，下来几个穿洋服的人，把我们推上车，一直押到宣武门内国民党北平市党部。不久，又送来一些从我们家搜出来的书，其中有一个小木箱里装着十几本书，是我正在阅读的一些进步书籍。这个箱子是埋在我床铺地砖下面的，可见他们搜查得十分严格。特务问这些书是不是我们的，我当时毫无顾虑地回答："是我读的"，他接着又讽刺地问：还有一支手枪是谁的？我也说："是我的。"他问我枪的用途和来源，我回答说是从东北带回来打日本鬼子的。他蔑视地笑了一笑，说："看来你还是英雄呀?!"我气愤地回答："英雄我不配，但我是个热爱祖国、坚决抗日的青年！"他又冷笑了一下说："好好想想，明天再说！"随后"砰"的一声关上了门。

特务走后，我和希尧相对默然了一会儿，当时希尧正在沉思，我表明书和枪都可以说是我的，因为我不是共产党员，又从东北回来不久，许多问题便于解释。至于希尧本人是否已是共产党员，我这时还不清楚，但敌人很重视希尧，可见他是主要怀疑对象。希尧仍然向我表示，他也不是共产党员，可能是一时误会，叫我不要害怕。我们相信抗日是无罪的，商定只承认参加抗日救国活动，不谈其他问题。

下半夜，北平的冬夜有些冷气逼人，向窗外望去，发现有暗哨时隐时现，是在监视我们。我躺在床上辗转不能入睡，反复思考这个意外事件，最令人愤恨的是，像我这样一个满腔热情的抗日青年，两年多在日军的屠刀下出生入死，都没有被敌人动过毫毛，不想逃回关内反倒成了囚犯。我开始质疑国民党政府究竟在为谁办事？对它完全失去了幻想，看来依靠政府当局收复故乡，富国救民是不可能的。

第二天早晨还没有洗脸，有人送来两碗汤面，可是我们一点也不饿，谁都没有吃。上午10点钟，来人把希尧叫走，大约过了两个多小时他才回来，面色非常不好看。我问他怎样？他说主要是让他承认是共产党，还给他用了“跪铁丝”的刑罚。希尧嘱咐我，如果问到共产党的问题，无论如何都不能承认。不久，就有人把我带到另一个院子，进了一间摆设比较阔气的办公室，一个西服革履、鼻梁上架着眼镜的中年人坐在桌子对面。他官气十足地示意我坐下，先问了一下我的经历，我就把两年多的抗日经过向他说了一遍，他说这些他们早就知道，让我告诉他回北平后都做了些什么？我答曰：继续读书并宣传抗日。他问我搜出来的那些书是怎么得来的，我说有的是自己买的，有的是朋友送的，他追问是谁送的？我答是一个同学并说他又回东北抗日去了。他说，这些都是赤色分子的书，你读这些书就是赤色分子。我说：“不知道什么‘赤色’‘白色’，只是读书而已，自己在东北未被日军抓住，今天反而在这里被抓，真想不通自己究竟犯了什么罪？难道抗日还是罪人不成?!”我的这些话把他惹火了，他大声地向我乱吵，我也大声地和他争辩，最后他拍了桌子，我也拍了桌子，把一碗水也碰倒了，他连忙收拾桌上的文件，向我怒目而视。我等待着他的下一步：可能也要动刑罚？恰恰不然，他反而缓和下来，说他们早就知道我是抗日青年，不过现在受人引诱而走入歧途。他问我是否知道希尧的情况，问他每天都做什么？是不是共产党？我按照事先商量好的口径回答了问题，强调他从事的抗日活动，并且谈到他的病情，至于是不是共产党，一概不知。大概盘问了两个多小时，他说："你们好好想想，不说老实话是要吃大亏的。"

到天黑的时候，突然来了四五个便衣把我们押解出去，外边有一辆小汽车等在那里，我们被一个一个推上车，两边都坐着便衣，用手枪暗中对着我们。我问他们做什么，得到的答复是"不要问，到地方就知道了。"汽车在大街上疾驰，行驶到公安局门前停下，特务们把我们推下车，移交给了公安局。公安局人员对我们进行了简单的问讯，命令我们把衣服全部脱掉，进行细致的衣物搜查和身体检查，我发现希尧的两膝因白天跪铁丝已经红肿起来，内心十分愤恨。检查之后，让我们穿好衣服，把身上带的钱、刀、笔等都留下，连裤腰带也不给，让我们提着裤子，被狱警带入监房，从此我和希尧就分开监禁了。监房的两边都是木栏杆，里边挤满了人，我被指示坐在栏杆外边的土炕上。这个炕上挤有七八个人，看样子都是青年学生，我坐下不久就有人来安慰我，小声地和我交谈，我这才知道其中有北大的学生，还有一些是中学生和社会青年。我发现无辜被监禁的人不止我一个，对反动统治不满的大有人在，我开始感到不太孤单。不久，狱警过来问我吃饭没有，送来了四个窝头，可是我一点也不想吃，全都送给难友了。夜间，九个人挤在一铺炕上，因为我没带被子，只好和人搭一床被子，晚上挤得连身都不能翻，久久不能入睡，反复想两天来的事变，时而很清醒，时而又很困惑，时而感到有了新的力量，时而又感到有些伤感……我思想上已经开始触及到新的东西，是新生开始前的困惑，终于迷迷糊糊地睡着了，可是片刻又醒了。就这样，时睡时醒地度过了监房中第一个夜晚。

天亮后，外边喊“放茅”！于是各个监房轮流去，有人抬着室内的便桶到厕所，一时间犯人的脚镣声、狱警的呵斥声打破了一夜的沉寂。“放茅”是犯人每天早晨到监房外边活动一下的机会，我看到希尧从别的监房走出来，腿有些瘸。“放茅”回来后，大家共用一盆水擦脸，我用别人的毛巾擦了一下。跟着送来早饭，仍然是每个人四个窝头、一块萝卜咸菜、一碗清水盐汤，上面有几片青菜。我因昨天没有吃午饭、晚饭，觉得有些饿，吃了两个窝头，剩下两个又给了别人。饭后不准躺下，不准说话，也不准走动，只能坐在炕上等待被提审。这是最苦恼的时候，觉得时间特别长，直到傍晚开饭，睡觉前再放一次茅，然后又挤在一个炕上睡觉，每天就是这样活着。如果有审讯还有点事做，如果没有，就这样一天天白白地熬时间，再着急也没用。

在监房里住了几天后，我“放茅”时看到戴昊、王愐忱等人也陆续被抓了进来，觉得事情越来越严重，因为这些人都和希尧有来往，经常到我们家来，和我一起开过读书会（后来才知道在我们被捕后，特务就一直蹲在家中，谁去就抓谁）。我在公安局又被审问过两次，主要问是否参加过什么活动？希尧等是不是共产党员？我看的书是谁介绍的等问题。我仍坚持以前的供词，并强调戴、王和我一同在东北抗日的经过，此外什么也不知道。后来，敌人也就不再问我了，但经常提审希尧。中间东北大学秘书长王卓然曾到公安局探视过我们一次，他因是张学良的亲信，又是东北民众抗日救国会的负责人之一，社会地位较高，与公安局长同是东北政客，他来安慰了我们，并且说可以设法释放，还给我们留下一些钱，我感到外边有人营救，也就比较放心一些。

在监房期间，我认识了李之琏、李学琴、王逐萍等人，他们都是作为共产党嫌疑犯被捕的，在和他们的交谈中，我更多地知道了关于共产党的一些事，了解到苏区红军的革命斗争，还学会了国际歌。我知道了什么是真正的革命，决定了自己今后要走的道路。监房 40 天，可以说是我接受革命洗礼的最有意义的一段生活。

这里每天都有人被关进来或有人被提走，关在两侧木栅里的全是一些偷窃、赌徒、毒贩或其他刑事犯，这些人大都戴着手铐或脚镣，他们住得更拥挤，有时睡不下，后来的人就躺在已睡下人的身上，然后狱警就用皮带抽打已睡下的人，被打的人为了躲闪鞭笞，只得往两边硬挤，上面的人就挤到缝隙中去，他们就这样呻吟着度过一个个夜晚。这些人多是由于生活所迫才被逼偷窃、抢劫，有的甚至是被诬良为盗。这里关着一个“江洋大盗”，名字叫李三，绰号燕子，在当时轰动一时，传说他会飞檐走壁，会缩身法，屡作大案，不易捉捕。我在这里见到他，虽然戴着双铐双镣，但仍然很倔强，一点也不叫喊痛苦。在和他交谈中说起一些偷盗案的经过，他似乎颇有打富济贫的侠义行为，说自己其实并不会什么飞檐走壁，只不过有些中国武术的底子，比较健壮而已。我被释放时，他还被关押着，后来传说他一直被关死在监狱中。对我们这些政治犯，好像还给点优待。我们是市党部羁押在这里的犯人，当时北平国民党特务，有宪兵三团和市党部特工等不同的部门，听说宪兵三团更凶恶，凡是被他们抓去的，都关在自己的监房里，都要受过许多非刑。

在监房里每天除了两次“放茅”外，终日见不到天日。不管白天黑夜，小便都解在室内的木桶里，如果在规定“放茅”的时间之外大便（名之为“闹茅”)，须经过特别许可才能格外放出，由专人监视去厕所，如果狱警和你过不去，那就只好忍着，有的甚至不得不便在裤子里了。狱中每天也没有什么活动，只能在室内轮流地轻步走动一会儿。由于卫生条件差，很容易生病，病了也没有什么医药条件，只好听其自然。监房内不准交头接耳，更不准大声说话，经常个人独自沉思。我们政治犯发明了通过“打手势”进行娱乐活动，如一个装作打鼓，一个装作敲锣，一个装作打镲，一个装作吹唢呐，这样四个人同时动作起来，很好玩。有时，打鼓的人突然将自己的“乐器”交给对方，对方就得装出及时变换乐器的样子，如果慢了就得受罚，有时会引起全室哄然大笑，狱警也无法干涉，因为大家都是用手势动作，不算违反狱规。结果，这种娱乐竟成了和狱警的一种斗争方式。监房中的伙食很差，窝头常常是生的，菜汤中没有几片菜叶，更没有什么咸味，给的一块咸菜有时竟然是发霉的，我们提意见也没有用。一次，听说有一个参观团要来参观，那天狱所特别加强管理，一再告诉犯人要遵守所规。但就在开饭的时候，我们偏和狱警吵起来，说窝头不熟，我们这个房子里的犯人把窝头全都扔了出去。我们这一闹，别的房子也跟着闹起来，结果丢了满院子的窝头。事情闹大了，一直把所长闹来，大家乱喊乱叫，连大队警察也来了，直到所长答应给大家重新做一顿大米饭，事情才算平息下来，这是我们在拘捕中取得的一次斗争胜利。

按照我们的“罪证”，如果以左倾分子判罪，至少要判二年半徒刑。由于东北一些老前辈如阎宝航、王卓然、车向忱等人多方面奔走营救，特别是阎宝航当时在南京任新生活运动促进总会书记，经他找到陈立夫、徐恩增保释，我们才得以释放。第一次坐监 40 天，虽然时间不长，但对我却是一次深刻教育，使我认清了国民党的反动实质，明白了许多革命道理，我决心追求革命的真理，决心寻找共产党。

八、经受考验，加入党组织

在这次被捕前，我对希尧的秘密行动有所察觉，经过这次被捕，我已肯定他是共产党员，至少是和共产党有联系的。我曾多次向他询问，他始终不承认是共产党员，但他却向我说明共产党的革命纲领，并表示我们要抗日救国，就必须走共产党的道路。

我们被释放后，国民党市党部仍然对我们进行监视，规定要定期到市党部去汇报自己的情况。在这种情况下，我们就秘密地搬了家。希尧除了经常介绍给我革命书刊阅读外，还让我做一些工作。1935 年暑期，我到山西汾阳参加基督教主办的夏令营活动，宣传抗日救国思想，在许多青年学生中产生了良好的影响，如杜若、章天、何杨受影响较深。后来，她们陆续来到北平，参加了抗日救亡斗争。

这时日本帝国主义侵略的魔掌已伸向华北，在冀东成立伪政权，在天津唆使浪人闹事，而国民党仍然不抵抗，华北人心惶惶，青年学生在党的领导下，深入开展抗日救亡活动。日军曾在山海关组织伪保安大队，大队长是栾法章，是辽宁清原县人，他的弟弟栾鸿章和我是同学，也在保安队工作。希尧曾派我以救国会名义去山海关，对栾法章进行争取工作。我去执行这个任务，是具有相当风险的，因为是到敌人势力范围内去工作。那时，在保安队里和栾法章身边都有日本翻译和特务对栾进行监视，我和栾法章的会见，一次是在他家里，另一次是在保安队。当时栾家兄弟都表示，他们并非真心给敌人工作，而是迫不得已，因为栾法章以前也曾在东北组织的抗日义勇军队伍，后来投降敌人。他们向我表示，一旦政府组织反攻，他们可以当内应，倒转枪口打敌人。我在山海关只住了两个夜晚即返回北平，把我进行工作的情况向希尧做了汇报。

面对日本帝国主义的侵略，蒋介石采取不抵抗主义，不仅失陷了东北四省，华北也已岌岌可危。1935年夏秋之季，山东、河北两省因黄河水泛滥成灾，成千上万的灾民流离失所，无家可归。蒋介石对日本屈膝退让，但对红军却重兵“围剿”，内战的烽火燃遍大地，天灾人祸，民不聊生。时北京各大学校的学生发起募捐赈济黄灾难民的运动，我曾代表东北大学参加这个募捐救灾的筹备工作，各学校代表在南长街女一中开过筹备大会，也在东大开过筹备会，东大成立了本校的筹备会，举行义演筹款、募捐救灾活动。在这募捐活动中，也宣传了反对国民党不抵抗主义和抗日救亡的道理。希尧在这个活动中对我进行了具体指导。

在此期间，希尧经常在家里接待一些革命同志，其中有柯庆施（绰号大鼻子）、李雪峰（绰号大李），以及孙达生、赵濯华等人。这些会见都是秘密的，曾让我做过放哨和暗号秘密联系工作。希尧还派我去天津做过联络工作，这时希尧仍未向我说他是进行党的地下活动，但我已经明确了这一点，彼此都是心照不宣罢了。

1935年下半年，日本帝国主义和汉奸准备在华北组织伪政权，遭到了各界人民的反对，特别是青年学生反对得更加激烈，经常在街头进行讲演和散发传单。直到12月上旬，北平各学校在党的领导下，筹备组织大规模的游行示威，反对日本侵略者，反对国民党蒋介石的不抵抗主义，号召人民群众起来进行抗日救亡斗争。

1935年12月7日，一二·九运动的前两天，在我们家里，希尧和我谈话，他明确地说出自己早已参加了中国共产党，这次谈话是代表党组织，经过多次考验认为我已具备了党员条件，决定吸收我参加党。他说，过去长期没有告诉我他本人是共产党员，是由于党的纪律和地下秘密工作的需要，同时也是党对我进行一个了解和考验的过程，这是必要的。在这次谈话中，他向我强调了共产党员要绝对保守秘密的纪律，要服从党的分配，不允许个人自由行动，并向我讲了为共产主义奋斗的党的宗旨。他还谈到我存在的一些缺点，如生活比较散漫，学习还不够认真等。同时，指出在这次学生进行示威的活动中，我不参加队伍，只在队伍外做些联络工作，并说我将另有任务，我的工作由他直接领导，以后另行分配。这次谈话，使我十分激动，因为我的愿望终于实现了。我表示了自己的决心，誓为实现共产主义奋斗，服从党的决定，遵守党的纪律。谈话后，我们都很激动，共同低声唱了《国际歌》。其实，《国际歌》在一年前我就学会了，也和别人一起唱过。从这天晚上的谈话后，我就明确地认识到，自己是在党的领导下工作，从此，开始了我生活中新的战斗篇章。

九、一二·九运动风暴

关于一二·九抗日救亡运动，虽然组织上决定我不参加学生示威游行的行列，但因为东北大学游行队伍的领导人宋黎与我熟悉，我对于这次运动的时间和计划是了解的，所以12月9日那天早饭后，我还是到了西直门内东北大学校部。很快，游行的队伍就集合起来，冲破了警察的阻拦，走上街头。我虽然没有参加到行列中，但始终随着队伍前进。学生队伍是分四路纵队前进，边行进边高呼口号，唱着抗日救亡歌曲，许多人手执小旗，上面写着抗日救亡和反对日本帝国主义侵略的口号，队伍里也有抗日救亡的横幅标语，许多市民和商店店员都站在道路的两旁观望着，有些同学带着印好的传单，边走边向群众散发。当这支队伍走到西四牌楼，被警察早已布置好的警戒阻拦，同学们奋勇地和警察展开了搏斗。警察用的是木棒，学生则赤手空拳，有的学生用事先准备好的装着石子加铜板的包向警察的头部掷去。经过短暂的冲突，双方都有受伤的，由于警察少、学生多，很快就冲过了警察的封锁。队伍继续前进，行进中又陆续有其他学校的学生加入，经过沙滩时与北大的学生队伍会合，队伍越来越壮大，交通为之堵塞，有些外国男女记者站在一旁拍照。这时突然发现有二十九军的部队，都扛着上有刺刀的步枪，在学生队列的两旁并排行进。学生队伍中发出了“拥护二十九军抗日!”“反对日本帝国主义侵略!”和“中国人不打中国人”等口号，有些学生边走边向士兵宣传抗日的道理，士兵们也很受感动，但由于受他们长官的限制，不能和学生交谈。

当队伍行进到王府井大街，警察、士兵、学生以及跟随队伍的群众混在一起，学生队伍被挤散，走在最前面的学生遭警察用水龙头喷射，因为国民党政府害怕学生冲到东交民巷的外国使馆区，企图在这里将学生队伍冲散。然而，学生事先也有计划，决定先化整为零，然后在其他街道再重新集合起来。这次游行示威，我始终在东北大学队伍的前后活动，与宋黎等保持联系，反映情况，并一起研究措施。当队伍被冲散后，我们知道有许多学生受伤被捕，也有老人受伤住进了医院。这次游行示威从早上8时出发，到下午3时左右结束，虽然最终被军警冲散，但抗日救亡的烽火却燃烧起来了!

学生决定在12月16日举行更大规模的游行示威。这一天，为了冲破军警的封锁，许多大学都采取了迷惑敌人的做法：留下少数人在校内集合，把军警的注意力吸引到加强对大学的戒备而组织大部分同学到天桥集合。等统治当局发现派兵前往镇压时，浩浩荡荡的游行队伍已经从天桥出发，在前门大街游行示威了。我走在游行队伍旁边，一方面与宋黎等指挥者进行联系，一方面向市民进行宣传。当队伍走到前门时，城门已经紧闭，城墙上布满了军警，阻止学生从前门进入。因为一进前门，就是东郊民巷的使馆区，据说当时日本使馆也有大批日本军队加强戒备。学生和军警相持很久，互不让步，当学生冲进城门时警察竟举枪恫吓。经过谈判，警察同意学生由宣武门进城。为了进城游行，学生方面同意改变路线，队伍从城外顺西河沿西进，但当队伍到达宣武门时，宣武门也是城门紧闭，并有大批军警在城上警戒，不承认曾允许由宣武门进城。大家发现受了军警的欺骗愤怒异常，有几个学生冒着危险从城门底下钻进去即被军警扣押。在队伍从前门向宣武门行进时，时时传来城内学生队伍高呼口号和唱救亡歌曲的声音。这样，在宣武门，一部分游行队伍在城外，一部分游行队伍在城内，互相呼应，喊声震天，守门的军警也非常紧张，在宣武门又相持了几个钟头。已近傍晚，学生还没有吃饭，当时，宣武门外大街许多群众给学生送水送饭，表示慰问。有些学生向群众进行讲演，群众很受感动，到晚间八九点钟，学生因不能进城，想把队伍带到广安门（当时叫彰仪门）东北大学文学院集合。但当队伍行至菜市口时，遭到军警残酷镇压，用消防队的水龙头向学生队伍喷水，用棍棒向学生队伍打来，不少学生身上都结了冰块，仍勇敢地去夺取水龙头，有的学生和军警厮打，由于军警越来越多，学生队伍终于被冲散。我绕回前门，冒充《东方快报》的记者，从前门坐磨电车回到家里。当时希尧在家里，我们谈了一下游行示威的情况，认为这一天的学生示威游行是一二·九运动的继续，也是一二·九运动的高潮。一二·一六游行示威后，北平学联还组织了南下扩大宣传团，沿途进行抗日救亡的宣传。直到 1937 年七七事变，北平学生抗日救亡斗争在党的领导下始终没有停止过。

十、奔赴延安

入党后，我仍在东北大学学习。在东北特委领导下，我以学生身份为掩护，做过交通联络、宣传方面的工作。曾被派往山东、河南、河北等地调查会道门武装，准备组织开展武装斗争，也曾筹划过党的活动经费。

七七事变后，我即被组织派往保定，计划利用之前联系过的会道门武装为基础，组织游击队，开展游击战。当时平津已经沦陷，保定危急。我曾与朱瑞同志接头，一方面计划发展人民武装，一方面学习游击战术，朱瑞同志曾在我的住处（天主教徒姚光煊家中）讲游击战术数次。朱瑞同志离开后，我正准备下乡进行活动，不幸于8月初被公安局逮捕。当时他们怀疑我有活动，借口当局禁止青年学生在战区活动，驱逐我离开保定。我则以东北抗日救亡总会为掩护，强调救国人人有责，坚持不肯离开。他们追问我在保定从事什么活动？我始终以参加东总抗日活动对答。在公安局、保安司令部拘禁月余后，经阎宝航找冯玉祥营救，因保定驻军宋哲元、高树勋为西北军，以及朱瑞同志设法营救，我于9月初被释放。出监时，他们问我是否认识朱光甫？我说不认识。他们又问：那朱光甫为什么保你？我怀疑是圈套，仍始终坚持未承认。直至我到太原见到朱瑞同志后，才知道他设法营救我的情况。

在太原，朱瑞同志指示我，设法取得合法名义在华北组织抗日武装队伍。按照这一指示，我赴南京找阎宝航设法帮助谋取合法名义。当时正值国共合作抗日，在华北组织武装。乃由阎宝航介绍，取得国民党康泽所组织的华北第十一游击支队名义，并委任我为副司令。司令系军官学校学生荆有章，亦系阎宝航介绍。阎曾领我们见过康泽一次，介绍了我们过去参加抗日斗争的经历。取得这个名义，个人十分高兴，认为不入虎穴，焉得虎子？此时，家兄希尧已由北平至南京，并与八路军南京办事处叶剑英同志有些联系。我们计划以此名义在晋豫边区组织武装，并尽快与八路军会合。我遂于1937年11月间到河南林县一带活动，收集国民党五十三军的散兵。后因与张荫梧部下为争编部队闹摩擦，被其拘禁一昼夜并遭受拷打。虽未对我下毒手，却恶意暴露了我们的政治面目（共产党）。我因身份暴露，无法继续工作，乃于12月初回武汉（这时由于形势变化，八路军办事处已从南京搬到武汉）。

向组织汇报工作后，决定另派适当同志去该部继续工作，并允许我赴延安学习。当时，抗大在全国影响很大，很多青年学生都希望到抗大学习。因为参加革命部队，我改了新名张金辉，用新名字办了去抗大的手续。由八路军办事处介绍，我和刘蓬、徐锐等三人，于1938年2月离开武汉前往延安。我们先从武汉坐火车到达西安。在西安和宋黎见了面。他对我们能入抗大学习，也很高兴。3月份，我们到了革命的圣地——延安！从此开始了新的战斗生活。

1962年4月

（张信生供稿、整理）

十五年前九一八的回忆*

张希尧

缘 起

由阅读北方文化受到启发，更看到征集稿启事的殷切，而壮大了我写东西的勇气。虽写东西的能力弱，但由于亲历的事情可供参考，所以竟大胆地写出来，如有欠妥之处，望给予改正。

一、九一八前后东北的抗日概况

1. 日本帝国主义者强迫张学良挂红黄蓝白黑国旗，张学良不从，竟强挂了青天白日旗。

2. 杜重远、王以哲、阎宝航、王迴波、车向忱等进步人士在张学良的帮助下，创组了东北外交协会、东北国民常识促进会等进步团体。

3. 在前两个抗日团体的号召与帮助下，在各县开展抗日活动，有二十几人竟能自愿放弃了自己的暑假而集体留在辽宁省城，用提倡国货的方式，作大规模的群众抗日运动的宣传。

---

* 张希尧的这篇遗作被列为国家三级文物，现存放在沈阳九一八历史博物馆。

二、九一八爆发——当时我亲眼看到的实况

1. 听老百姓报告我们“日人在南满车站增兵”后，我们马上去北大营见王以哲询问实况。

2. 我们正在东大理工大楼顶上开会，讨论我们东北抗日工作的五年计划呢！日寇的头一声大炮打响，亲观日人的侵略炮火，爆发了九一八。驻军无主念，只能听政府的。

3. 全校学生的杂乱无章，听到刘奇甫老教授指教日本大陆政策后，九一八翌晨，我们发动东大同学集体东退，意欲发动民众武装。

4. 最后我们七个人怎样决定南退去平，在皇姑屯所见群众逃亡的实况，国民党当局都逃之夭夭，丢下成千上万的老百姓在车站杂乱无章，流亡的可怜。我同车、苗、宋、轩、董、坦同车共温亡国味道。

5. 途中经过锦州，拜访张作相，谈话的内容。

6. 到平见到张学良的情形。

三、1931 年冬，我们怎样创组东北学生军

1. 当时席地而卧，黎明即操的情形，每天都请人讲演。

2. 待统治者宣布各校可以借读后，这些知识分子又都怎样的动摇（体验出小布尔乔亚的动摇）。

3. 最后真的肯化装回故乡去做抗日工作的只有几十人。

四、当时东北抗日民众救国会都怎样地开展抗日救国工作，现在回想哪些是得到效果，哪些是错误的，得到些什么经验教训

1. 开展东北各地义勇军工作。

2. 以后由进步人士的领导创办了几次训练班，还收到些好

的效果。

3. 成立了东北难民教养院，也为东北流亡老百姓解决些困难。

4. 在长城抗战时，由于做战地工作的机会，曾亲眼看见国民党二十五师的士兵负伤后，由于上级的领导不周，竟至爬行，后抢着徐军长（徐瑶庭）的汽车坐上。

5. 我们所得到的经验教训，提供出来作为参考，还盼予以指教。

五、东特成立后的工作，找濯华、向之共补

1936 年夏，由于国民党当时压迫过甚，地下工作太紧张，自己又无经验，以致过劳而致病。

六、1937 年底至 1938 年春，我们怎样在武汉开展群众活动啦！组扩东总

1. 扩大宣传，加强抗战援助八路军。

2. 在敌机轰炸时怎样抢救老百姓。

3. 在行路避飞机的过程中曾捕过为敌打信号的汉奸。

《西丰县立中学同学录》序

张德厚

丁卯（1927）夏，余自奉省立二工高中卒业归，欲升学不果，而觍主教理讲席于母校，得与诸君共晨夕、同研摩，甚幸事也。瞥眼流光，于兹半载。扪心自问，启发毫无，矧闻见陋狭，知识浅鄙，合污之讥，知不能免，而载籍杂陈，学理奥衍，尤非学值日落者所能阐道，而诸君犹能躬自淬励，不厌厥学，比与始业，其相去有不能以千里计者。在诸君固足以自慰，而余实自惭也。朔余来斯校与诸君处，虽较暂，然相知当深。讲画之余，质辨之暇，辄肆意讨论。肺腑虽隔，融融济济，一若忘其为师弟也者。弗知其若何也。今也毕业期迩，诸君刊同学录，而问序于余，用资纪念。余虽倦于言，又焉得已于言哉。他日者，鸿轩凤翥各自雄飞，祖鞭先著，余亦愿喜而不寐也。

数理化教员张德厚序

（原件为1927年12月编印的《西丰县立中学同学录》，存西丰县档案馆）

西丰县房木村简易学校概况

张德厚

抵里后，连日阴雨，故未能着手。于七月十六日见村会各职员，请求协助进行，彼等尚不反对。又见公安队书记王绩卿君，王君特别赞助并允为各处鼓吹。此后阴雨又作，于二十日方晴。吾辈又见村会各职员，村长杨书言、村副陈子明、陈思政，皆甚赞助并介绍百家长孙振兴，亦乞其助忙于时。有本区区立第一小学校长程冠蓬及教员文蕴珊，为此事亦颇热烈，蒙其指导者实为不少。午后一点，由村会代粘备糨糊，我等到街头巷口张布广告，同时又到处详告白读书之用处及不要钱之便宜。至二十三日报名者仅六人，而六人中复杂学生二人，故我等乃亲到各家口劝。凡无知者听明真相，则慷立即入学，遇稍有学识之家长，则多属心中不满、口中赞成，一谈及令其家之劳工读书，则云余家农事过忙，慎勿使其读时太久。我等以桑梓关系即笑答以“放心吧！你老，误多少我等来补”，彼亦笑领之。二十四日数骤增男子成年者三十余，牧童有三十五人，女子成年者三人，均三十左右。十六七者二十余，十岁左右者三十一人。又有街之最东端有女生三十一名，以距校途远，爰借郭万春富户家独立一级，由张德润、郭万年二人负责，在学校者则分男女两班，每午后饭后上课三点，全暑假将农民众千字课教完，学生默写三分之二。至于笔顺、背诵均能裕为之。于正课之外，尚常为讲国耻及作打破迷信之演说。于八月四日以受邻村民众之便，烈邀招而亲去。讲演题目为："日本对华之侵略，国民政府之组织东省在国际之地位"，又讲"五三十、五三及新民霸地诸惨案详情"，最后宣传简教之要紧。于十点开会，一点午饭，二点开会，六点闭会。该会听讲者达百八十人，而该村会首侯文孚等，允定组织简校及国货公司。当我辈来校时，彼简教已由彼小学校长负责创成矣。现有学生三十人云，至于本村简校男子部，以农渐忙于八月十九号解散。定十月间由程校长为设夜校，彼等可再继续读。女人部在学校者，亦由该校长热接办，在郭宅者来此就读。现县中简教协会已成立，将来颇可乐观。

（摘自《辽宁国民简易教育概况》第63-64页，标点符号为作者后加）

救亡先驱张希尧（诗二首）

王　恺

一

往返省城尽步行，
本源豪气贯平生。
救亡燃起关东火，
抗敌常如塞北风。
房木缘公多志士，
西丰学子务干城。
八方奔走联同道，
四海仁人响共鸣。

二

投笔从戎肩国难，
枪林弹雨寄乡情。
誓除强寇驰韬略，
血战长城勇带兵。
浴尽征尘酬远瞩，

熬干碧血隐高行。
山河有感炎黄慰，
青史深铭一代英。

（选自 2001 年 9 月 18 日《辽宁日报》）

张希尧同志传略 *

沈阳市人民政府优抚科负责同志：

张希尧烈士系辽东省西丰县房木镇人，中国共产党员。生于1906年冬月二十六日，1950年11月1日病逝于沈阳中国医科大学附属医院，时年45岁（按虚岁计算——编者注），葬于北陵烈士陵园。现在其家属（爱人龙若兰）提出要求政府发给烈属证明，该同志生前休养期，按东北一级机关部级待遇。请发给证明为盼。

此致

敬礼！

附：张希尧同志传略一份。

东北人民政府办公厅

（加盖单位印章）

希尧同志原名德厚，辽东省西丰县房木镇人，中国共产党员。生于1906年冬月二十六日，1950年11月1日晨8时病逝于

* 原文存于辽宁省沈阳市档案馆。

沈阳中国医大，时年45岁。

希尧同志自幼喜爱劳动，不满旧家庭，反抗封建制度，中学时代即有强烈的民族立场，积极反对日本帝国主义，热烈参加各种反日活动。后入东北大学秘密研究马列主义。九一八事变后，希尧同志纠合一部分东北大学爱国青年，参加东北民众抗日救国会，组织流亡学生创建东北学生军。1933年奋勇参加长城古北口抗战，1933年参加中国共产党，做东北特委工作，活跃于平津并举办东北抗日义勇军干部训练班，为收复失地而运动。1934年被国民党反动派以抗日罪名逮捕入狱，1935年冬在平参与酝酿一二·九学生运动。1937年担任东北救亡总会常委兼组织部副部长，并参加东北救亡总会党团工作。七七事变后，留平主持东北救亡总会武装部工作，组织青年学生武装，开展平西、冀东一带抗日武装活动。后去武汉搞抗日宣传，支援战地等工作。1940年去延安马列学院学习。

希尧同志无论工作如何疲劳亦必研读马列主义与党的指示。正因为长期做艰苦紧张的地下党工作，遂积劳成疾，以致长期卧病延安。“八一五”后带病由延安返抵东北，而因病魔缠身一直未及工作，终于不治与世长辞。

希尧同志是党的优秀干部，他的病逝是党和人民的损失。他热爱党与人民的伟大事业，工作中从不知困难与危险，生活一贯艰苦朴素，对一切损害党与人民的行为，他都深恶痛绝，与之作严肃无情的斗争。

希尧同志为革命事业始终不渝的精神永垂不朽。

张希尧年谱

1906年（诞生）

农历冬月二十六日出生于辽宁省岫岩县小木古峪。

1912年（6岁）

冬，举家从辽宁省岫岩县小木古峪迁往西丰县房木镇，在此落户安家。

1913年（7岁）

入西丰县立房木镇两级小学读书。

1919年春（13岁）

以优异成绩考入西丰县立中学初中。

1922年（16岁）

因发动全校六个班300多名同学集体罢课，抗议校长贪占学生伙食费，被学校开除，不得不转入开原中学读书。

1923 年（17 岁）

由父母包办，与同村老龙家的长女龙若兰（原名小兰子，婚后由张希尧建议改为现名）成婚。

考入奉天第二工科高级中学。上学期间，受到反帝反封建思想熏陶。

1925 年（19 岁）

6 月，为声援上海五卅运动，率领奉天第二工科进步学生，参加苏子元组织的奉天六一〇学生请愿，后当选为奉天学联执委会委员。因组织本校学生参加请愿，被校方开除。同月 16 日，又参加西丰县立中学声援五卅运动的请愿游行。

1926 年（20 岁）

考取东北大学理预科。但为在经济上支援胞弟读书，暂时放弃自己的学业，到西丰县立中学担任数、理、化初中教员。

1928 年（22 岁）

农历二月初二，长子天黎出生（之前曾生有一女，因患急症不到一岁去世）。

秋，再次考取东北大学理工学院（预科 18 级），学习化学专业。学习期间，开始研读马列主义。

1929 年（23 岁）

转入东北大学理工学院（本科 22 级）化学专业，继续读书。

8 月，和阎宝航、车向忱等人在沈阳发起、成立辽宁国民常识促进会和国货推销联合会；同年，回家乡房木镇开办识字班。

1930 年（24 岁）

3 月至 6 月，两次参加辽宁拒毒联合会在小河沿万泉公园体育场举行的焚毁毒品活动。

5 月，女儿天慧出生。

夏，向拒毒联合会借出 130 多张宣传画，利用暑期在西丰县孔庙向群众宣讲拒毒、戒毒，提出“不种、不卖、不吸”的约章。与张金辉、王憓忱、朱大光等人按照东大国货消费推销社的办法，在西丰县城集资办国货消费社。

10 月，张希尧、黄宇宙等获悉日本关东军要在铁岭西的马蓬沟码头建筑兵营后，化装成民工到当地调查。回沈阳后即向车向忱汇报了情况，由车向忱以辽宁国民常识促进会的名义，写出《日本人在马蓬沟建筑兵营案》向新闻界披露。

12 月 4 日，辽宁国民外交协会（该协会由阎宝航倡议成立）第 62 次常委会，讨论马蓬沟案并向日本提出抗议。

1931 年（25 岁）

7 月，日本帝国主义蓄意制造万宝山事件，和车向忱、黄宇宙、郝克勇等人化装到长春万宝山实地查访事件真相，揭露日本帝国主义侵华阴谋，动员国民常识促进会会员募捐，救济旅朝受难同胞。

同年夏末，与车向忱等到北大营拜访王以哲，讨论日本军侵略动向。

9 月 21 日，张希尧、车向忱、张金辉、宋黎、苗可秀等七人乘北宁铁路货车赴北平。

9月27日，参加东北民众抗日救国会成立大会，当选为执委会成员。

11月，参加组建东北学生军，苗可秀出关后，接任东北学生军总队长。

同月5日至11日，参加救国会发起组织的东北民众赴京请愿团，一路经上海到南京，向蒋介石政府请愿，要求收复东北失地。

1932年（26岁）

年初，负责安置和救助东北难民，因过度劳累引发肺病，入中央医院治疗，出院后，到香山疗养院短期隔离休养。

同年夏，病情好转，回救国会继续开展工作。以在北平复校后的东北大学为活动据点，联络、组织流亡东北青年学生，开展抗日救亡斗争。

1933年（27岁）

秘密加入中国共产党。

同年2月，为培养义勇军干部，协助阎宝航以救国会政治部的名义举办政治训练班。

3月，参加由东北民众抗日救国会和辽吉黑民众后援会组成的50余人古北口抗战慰劳团，前后参加救援70天。

6月，受救国会委派，与车向忱一起前往张北前线慰问抗日将士，结识了冯玉祥、吉鸿昌两位爱国将领。

7月，因上街张贴反对《塘沽协定》的传单，被国民党拘捕；几天后，经救国会核心领导成员力保，得以释放。

8月至10月，按照中共中央北方局指示，张希尧、宁匡烈向阎宝航建议，在西山卧佛寺一带秘密举办西山东北青年干部训练班。阎宝航亲任班主任，张希尧具体负责组织管理。

9月，成为东北大学军事教育处总务组工作人员，参加东大学生军事训练工作。

1934年（28岁）

2月，阎宝航到南京担任新生活运动促进总会要职后，被指定为阎宝航在北平的联络员。

2、3月间，将家眷从老家接到北平，租住什刹海附近的鸦儿胡同14号，以家庭为掩护开展党的地下工作。

5、6月间，在家中组织李士廉、张金辉、戴昊、宋黎、张坦之等人参加读书会，学习马列主义哲学思想。

秋，担任东北大学校外反帝同盟支部书记。

11月9日，吉鸿昌被捕后，和徐靖远赴天津试图采取营救行动失败。

11月15日，被国民党北平市党部以"共党嫌疑犯"罪名抓捕，羁押到市公安局。

年底，经阎宝航出面营救出狱。

1935年（29岁）

1月，根据中共中央北方局指示，在北平成立中共东北特别支部，担任群运委员。

3月，赴武汉同车向忱、王化一、宁匡烈等共同商讨东北救亡问题。

5月，因李向之被捕，在东特支担负更多责任。

夏末秋初，与车向忱一起商议为东北流亡子弟办学的计划。

9 月，参加组织流亡北平的东北难民请愿游行，抗议当局停发东北难民的生活补贴。

10 月，次子张平出生。

11—12 月，酝酿、组织东北大学爱国学生参加一二·九运动。

12 月，孙达生来北平，请他介绍地下党的秘密工作经验，并商议将北平“学运”与西安“兵运”结合起来。

1936 年（30 岁）

年初，中共中央北方局决定，在东特支基础上组建中共东北党务特别工作委员会，担任群运委员，负责武装、学生工作。

同期，介绍张坦之到西安协助孙达生开展工作。

2—4 月，通过孙达生先后分三批向东北军派送地下党员和民先队员，开展兵运工作。

6 月，到武汉与王化一详谈“京沪情形”（当时阎宝航在南京，杜重远、高崇民在上海），为劝说张学良“商讨今后之救国方针”做准备。

当月，参与建立中共锦州地下工作委员会。

夏，因过于紧张、劳累，初发癫痫病，但仍继续坚持工作。

12 月，根据东特委指示，负责促成北平各东北抗日救亡团体联合，组成东北旅平各界救国联合会。

1937 年（31 岁）

1—2 月，参加东特委组织的“要求国民党政府释放张学良，实现国共合作共同抗战”的签名运动，由于毅夫和李春华携带 1700 多人签名的宣言去南京向国民党三中全会请愿。

3月，与苏子元、刘澜波一起拜访高崇民，共同商议建立东北救亡总会。

4月，赴上海参加成立东总预备会。

5月，参加组织、策划东北大学护校南下请愿斗争。

6月20日，东总正式成立，担任东总组织部副部长和东总党组成员。

七七事变后，组织群众劳军，开展募捐万条麻袋装砂驻堡运动。

8月，根据北方局和中共北平市委指示，派送中共地下党员和民先队员到平西国民抗日革命军，这支队伍经过整编后，成为真正的抗日队伍。

秋，夫人与孩子离平返回家乡。

11月，赴武汉参加东总的抗日救亡工作。

1938年（32岁）

1月，参加东总在武汉召开的常委会和执委会联席会议。

2月，东总《反攻》杂志创刊，担任编委会成员。

同年春，栗又文来武汉找张希尧，经请示周恩来批准同意，商议、确定了东北挺进军中共地下党支部名单。

7月，在武昌明月桥14号举办的华北文化界七七纪念座谈会上介绍了平郊游击队的创建与发展情况。

同期，为了支援东北抗联、慰问前方战士，积极参加东总以各种形式向社会组织的募捐活动。

8月中旬，与陈先舟等人离开武汉，途经河南襄城到西安组建东总陕西分会，首任党支部书记。向七贤庄1号八路军驻西安办事处和中共陕西省委组织部汇报并取得联系。

1939 年（33 岁）

上半年，在西五台负责对来到西安的东北学生和青年分期进行培训，通过八路军办事处，先后将50余名革命青年送往延安。

6 月，被组织派送到延安马列学院第四班四支学习，更名为张昕。

在学习同时，协助刘澜波建立东总延安通讯处。

1940—1942 年（34—36 岁）

因病在蓝家坪李家坬村中央医院住院；病情稳定后，在休养所边养病、边学习、边参加生产活动。

1943—1944 年（37—38 岁）

带病参加整风审干，对于在白区工作期间和被捕入狱情况，写出书面交代材料。病情时好时坏。

1945 年（39 岁）

春，周恩来在杨家岭召集柯庆施、王鹤寿、刘澜波、张希尧、宋黎等人开会。主要内容是：对刘澜波等人在“抢救运动”中因在东北军及白区开展地下工作受遭到重点审查做出结论。

8 月 15 日，日本帝国主义宣告无条件投降后，向组织提出返回家乡的愿望并得到批准。

11 月，随古大存率领的第三批派往东北的干部队伍离开延安。

1946—1948 年（40—42 岁）

1946 年 1 月，由于国民党军队的封锁，队伍前行受阻，奉命在张家口待命。因发病留住宣化县张家口医院治疗。因医药严重匮乏，无法在医院得到有效治疗，同年冬被转送到当地百姓家中休养。

1947 年 8 月，曾在河北唐县大张合庄白求恩医大附属医院短期治疗；9 月，返回到阜平县谷家庄东台上的刘家休养。

1948 年春，转到阜平一带的枣树庄休养；同年 8 月，到哈尔滨市立医院住院治疗，工作单位和组织关系在东北行政委员会（后为东北人民政府），享受一级机关部级干部待遇。

初冬，到齐齐哈尔与其弟张金辉一家见面。

1949—1950 年（43—44 岁）

1949 年 10 月，从哈尔滨来到沈阳，转入沈阳中国医大附属医院治病。

1950 年 7 月，幼女力炜出生。

1950 年 11 月 1 日病逝，时年 44 岁，葬于北陵烈士陵园。

回忆父亲的一点感言（代后记）

1950 年 11 月 1 日，初冬的沈阳已经寒气逼人，住在中国医大附属医院里的父亲一大早起来，洗了澡、吃过早饭，便像往常一样从枕边拿出俄语广播教材，跟着收音机学习俄语。但是，没过多少功夫，他突然觉得胸口闷痛，母亲赶紧扶着他躺下，伸手去拽床头的急救灯……然而，来不及了，已经来不及了！父亲的头向旁边歪了一下，停止了呼吸。当时，他才 44 岁，走得是那么突然，甚至连一句话都没有留下；而我才刚刚出生三个半月，正嗷嗷待哺。因此，我对于父亲的认识和了解，是通过东北人民政府在沈阳北陵公园内的革命烈士陵园为他竖立的那座由参天松柏环抱的墓碑；通过老相册中仅有的几张已经泛黄的老照片；通过家人以及父亲当年一些老战友的回忆获得的。

在我 3 岁时，母亲将父亲已经去世这件事告诉了我。那时，我们家已经从北陵东北人民政府院内搬了出来，住在皇姑区宁三路南新村的居民住宅区内。隔壁的邻居家姓赵，他们家有四个孩子。每天清晨，当赵大叔推着自行车上班时，孩子们就跟着从家门儿跑了出来，你一声、他一声地赛着喊：“爸爸再见!”“爸爸再见!”有一天，赵大叔照例在孩子们的告别声中骑上了车，当他经过我家门口时，我忍不住突然跑了出去，追着喊起来：“爸爸！爸爸再见!”大叔先是愣了一下，然后下了车，他眼里闪动着泪花，腾出一只粗大的手摸了摸我的头，什么话也没有说，走了。从此，在我幼小的心灵里留下了一个疑团：爸爸呢？我的爸爸在哪里？

终于有一天，母亲带着我来到北陵公园内西北侧的烈士陵园。她拉着我的手，走到父亲的墓碑前，轻声地告诉我：“孩子，你的爸爸在这里。”我迫不及待地迈上石阶，用手抓着四周台柱上粗粗的铁链，沿着墓碑绕了一圈儿，仰起脸问妈：“这房子没有门，爸爸怎么出来看咱们呀?”“你爸爸就睡在这下面，他不能出来看咱们啦。”母亲尽量用平缓的语调回答我，但我看到她用手背抹去了从眼角涌出来的泪水……当时，她是用“睡”这个字向我表示父亲已不在人世，而年幼的我似乎也明白了什么。记得我哭了，哭得很伤心，也很委屈，因为从那一刻起，幼小的我终于明白，我将无法和其他的小朋友一样，大声呼唤着爸爸，奔向爸爸……

随着年龄的增长，我渐渐地懂得父亲墓碑上记述的他在东北抗日斗争中的先驱地位，以及党和人民授予他的“革命烈士”称号所包含的那一份荣誉和尊重。虽然，从未感受过父爱是我终生的缺憾，但父亲那短暂而奋斗的一生却始终激励、鞭策着我。每当我遇到困难或者受到挫折时，往往能够感受到父亲和他的战友们在抗日救亡斗争中表现出来的不屈不挠的战斗精神，使我增强了直面人生、奋起拼搏的勇气。因此，我相信“斯人已去，精神永存”这种说法，并将这视为父亲留给我们的宝贵财富，我希望能够将父辈的革命精神代代相传，成为子孙后代做人做事的宗旨和风范。而这，正是我试图将父亲张希尧及其战友在东北抗日斗争中一些主要经历整理出来的目的。

感谢我的母亲、大哥、大姐，从我懂事起就常常讲述关于父亲的一些往事，使我对父亲并不感到陌生，内心涌动着要深入了解他的愿望；感谢高崇民、阎宝航、车向忱、苏子元、孙达生、纪亭榭等这些曾经和父亲一起工作和战斗过的老前辈们，他们在回忆自己抗日斗争的历史时，都对这位英年早逝的战友作过介绍，有些甚至相当翔实，使我对父亲的了解变得具体而鲜活；感谢父亲从延安返回东北途中断断续续记下来的日记，以及他为回忆自己的抗日斗争经历而拟出的写作提纲，尽管这个提纲记述不多，却弥足珍贵，让我能够从字里行间感触到他的内心世界；感谢北京市档案馆、辽宁省档案馆、沈阳市档案馆、丹东档案馆和中国第二历史档案馆，完好地保留了一些与他相关的历史档案，诸如1934年国民党北平市党部以“共党嫌疑犯”抓捕他的羁押材料，东北人民政府为他办理“烈士证明”写的生平传略，以及1939年东北救亡总会工作总结报告和东北救亡总会主要成员名单等，所有这些都成为我回忆父亲的重要历史依据。最后，感谢东北抗战史专家张万杰在本书的写作中，从历史背景、史实考证、文章结构等方面所起到的关键性作用，正是由于她的努力，得以将之前了解和掌握的关于张希尧参加抗日救亡的历史片段串联起来，置于当时的历史背景下，显现出张希尧在东北抗日救亡的某些历史节点中所发挥的一定作用。需要指出的是，基于不断发现新的历史资料，之前所写文章中如涉及相同内容，请以本书为准。

父亲离世已有68年，我们的国家发生了天翻地覆的变化。通过对他短暂人生轨迹的追忆和记述使我真切地感到，生命的意义其实并不在于它的长短，而在于将自己的初心与国家和民族的命运结合在一起，并且为之不懈地努力和奋斗。有了这样的初心和执着，即便生命是短暂的，也不会被人们忘却。

张力炜

写于 2018 年 9 月 8 日

图书在版编目（CIP）数据

为了收复东北的那一天：张希尧传略／张万杰，张力炜著.
—北京：中国文史出版社，2019.4
ISBN 978-7-5205-1076-9

Ⅰ.①为… Ⅱ.①张… ②张… Ⅲ.①张希尧（1906–1950）–
传记 Ⅳ.①K825.2

中国版本图书馆 CIP 数据核字（2019）第 070771 号

责任编辑：赵姣娇　　　　装帧设计：陈欣欣　王　琳

出版发行：中国文史出版社
社　址：北京市海淀区西八里庄路 69 号　　邮编：100142
电　话：010－81136606　81136602　81136603（发行部）
传　真：010－81136655
印　装：北京温林源印刷有限公司　　邮编：102445
经　销：全国新华书店
开　本：787mm × 1092mm　1/16
印　张：18.5　　插页：12
字　数：216 千字
版　次：2019 年 9 月北京第 1 版
印　次：2019 年 9 月第 1 次印刷
定　价：59.80 元
